高校思想政治理论课教学案例丛书

丛书主编　徐进功　石红梅

马克思主义基本原理

教学案例

主　编◎刘皓琰
副主编◎傅丽芬　林　密

厦门大学出版社

国家一级出版社
全国百佳图书出版单位

XIAMEN UNIVERSITY PRESS

图书在版编目（CIP）数据

马克思主义基本原理教学案例 / 刘皓琰主编 ；傅丽芬，林密副主编. -- 厦门 ：厦门大学出版社，2025.3.（高校思想政治理论课教学案例丛书 / 徐进功，石红梅主编）. -- ISBN 978-7-5615-9465-0

Ⅰ. A81

中国国家版本馆 CIP 数据核字第 2024XQ5395 号

责任编辑　高　健

美术编辑　李夏凌

技术编辑　朱　楷

出版发行　厦门大学出版社

社　　址　厦门市软件园二期望海路 39 号

邮政编码　361008

总　　机　0592-2181111　　0592-2181406(传真)

营销中心　0592-2184458　　0592-2181365

网　　址　http://www.xmupress.com

邮　　箱　xmup@xmupress.com

印　　刷　厦门市竞成印刷有限公司

开本　720 mm×1 020 mm　1/16

印张　15.5

插页　1

字数　265 千字

版次　2025 年 3 月第 1 版

印次　2025 年 3 月第 1 次印刷

定价　66.00 元

厦门大学出版社
微信二维码

厦门大学出版社
微博二维码

本丛书出版获以下项目资助：
2025年厦门大学本科教材立项建设项目
中共福建省委教育工委2024年学校思想政治工作委托课题"思政课案例教学研究"
厦门大学马克思主义理论学科"双一流"建设项目

丛书主编

徐进功　石红梅

编委会

（按姓氏笔画排序）

王亚群　石红梅　吕微平　刘皓琰　张有奎　吴　茜
林　密　苗瑞丹　周雪香　徐进功　原宗丽　黄佳佳
傅丽芬　曾炜琴　蒋昭阳

序　言

　　思想政治理论课是落实立德树人根本任务的关键课程,办好思政课意义重大。党的十八大以来,以习近平同志为核心的党中央高度重视思政课建设,始终把学校思政课建设放在世界百年未有之大变局中来审视,置于以中国式现代化全面推进强国建设、民族复兴伟业的全局来考量,立足于培养德智体美劳全面发展的社会主义建设者和接班人的基础来谋划,作出了一系列重大决策部署。党对思政课建设的领导全面加强,思政课教师乐教善教、潜心育人的信心底气更足,广大青少年学生"四个自信"明显增强、精神面貌奋发昂扬,思政课发展环境和整体生态发生全局性、根本性转变。

　　厦门大学一贯重视思政课建设、重视思政课堂教学质量。特别是近年来,厦门大学党委坚持以习近平新时代中国特色社会主义思想为指导,深入贯彻落实习近平总书记在学校思想政治理论课教师座谈会上的重要讲话精神和对学校思政课建设的重要指示精神,成立由书记、校长任双组长的思想政治理论课领导小组,加大力度高位推进思政课高质量发展。我也深入课堂听思政课、带头上讲台讲思政课、参加集体备课会交流研讨,及时了解和解决思政课建设的重点难点问题。马克思主义学院在思政课程群建设、教研改革、队伍建设、大思政课建设、大中小学思政课一体化等方面持续下功夫,深化"专题教学＋网络教学＋实践教学""三位一体"教学模式改革,进一步巩固课堂教学主阵地、提升专题教学吸引力,丰富网络教学资源、以数字赋能思政课堂,拓展研学实践大课堂、增强实践教学影响力,多措并举探索思政课改革创新。

　　古今中外,每个国家都是按照自己的政治要求来培养人的。思政课是学校进行思想政治教育的主渠道、主阵地。如何建好建强这一主渠道、主阵地，同步推进思政课建设和党的创新理论武装，用习近平新时代中国特色社会主义思想武装青年、教育青年、引导青年，用身边鲜活的新时代小故事、蕴含红色基因的好故事讲好思政课大道理，提高思政课思想性、理论性的同时提升针对性和吸引力，是当前高校思政课建设面临的核心问题。

针对上述问题，厦门大学马克思主义学院组织学院教师，结合科研优势和教学实践，以案例教学为突破口，编写了《高校思想政治理论课教学案例丛书》，为高校思政课教师在课堂上讲好中国故事、传播好中国声音、教育好广大青年学生提供教学参考。丛书具有较强的系统性，涵盖"习近平新时代中国特色社会主义思想概论""马克思主义基本原理""毛泽东思想和中国特色社会主义理论体系概论""中国近现代史纲要""思想道德与法治"等五门本科思政必修课，采用统一体例，构建"案例呈现、案例指向、案例解析"的完整框架。丛书具有较强的针对性，在精细研读教材的基础上，瞄准教材各章节中的重点难点问题设计问题链，引入"《流浪地球》与群众史观"等社会热点案例激发学生理论学习的求知欲；引入"孟晚舟和法国阿尔斯通公司前高管皮耶鲁齐的遭遇对比"等对比案例引导学生正确认识中国特色和国际比较。丛书具有较强的时代性，引入"新时代的中国北斗"等富有中国化时代化特点的教学素材，充分体现党的十八大以来中国特色社会主义取得的举世瞩目成就；引入"大山的女儿——黄文秀"等耳熟能详又贴近青年的教学素材，引导学生正确处理"小我"和"大我"的关系。丛书具有较强的地域性，引入具有福建特色的教学素材，讲好福建的革命故事、红色故事和改革实践，特别是，丛书深度挖掘"鹭岛潮涌帆正满——美丽中国厦门实践"等习近平同志在福建工作期间的实例，引领师生感悟习近平新时代中国特色社会主义思想的萌发、孕育和发展历程，探寻习近平新时代中国特色社会主义思想的历史原点和生动注脚。

"新时代新征程上，思政课建设面临新形势新任务，必须有新气象新作为。"组织编写思想政治理论课案例教学辅导用书,是厦门大学全体思政课教师就思政课案例教学进行的一次有益探索,是学校在守正创新推动思政课建设内涵式发展上的经验积淀。丛书遵循高校思政课教学因事而化、因时而进、因势而新的规律,运用清晰的逻辑、学术的理论、时代的语言、优美的文字对案例进行解读阐述,实现政治性、思想性、时代性、可读性相结合。衷心希望这套丛书能帮助广大思政课教师不断提升教学素养和教学水平,把思政课讲深、讲透、讲活,让学生爱听爱学、入脑入心,引导青年学生切实感悟"中国之理"、解读"中国之治"、走好"中国之路",为培养更多让党放心、爱国奉献、担当民族复兴重任的时代新人作出积极贡献。

厦门大学党委书记
中国科学院院士　　张　荣

2025 年 1 月

目 录

导　论

一、教学主要目标

导论在《马克思主义基本原理》课程中具有重要地位,是关于马克思主义基本原理的总体性阐述,也是本课程教学体系的概述,起到开宗明义、勾画全局、指明方向的作用。什么是马克思主义? 马克思主义是如何创立的? 马克思主义的基本特征是什么? 为什么要学马克思主义? 回答这些问题,也是理解本课程教学基本目标、教学要求以及基本思路的过程。

本章的教学目标主要是让学生从整体上理解和把握什么是马克思主义,了解马克思主义产生的历史过程和发展阶段,掌握马克思主义的基本特征,深刻认识马克思主义的当代价值,树立科学的马克思主义观,增强学习和运用马克思主义的自觉性。

二、教学重难点

本章内容教学尤其要注重引导学生深入学习把握以下重难点问题:

(一)马克思主义过时了吗?

(二)什么是马克思主义?

(三)马克思主义是如何创立的?

(四)马克思主义的基本特征有哪些?

(五)马克思主义有当代价值吗?

(六)以什么态度对待马克思主义才是科学的?

(七)如何学好马克思主义?

围绕这些重难点问题,我们精心选取教学案例,结合案例分析,使学生从总体上把握什么是马克思主义、马克思主义的鲜明特征和马克思主义的创立过程,掌握学好马克思主义的方法,感悟马克思主义所具有的跨越国度、超越时空的影响力、解释力、生命力,真正理解为什么要把马克思主义作为我们党和国家的指导思想,为什么我们要把它作为自己行动的指南。

三、教学案例

(一)西方出现"马克思热"

1.案例呈现

材料1:马克思被西方媒体评为"千年风云人物"

在千年交替之际,西方媒体纷纷推出自己评选的千年风云人物,马克思主义的创始人、无产阶级的伟大导师卡尔·亨利奇·马克思在多家西方媒体评选千年风云人物的活动中名列第一或第二。在英国广播公司(BBC)举行的一次网上民意测验中,马克思被评为人类纪元第二个千年的"千年第一思想家"。爱因斯坦、牛顿和达尔文分别列为第二、三、四名。在路透社邀请34名来自各国政界、商界、艺术界和学术界的专家名人进行的千年风云人物评选活动中,马克思仅以一分之差名列爱因斯坦之后。

材料2:马克思被德国民众评为"最伟大的德国人"

2003年9月,德国德意志电视二台进行了一项为期3个月、名为"最伟大的德国人"的调查。此次评选得到了德国民众的热烈响应,参加评选的人数达到330万,候选人也多达1300位。德国民众先是从1300位候选人中选出了100名伟大的德国人,然后从中评选出10名最伟大的德国人。最终的投票结果:联邦德国第一位总理康拉德·阿登纳位居第一,1517年欧洲宗教改革运动发起者、德国基督教新教创始人马丁·路德位居第二,马克思位居第三。

材料3:马克思被英国媒体评为"全球最伟大的哲学家"

2005年6月,英国广播公司(BBC)广播四频道《在我们这个时代》栏目就"谁是现今英国人心目中最伟大的哲学家?"调查结果显示,共产主义理论奠基人卡尔·马克思以27.93%的得票率荣登榜首,居于第二位的苏格兰哲学家大卫·休谟得票率为12.6%,远远落在其后。柏拉图、康德、苏格拉底、亚里士多德等更是望尘莫及,黑格尔甚至没进前20名。

材料4:西方社会"回归马克思"的热潮

当前,就世界范围来说,社会主义是低潮。但是,马克思主义的研究和宣传并不是低潮。从 1995 年以后,几乎每年都有 1～2 次关于马克思的国际学术讨论会,如 1995 年在巴黎召开首次"国际马克思大会"。此后,国际马克思主义大会在法国每三年召开一次,参会者均是来自世界各地的马克思主义研究者和支持者。2008 年,世界金融危机后,西方世界研究马克思主义更是掀起新一股热潮,马克思的影响飙升,《资本论》《共产党宣言》成为热门读物,一度脱销。2018 年,马克思 200 周年诞辰,大量以纪念马克思为主题的论坛、研讨会召开,西方知识界出现了"对马克思研究和辩论的大爆发"。美国《纽约时报》以"生日快乐,马克思,你是对的!"为标题向这位伟人致敬,公开赞扬马克思的批判和质疑精神及其理论对当今世界的帮助。美国知名在线媒体"QUARTZ"刊文认为,资本主义正如马克思所预言的那样发展,马克思的分析和远见一再被证明是正确的。在许多方面,我们生活在马克思预言的世界里。

（资料来源:欧阳辉:《走近卡尔·马克思》,人民出版社 2018 年版,第 11～17、45 页。）

2.案例指向

本案例可作为导入环节,用于"什么是马克思主义"部分内容的辅助教学。

3.案例解析

马克思主义自问世以来,就受到各方的恶毒攻击和歪曲,然而,马克思主义并未因此淡出人们的视线。20 世纪与 21 世纪之交,英国和德国在世界范围内评选"千年人物""最伟大的思想家""最伟大的哲学家",马克思备受推崇,名列前茅。这足以说明马克思主义在当代仍然备受世人瞩目和关注,马克思主义没有过时。马克思主义过时论的重要依据是马克思主义诞生于第一次工业革命火热进行的 19 世纪中叶,至今已经 170多年,而当下人类社会迎来了科技飞速发展的第四次科技革命,社会物质基础与马克思主义产生的时代不同,已经不再拥有发挥作用的条件,所以马克思主义已经过时。的确,较之于马克思的时代,信息技术的应用、政治治理的增强和经济手段的调控等,资本主义在制度设计和政策实施方面作出了诸多调整,但是,"万变不离其宗":以私有制为基础的生产生活方式和组织管理方式的本质并没有变,马克思批判的资本的本性仍然没有改变,资本仍旧是支配社会的强大力量;马克思揭露的资本主义的矛盾仍然存在且没有得到根本解决;资本主义向共产主义过渡的必然趋势也没有改变。

　　"过时"不是简单的时间概念。一个理论是否过时,不是以其产生时间的长短为依据,而是主要看它讨论的问题是否仍然存在、提供的解决方案是否仍然有效、这个理论是否仍有时代价值。以这些作为判断尺度,很显然,马克思主义没有过时。马克思围绕"资本"这个核心概念展开了对资本主义社会的深刻批判。可以说,只要资本主义存在,马克思的批判就依然有效。一种思想只要它所表达的历史时代未被超越,它就不会被超越。英国著名学者伊格尔顿在《马克思为什么是对的》一书中说:"只要资本主义制度还存在一天,马克思主义就不会消灭。只有在资本主义结束之后,马克思主义才会退出历史的舞台。"美国学者海尔布隆纳在《马克思主义:赞成与反对》中表示,要探索人类社会发展前景,必须向马克思求教,人类社会至今仍然生活在马克思所阐明的发展规律之中。马克思把资本称为资本主义社会的"普照的光"与"特殊的以太",是主导社会经济与政治文化的整体性力量,"只有资本才创造出资产阶级社会,并创造出社会成员对自然界和社会联系本身的普遍占有"。[①] 资本作为一种"统治力",不仅是一种物,更代表了一种社会关系,一种以物为媒介的人与人之间的社会关系。这种社会关系在表面上是以资本主义商品等价交换的自由和平等的形式表现出来的,其背后是资本对劳动者一定数量的无酬劳动的支配权,是劳动和资本的最深刻的对立。为了不断实现价值增值,资本持续冲破限制自身价值增值的地域性障碍,开疆拓土,"资产阶级……它迫使一切民族……采用资产阶级的生产方式……它按照自己的面貌为自己创造出一个世界"[②]。资本凭借资本积累、增殖扩张的本性推动了全球化的进程,推动了民族历史转向世界历史,"一句话,它按照自己的面貌为自己创造出一个世界"[③],成为现代社会的主导逻辑和社会网络的神经中枢。资本的二重性,意味着其在促进人类社会进步与发展的同时,也把资本之恶带到世界各地,资本的固有矛盾被"移植到"世界各个角落。

　　资本在无限度提高社会生产力的同时,又带来工人的贫困、受奴役的积累,"财富的新源泉,由于某种奇怪的、不可思议的魔力而变成贫困的源泉。技术的胜利,似乎是以道德的败坏为代价换来的。随着人类愈益控制自然,个人却似乎愈益成为别人的奴隶或自身的卑劣行为的奴隶。甚

---

① 《马克思恩格斯文集》第8卷,人民出版社2009年版,第90页。
② 《马克思恩格斯文集》第2卷,人民出版社2009年版,第35~36页。
③ 《马克思恩格斯文集》第2卷,人民出版社2009年版,第36页。

至科学的纯洁光辉仿佛也只能在愚昧无知的黑暗背景上闪耀。我们的一切发明和进步，似乎结果是使物质力量成为有智慧的生命，而人的生命则化为愚钝的物质力量。现代工业和科学为一方与现代贫困和衰颓为另一方的这种对抗，我们时代的生产力与社会关系之间的这种对抗，是显而易见的、不可避免的和毋庸争辩的事实"①。为了获取更多的剩余价值，资本家不断压榨工人的剩余劳动，资本总是占有尽可能多的劳动，让工人获得尽可能少的收入，贫富差距持续扩大。法国学者托马斯·皮凯蒂在《21世纪资本论》中运用翔实的历史统计数据和实证方法得出的结论"美国等西方国家的不平等程度已经达到或超过了历史最高水平，不加制约的资本主义加剧了财富不平等现象，而且将继续恶化下去"，是对马克思资本积累规律的充分论证。一方面，当代资本主义生产力的发展更加刺激了以追求剩余价值为目的的社会化大生产无限扩大；另一方面，生产资料资本主义私人占有的生产关系，使广大劳动人民有支付能力的需求仍然被限制在有限的范围内。为解决资本主义短期生产过剩，催生了资本主义金融业的加速发展和规模扩大。对此，马克思指出："随着生息资本和信用制度的发展，一切资本好像都会增加一倍，有时甚至增加两倍，因为有各种方式使同一资本，甚至同一债权在各种不同的人手里以各种不同的形式出现。这种'货币资本'的最大部分纯粹是虚拟的。全部存款，除了准备金外，只不过是银行家账上的结存款项。"②这种虚拟资本的发展和扩大，在短期掩盖了资本主义生产过剩的实质，短期经济呈现虚假繁荣。然而借来的钱终究是要还的！资本主义生产资料私有制决定了广大劳动人民的偿还能力有限，一旦需求方面发生信贷违约，生产过剩的危机立即凸显，从而引发生产方面的信贷违约。金融业由于遭受需求和生产两方面违约的打击，一般难逃破产的命运。以往资本主义经济危机爆发时，金融业的支持是使生产恢复的必要手段之一，而当代资本主义经济危机直接导致金融业的崩盘，从而使资本主义经济陷入长期低迷的状态。关于经济危机，马克思在《资本论》中研究的资本主义的生产关系及其基本矛盾没有变，资本主义私有制以及资本与雇佣劳动之间的矛盾依然存在，两极分化的趋势也没有变，所以经济危机依然会不断地、周期性地爆发。这也是材料4中提到的，国际金融危机爆发后，西方世界的一部分人将眼光

①　《马克思恩格斯文集》第2卷，人民出版社2009年版，第580页。
②　《马克思恩格斯文集》第7卷，人民出版社2009年版，第533页。

重新投向马克思,想从他那里寻找智慧和解决资本主义社会弊病的答案,令《资本论》摆上畅销书架的原因。

马克思、恩格斯认为人类社会具有因果性和规律性,即生产力与生产关系、经济基础与上层建筑的矛盾是人类社会的基本矛盾,它们的运动发展构成了人类社会基本规律,使其不断地上升演进。他们依据经济基础特别是生产关系的不同性质,在《〈政治经济学批判〉序言》中将其分为四个基本阶段,"大体说来,亚细亚的、古代的、封建的和现代资产阶级的生产方式可以看作是经济社会的形态演进的几个时代。资产阶级的生产关系是社会生产过程的最后一个对抗形式,人类社会的史前时期就以这种社会形态而告终"。资本主义生产方式之所以能战胜封建的生产方式,就是因为它在各方面都比封建的生产方式先进,比以往人类历史上任何时代更能极大地促进生产力的发展:"资产阶级在它的不到一百年的阶级统治中所创造的生产力,比过去一切世代创造的全部生产力还要多,还要大。自然力的征服,机器的采用,化学在工业和农业中的应用,轮船的行驶,铁路的通行,电报的使用,整个整个大陆的开垦,河川的通航,仿佛用法术从地下呼唤出来的大量人口——过去哪一个世纪料想到在社会劳动里蕴藏有这样的生产力呢?"[1]同时,他们尖锐地指出,资本主义取代封建主义不过是用一种新的剥削制度代替了一种旧的剥削制度,用更加"公开的、无耻的、直接的、露骨的剥削代替了由宗教幻想和政治幻想掩盖着的剥削"[2]。资产阶级对利益无满足式的追求,在创造巨大财富的同时,带来无产阶级的贫困积累,使资本主义社会日益陷入资产阶级与无产阶级的阶级对立之中,资本主义生产方式逐渐被资本所生成的历史发展进程所扬弃否定,"这个曾经仿佛用法术创造了如此庞大的生产资料和交换手段的现代资产阶级社会,现在像一个魔法师一样不能再支配自己用法术呼唤出来的魔鬼"[3],"它首先生产的是它自身的掘墓人。资产阶级的灭亡和无产阶级的胜利是同样不可避免的"[4]。

马克思的"两个必然"的科学论断是经得住历史和现实检验的,不是学理上的说教,而是一种现实运动。中国特色社会主义的伟大成就昭示

---

① 《马克思恩格斯文集》第2卷,人民出版社2009年版,第36页。
② 《马克思恩格斯文集》第2卷,人民出版社2009年版,第34页。
③ 《马克思恩格斯文集》第2卷,人民出版社2009年版,第37页。
④ 《马克思恩格斯文集》第2卷,人民出版社2009年版,第43页。

着社会主义运动的光辉前景和马克思主义的真理性，"马克思、恩格斯关于资本主义社会基本矛盾的分析没有过时，关于资本主义必然消亡、社会主义必然胜利的历史唯物主义观点也没有过时"，但"两个必然"的实现是一个长期的、艰巨的实践过程，"无论哪一个社会形态，在它所能容纳的全部生产力发挥出来以前，是决不会灭亡的；而新的更高的生产关系，在它的物质存在条件在旧社会的胎胞里成熟以前，是决不会出现的"①。习近平总书记在主持十八届中央政治局第十一次集体学习时特别强调："马克思的这一重要论点，可以帮助我们理解为什么资本主义至今没有完全消亡，为什么社会主义还会出现苏联解体、东欧剧变那样的曲折，为什么马克思主义预见的共产主义还需要经过很长的历史发展才能实现。学懂了这一认识和研究社会历史发展的科学世界观和方法论，我们就能坚定理想的主心骨、筑牢信念的压舱石，保持强大的战略定力。"②

综上所述，马克思主义"过时论"根本站不住脚，"无论时代如何变迁、科学如何进步，马克思主义依然显示出科学思想的伟力，依然占据着真理和道义的制高点"③，依然有着愈发旺盛的生命力。

(二)何为马克思主义

1.案例呈现

材料1：1890年，恩格斯给马克思的女婿、法国著名的马克思主义者保·拉法格的信中，针对有些人把马克思主义当作标签到处乱贴的做法，他说："所有这些先生们都在搞马克思主义，然而是10年前你在法国就很熟悉的那一种马克思主义，关于这种马克思主义，马克思曾经说过：'我只知道我自己不是马克思主义者。'马克思大概会把海涅对自己的模仿者说的话转送给这些先生们：'我播下的是龙种，而收获的却是跳蚤。'"

（资料来源：《马克思恩格斯选集》第4卷，人民出版社2012年版，第603页。）

材料2：恩格斯在《路德维希·费尔巴哈和德国古典哲学的终结》一文中就指出过："请允许我在这里作一点个人的说明。近来人们不止一次地提到我参加了制定这一理论的工作，因此，我在这里不得不说几句话，

---

① 《马克思恩格斯文集》第2卷，人民出版社2009年版，第592页。
② 习近平：《坚持历史唯物主义不断开辟当代中国马克思主义发展新境界》，《求是》2020年第2期。
③ 习近平：《在哲学社会科学工作座谈会上的讲话》，人民出版社2016年版，第10页。

把这个问题澄清。我不能否认,我和马克思共同工作40年,在这以前和这个期间,我在一定程度独立地参加了这一理论的创立,特别是对这一理论的阐发。但是,绝大部分基本指导思想(特别是在经济和历史领域内),尤其是对这些指导思想的最后的明确的表述,都是属于马克思的。我所提供的,马克思没有我也能够做到,至多有几个专门的领域除外。至于马克思所做到的,我却做不到。马克思比我们大家都站得高些,看得远些,观察得多些和快些。马克思是天才,我们至多是能手。没有马克思,我们的理论远不会是现在这个样子。所以,这个理论用他的名字命名是理所当然的。"

(资料来源:《马克思恩格斯选集》第4卷,人民出版社2012年版,第248页。)

材料3:马克思给我们留下的最有价值、最具影响力的精神财富,就是以他名字命名的科学理论——马克思主义。这一理论犹如壮丽的日出,照亮了人类探索历史规律和寻求自身解放的道路。

马克思主义深刻揭示了自然界、人类社会、人类思维发展的普遍规律,为人类社会发展进步指明了方向;马克思主义坚持实现人民解放、维护人民利益的立场,以实现人的自由而全面的发展和全人类解放为己任,反映了人类对理想社会的美好憧憬;马克思主义揭示了事物的本质、内在联系及发展规律,是"伟大的认识工具",是人们观察世界、分析问题的有力思想武器;马克思主义具有鲜明的实践品格,不仅致力于科学"解释世界",而且致力于积极"改变世界"。在人类思想史上,还没有一种理论像马克思主义那样对人类文明进步产生了如此广泛而巨大的影响。

(资料来源:习近平:《在纪念马克思诞辰200周年大会上的讲话》,人民出版社2018年版,第6页;习近平:《在哲学社会科学工作座谈会上的讲话》,人民出版社2016年版,第8~9页。)

2.案例指向

本案例可用于"什么是马克思主义"部分内容的辅助教学。

3.案例解析

从材料1可以看到马克思没有自称马克思主义或马克思主义者。目前看到的最早的"马克思主义"一词是论敌的贬义性使用,仅是为了用来特别强调突出马克思个人是他们所竭力反对的理论的始祖。如1873年,俄国无政府主义者巴枯宁,就攻击"马克思的理论"是"马克思主义"。马克思在世时,都只把自己的学说称为"新唯物主义"、"共产主义"或"科学社会主义"。马克思本人对19世纪70年代末80年代初,法国、俄国一些存在严重的教条主义和宗派主义倾向但又自命为"马克思主义者"的人是不满与厌恶的,申明并强调"我只知道我不是马克思主义者"。直到1883年马克思逝世以后,一些国家的先进工人组织和社会主义者为了肯定马克思在理论上的伟大贡献,才开始在褒义上即在正面的意义上使用"马克思主义"的概念。例如,1883年3月18日《纽约人民报》发表署名"一个德国社会主义者"的悼念文章,其中提出"尤其要感谢马克思主义的理论"。该报同日还刊出一个名叫谢尔盖·舍维奇的人所写的文章,题目是《马克思与俄国社会主义者》,其中指出,"马克思主义思想在俄国的普及甚至比在德国还要早"。德国社会主义理论家卡·考茨基于同年4月6日在维也纳出版的奥地利民主党机关刊物《真理》杂志第7期发表悼念马克思的文章,正式提出"马克思主义"这个概念。恩格斯早年曾经用过"马克思的经济理论和历史理论"等提法,从1886年起他也开始使用"马克思主义"。随后,"马克思主义"这个概念被各国广泛采用。

从材料2,我们可以看到马克思恩格斯共同创立的理论体系仅以马克思的名字命名的根本原因是马克思主义中"绝大部分基本指导思想,尤其是对这些指导思想的最后的明确的表述,都是属于马克思的"。恩格斯在自己的著作与书信中,总是把马克思放在第一位,一再把创立马克思主义的历史功绩归诸马克思,认为自己只是"第二提琴手":"我一生所做的是我注定要做的事,就是拉第二小提琴,而且我想我做得还不错。我很高兴我有像马克思这样出色的第一小提琴手。当现在突然要我在理论问题上代替马克思的地位去拉第一小提琴时,就不免要出漏洞,这一点没有人比我自己更强烈地感觉到。而且只有在时局变得更动荡一些的时候,我们才会真正感受到失去马克思是失去了什么。"但是,我们不能因为恩格斯的自谦,就低估和忽视他的伟大贡献。马克思、恩格斯1844年合作撰写了第一部重要的哲学著作《神圣家族》,1846年共同完成了标志着唯物史观创立的《德意志意识形态》。1848年标志着科学社会主义诞生的《共产党宣言》,是马克思、恩格斯两人的合作完成的,并且基础性的准备工作是恩格斯撰写的《共产主义原理》。值得一提的是,恩格斯虽然没有直接参与《资本论》的写作,却为《资本论》倾注了大量的心血。在1867年《资本论》第一卷德文版出版时,马克思在给恩格斯的信中写道:"没有你,我永远不能完成这部著作。坦白地向你说,我的良心经常象被梦魇压着一样感到沉重,因为你的卓越才能主要是为了我才浪费在经商上面,才让它们荒废,而且还要分担我的一切琐碎的忧患。"马克思逝世后,恩格斯为编辑和修订出版《资本论》第二、第三卷付出了极大的辛劳,使《资本论》理论部分三卷成为一个有机的整体,"就是替他的天才朋友建立了一座庄严宏伟的纪念碑,无意中也把自己的名字不可磨灭地铭刻在上面了。的确,这两卷《资本论》是马克思和恩格斯两人的著作"①。

从材料3,我们可以看到马克思主义博大精深、内涵丰富,是关于自然、社会和思维发展的普遍规律的学说,是关于无产阶级革命和人类解放的学说,是一种科学的世界观和方法论的体系。

根据上述三个材料,从马克思主义的创造者、继承者的认识成果讲,马克思主义是由马克思恩格斯创立的,而由其后各个时代、各个民族的马克思主义者不断丰富并发展的观点和学说的体系。

从马克思主义的阶级属性讲,马克思主义是无产阶级争取自身解放和全人类解放的科学,是关于无产阶级斗争的性质、目的和解放条件的学说。马克思、恩格斯常常将自己的理论称为共产主义理论或社会主义理论,"共产主义作为理论,是无产阶级立场在这种斗争中的理论表现,是无产阶级解放的条件的理论概括"②。列宁也对马克思主义作过这样的表述:"马克思主义是无产阶级解放运动的理论。"③

从马克思主义的研究对象和主要内容讲,马克思主义是完整的世界观和方法论,是关于自然、社会和思维发展的普遍规律的学说,是关于社会主义必然代替资本主义、最终实现共产主义的学说。马克思主义哲学、马克思主义政治经济学、科学社会主义是马克思主义三个基本组成部分,它们有机统一并共同构成了马克思主义的主体内容。马克思主义哲学是关于自然、社会和思维发展最一般规律的科学,为整个马克思主义学说提供了统一的世界观和方法论基础。其理论内容是以实践为基础的辩证唯物主义和历史唯物主义,在马克思主义创始人那里,这种哲学被称为"实践的唯物主义"。马克思主义政治经济学是关于社会生产关系发展规律的科学,它既是马克思主义哲学的具体应用,又为马克思主义哲学世界观和方法论提供了深刻的令人信服的论证。其理论内容包括资本主义生产关系产生、发展和灭亡的规律,以及社会主义生产关系的建立、发展和向共产主义高级阶段转化的规律。在马克思主义创始人那里,科学的劳动

---

① 《列宁全集》第 2 卷,人民出版社 1984 年版,第 10 页。
② 《马克思恩格斯文集》第 1 卷,人民出版社 2009 年版,第 672 页。
③ 《列宁全集》第 26 卷,人民出版社 1990 年版,第 239 页。

价值论和剩余价值理论是主体部分。马克思以极其丰富的经济史实和缜密的逻辑分析揭示了资本主义产生、发展和必然灭亡的客观规律,为科学社会主义理论和实践奠定了坚实的基础。因此,列宁说,马克思主义政治经济学"是马克思理论最深刻、最全面、最详细地证明和运用",是"马克思主义的主要内容"。正如恩格斯所指出的那样,"这两个伟大的发现——唯物主义历史观和通过剩余价值揭开资本主义生产的秘密,都应当归功于马克思。由于这些发现,社会主义变成了科学"。① 科学社会主义理论是马克思主义关于无产阶级解放运动的性质、条件、目的和发展规律的科学。其理论内容为无产阶级的历史必然性与主客观条件,实现这种革命的途径、策略和对社会主义、共产主义社会的科学构想。科学社会主义是马克思主义哲学和政治经济学理论,特别是历史唯物主义和剩余价值学说的必然结论。与此同时,科学社会主义又是马克思主义哲学和政治经济学的价值引导,马克思主义哲学和政治经济学的目的就是要为无产阶级争取解放的斗争提供依据和指南。

马克思主义的哲学、政治经济学和科学社会主义不是彼此孤立的,而是一个有机整体。用列宁的话说,它们是一块"整钢";形象地说,它们之间的关系不是一个"品"字,而是一个"王"字。这三者之间,即它的世界观和方法论原则,对资本主义经济的理论分析以及由此得出的结论之间,在理论上和逻辑上是严密的、完整的、一贯的。它们相互渗透、相互补充,构成马克思主义学说。社会主义理论一旦离开马克思主义哲学和马克思主义政治经济学,就会蜕变为平均共产主义或空想社会主义;反之,离开了马克思主义哲学指导,离开了社会主义革命和社会主义建设,所谓马克思主义政治经济学必然会跌入资产阶级政治经济学的怀抱。同样,如果无视无产阶级肩负的伟大历史使命,无视社会经济现象,特别是新出现的经济现象,马克思主义哲学就会回到烦琐的、脱离生活的经院哲学。把马克思主义中的任何一个组成部分同整体割裂开来,都会使它丧失自己原有的性质,并导致对整个马克思主义科学体系的曲解。

(三)"正义者同盟"的改组与《共产党宣言》的创作

1.案例呈现

1846 年初,马克思和恩格斯建立了共产主义通讯委员会,把它作为

---

① 《马克思恩格斯全集》第 25 卷,人民出版社 2001 年版,第 394 页。

讨论交流共产主义思想和理论问题的一个平台。因为工人运动和反对私有制的斗争不仅需要科学社会主义理论的指导,而且迫切需要建立一个以科学社会主义理论为指导的无产阶级政党。但是,这个组织人数有限,影响也有限。于是,马克思、恩格斯决定对正义者同盟进行改造。正义者同盟是1836年由从"德国流亡者同盟"中分裂出的部分成员在巴黎建立的团体,其纲领和章程带有浓厚的空想和密谋色彩,主张以少数英雄人物的起义推翻反动统治,直接在德国建立"共产主义",提出的口号是"人人皆兄弟"。魏特林是正义者同盟的思想领袖,其主张消灭私有制,实行财产共有共享,建立人人平等的社会。

开始时,马克思、恩格斯并没有参加这个组织,只是通过与该同盟的领导人的联系和尽量吸收其成员加入共产主义通讯委员会来对它产生影响。1846年3月20日,在共产主义通讯委员会的会议上,马克思同魏特林发生了激烈的争论。这场争论表面看是因为出版问题引发的,而实际上是两种世界观之间对立和斗争的具体体现,是革命理论和策略的根本分歧,最后导致马克思和恩格斯同魏特林彻底决裂。在这场斗争中,马克思和恩格斯的立场、态度得到了广大工人群众的热烈支持。伦敦正义者同盟的领导人沙佩尔、鲍威尔和莫尔等也积极支持马克思和恩格斯,大大削弱了魏特林对工人运动的影响力。在马克思和恩格斯对魏特林平均共产主义、"真正的"社会主义和蒲鲁东社会主义等错误思潮的批判斗争中,正义者同盟的指导思想逐渐发生变化,同盟领导人也产生了改组同盟的愿望和要求,旨在建立一个以科学的思想理论体系为指导的强大的共产主义政党。1847年1月,马克思、恩格斯接受正义者同盟的加入邀请并参与和直接指导了该同盟的改组。

1847年6月2日至8日(或9日),正义者同盟在伦敦召开了第一次代表大会。根据马克思和恩格斯的提议,大会决定把"正义者同盟"改为"共产主义者同盟"。废除原有的"人人皆兄弟",代之以"全世界无产者,联合起来"的新的、富有战斗力的伟大口号。大会没有形成新纲领的最后方案,只把恩格斯执笔的《共产主义信条草案》作为基础,发给支部讨论。第一次代表大会宣告了共产主义者同盟的建立。1847年11月第二次代表大会在伦敦召开,马克思和恩格斯在大会上阐述了科学社会主义的思想。大会经过辩论,接受了他们的观点,并委托他们起草一个准备公布的纲领。1847年12月至1848年2月,卡尔·马克思和弗里德里希·恩格斯应共产主义者同盟中央委员会的要求,撰写了《共产党宣言》。

（资料来源：刘建军：《〈共产党宣言〉与新时代》，河北人民出版社 2018 年版，第 18~23 页。）

2.案例指向

本案例可用于"马克思主义的创立"部分内容的辅助教学。

3.案例解析

《共产党宣言》是国际共产主义运动第一个纲领性文献，是马克思主义诞生的重要标志。马克思主义的产生不是历史的偶然，而是经济、政治和思想文化发展到一定阶段的必然产物，同时也是马克思、恩格斯的革命实践活动和理论创造活动的结晶。

资本主义制度在欧洲的确立、工业革命的发生，在带来社会进步、生产繁荣的同时，也使资本主义社会的基本矛盾即生产社会化和生产资料私人占有之间的矛盾日益暴露出来，引发了经济危机。1825 年英国爆发了第一次全国性经济危机，1836 年和 1847 年又相继爆发了波及欧洲各主要资本主义国家的经济危机。经济危机使社会生产力遭到极大破坏，给无产阶级和劳动人民带来深重灾难。资产阶级为了摆脱经济危机的困境，不断加紧对无产阶级的剥削和压迫。两大阶级之间的矛盾日益激化，无产阶级开展了一系列反对资产阶级统治的斗争。其中最具有代表性的反抗运动是 1831 年和 1834 年法国里昂工人两次起义、1836—1848 年爆发的英国宪章运动以及 1844 年德国西里西亚纺织工人起义。这些斗争虽然都被镇压下去，但显示出无产阶级已经作为一支独立的政治力量登上了历史舞台。工人阶级斗争的经验，为马克思、恩格斯进行理论研究提供了宝贵的材料，使马克思主义的产生成为可能。三大工人运动的失败说明无产阶级迫切需要科学理论的指导。那么，当时的社会理论怎样呢？一方面，曾经具有革命意义的资产阶级政治思想、社会理论，伴随着资产阶级经济、政治统治的巩固和加强，逐步转向保守甚至反动，开始丧失了时代的先导作用；另一方面，当时众多的社会主义学说处于空想阶段。正是在这种情况下，马克思、恩格斯适应这一历史任务，创立了马克思主义。资本主义经济社会的发展及其矛盾运动，为马克思主义的产生提供了客观条件，而无产阶级与资产阶级的斗争则对马克思主义的产生提出了现实的需求。这样的时代背景和实践要求只是为马克思主义的产生提供了可能性。即这些客观条件不会自动地产生任何新的理论和学说。换句话说，这些可能性就好比是为一颗种子的萌发提供了适宜的环境。但是，只有这些客观条件是远远不够的，正如，再适宜的环境如果没有种子也不能长出一棵新生命。这些可能性只有通过马克思、恩格斯的革命实践和对人类文明成果的继承与创新,才会变成现实。

马克思和恩格斯并不是天生的马克思主义者和无产阶级革命家,成为马克思主义者和无产阶级革命家经历了思想成长和逐步转变的过程。1844年2月,马克思的《〈黑格尔法哲学批判〉导言》《论犹太人问题》和恩格斯的《国民经济学批判大纲》在《德法年鉴》上发表,表明他们完成了从唯心主义向唯物主义、从革命民主主义向共产主义的转变,为创立马克思主义奠定了思想前提。1844年8月,马克思和恩格斯巴黎会面后,发现彼此的基本观点完全一致,于是开始了在科学理论研究和革命活动中的毕生合作,共同致力于无产阶级和人类解放的事业。1844年9—11月,马克思、恩格斯合写的《神圣家族》,提出了一系列辩证唯物主义和历史唯物主义的基本原理,揭露了唯心主义的认识论根源,清算了青年黑格尔派的思想,表明同唯心主义决裂。1845年秋至1846年5月,马克思、恩格斯合写的《德意志意识形态》这部著作,系统地论述了一系列历史唯物主义的基本概念和基本原理,自觉地清算了费尔巴哈人本主义的唯物主义的影响,既与唯心主义又与旧唯物主义彻底划清了界限,标志着唯物史观的形成和确立。所以,马克思主义哲学正是在批判地继承黑格尔哲学辩证法"合理内核"和费尔巴哈哲学唯物主义"基本内核"的基础上,创立了辩证唯物主义和历史唯物主义。唯物史观创立以后,马克思、恩格斯以它为指导,批判地继承了英国古典政治经济学的思想,从资本主义社会最常见的商品入手,通过分析研究,发现了劳动二重性,创建了科学的劳动价值论,并以此为基础分析资本主义的生产过程,发现了剩余价值规律,创立了马克思主义政治经济学。在马克思主义诞生以前,英法等国家的空想社会主义者对资本主义制度作了深刻的剖析和批判,并对未来取代资本主义社会的社会作了许多天才的构想,但由于认识不到资本主义雇佣的本质,不懂得阶级斗争是阶级社会发展的直接动力,不懂得无产阶级的历史地位和历史使命,他们对未来社会的构想只能是一种空想。马克思、恩格斯批判地继承英国、法国空想社会主义的合理思想,以唯物史观和剩余价值理论为指导,把无产阶级解放斗争的性质、条件和一般目的作为自己的研究对象,发现了工人阶级的历史地位,阐明了无产阶级获得彻底解放的历史条件和无产阶级的历史使命,从而使空想社会主义变成了科学,回答了无产阶级向何处去的问题。

从材料我们看到,马克思主义最初只是工人运动中的一种学说和流派,在其发展过程中,不断通过通讯和讨论,传播科学社会主义理论,并同当时阻碍工人运动发展的错误思潮进行斗争,最终上升为一个更加彻底地批判资本主义制度的理论。一是同魏特林主义的斗争。魏特林是德国和国际工人运动早期活动家,平均共产主义理论家。1835 年,魏特林移居巴黎,参加了流亡者同盟。1836 年,他同部分激进的盟员从流亡者同盟中分裂出来组成正义者同盟,并成为正义者同盟的领导成员之一。魏特林主张消灭私有制,实行财产共有共享,建立人人平等的社会。但他把共产主义归结为原始基督教,他的平均共产主义是从早期基督教思想中推论出来的。在政治上,他主张用暴力推翻旧制度,但他主张的暴力是指自发的暴动,而不是有组织的阶级的行动,是少数人的密谋行动,而不是多数人的革命。他主张依靠少数人的暴力立即实现共产主义,反对德国无产阶级支持当时的资产阶级民主革命。1846 年 2 月,魏特林来到布鲁塞尔,马克思、恩格斯希望他能接受科学社会主义,但魏特林坚持在通讯委员会宣传自己的观点。在 1846 年 3 月 30 日,马克思当着魏特林的面直截了当地批驳了他的观点。1846 年 5 月,马克思、恩格斯决定同魏特林决裂,并把他们的决定通知各地通讯委员会,希望他们也同魏特林及其拥护者进行斗争。正义者同盟伦敦的领导人沙佩尔、鲍威尔和莫尔,巴黎的领导人艾韦贝克和在德国的魏德迈等人都表示支持马克思和恩格斯。这就意味着马克思和恩格斯通过共产主义通讯委员会战胜了在正义者同盟中长期占统治地位的魏特林平均共产主义。二是同蒲鲁东主义的初步斗争。蒲鲁东是法国政论家和经济学家,小资产阶级社会主义者,无政府主义奠基人之一,当时在工人运动中特别是在法国工人运动中有相当大的影响。为了消除蒲鲁东主义对工人运动特别是对法国工人运动的影响,马克思于 1847 年上半年写了《哲学的贫困:答蒲鲁东先生的〈贫困的哲学〉》,并于同年 7 月在巴黎和布鲁塞尔用法文出版。在该书中,马克思批判了蒲鲁东空想的经济观点及其经济观点的哲学基础,进一步阐明了历史唯物主义的基本原理,批驳了蒲鲁东的改良主义观点,阐明了无产阶级的伟大历史使命。

综上所述,马克思主义的产生不是偶然的,它是时代的产物,有着深刻的经济社会根源,与马克思、恩格斯的主观努力分不开,是在批判地继承、吸收德国古典哲学、英国古典政治经济学和法国、英国的空想社会主义合理成分的基础上,在创立无产阶级政党、指导工人运动并同工人运动中的各种机会主义思潮进行不懈斗争的实践基础上创立和发展起来的。

(四)马克思主义理论的基本特征

1.案例呈现

——马克思主义是科学的理论,创造性地揭示了人类社会发展规律。在马克思提出科学社会主义之前,空想社会主义者早已存在,他们怀着悲天悯人的情感,对理想社会有很多美好的设想,但由于没有揭示社会发展规律,没有找到实现理想的有效途径,因而也就难以真正对社会发展发生作用。马克思创建了唯物史观和剩余价值学说,揭示了人类社会发展的一般规律,揭示了资本主义运行的特殊规律,为人类指明了从必然王国向自由王国飞跃的途径,为人民指明了实现自由和解放的道路。

——马克思主义是人民的理论,第一次创立了人民实现自身解放的思想体系。马克思主义博大精深,归根到底就是一句话,为人类求解放。在马克思之前,社会上占统治地位的理论都是为统治阶级服务的。马克思主义第一次站在人民的立场探求人类自由解放的道路,以科学的理论为最终建立一个没有压迫、没有剥削、人人平等、人人自由的理想社会指明了方向。马克思主义之所以具有跨越国度、跨越时代的影响力,就是因为它植根人民之中,指明了依靠人民推动历史前进的人间正道。

——马克思主义是实践的理论,指引着人民改造世界的行动。马克思说,“全部社会生活在本质上是实践的”,“哲学家们只是用不同的方式解释世界,问题在于改变世界”。实践的观点、生活的观点是马克思主义认识论的基本观点,实践性是马克思主义理论区别于其他理论的显著特征。马克思主义不是书斋里的学问,而是为了改变人民历史命运而创立的,是在人民求解放的实践中形成的,也是在人民求解放的实践中丰富和发展的,为人民认识世界、改造世界提供了强大精神力量。

——马克思主义是不断发展的开放的理论,始终站在时代前沿。马克思一再告诫人们,马克思主义理论不是教条,而是行动指南,必须随着实践的变化而发展。一部马克思主义发展史就是马克思、恩格斯以及他们的后继者们不断根据时代、实践、认识发展而发展的历史,是不断吸收人类历史上一切优秀思想文化成果丰富自己的历史。因此,马克思主义能够永葆其美妙之青春,不断探索时代发展提出的新课题、回应人类社会面临的新挑战。

(资料来源:习近平:《在纪念马克思诞辰200周年大会上的讲话》,人民出版社2018年版,第7~10页。)

2.案例指向

本案例可用于"马克思主义的基本特征"部分内容的辅助教学。

3.案例解析

在纪念马克思诞辰 200 周年大会的讲话中,习近平对马克思主义具有的"科学的理论""人民的理论""实践的理论""发展的理论"的特征作了深刻阐释。科学性、人民性、实践性、发展性,这些特征体现了马克思主义的本质和使命,也展现出马克思主义的理论形象。

马克思的两个"科学发现"——唯物史观和剩余价值理论,揭示了人类社会发展的一般规律,揭示了资本主义运行的特殊规律。唯物史观的创立是人类思想史上的一次伟大革命,彻底宣告了几千年来唯心史观的破产,把人类历史第一次置于科学理论的基石之上。唯物史观,即辩证唯物主义和历史唯物主义,这是马克思主义的一个突出特征和理论优势。世界观是人认识世界的基础,有不同的世界观就会形成对世界的不同认识,不同的认识会形成不同的实践方式,对世界产生不同的影响。只有科学的世界观才能指导正确的实践,达到预期的实践结果。马克思主义的世界观和方法论经过历史和实践证明其科学性、正确性,为人类社会的发展指明方向,为正确认识和改造世界提供了方法论指导。剩余价值学说,揭开了资本主义剥削方式的秘密,回答了资本主义向何处去的问题。正是有了唯物史观和剩余价值学说两大理论发现,马克思主义超越了空想社会主义,创立了科学社会主义,科学论证了资本主义灭亡的历史必然性,阐明了无产阶级的历史使命,回答了无产阶级向何处去的问题,为社会主义发展指明了正确的道路和方向。

"马克思主义第一次站在人民的立场探求人类自由解放的道路,以科学的理论为最终建立一个没有压迫、没有剥削、人人平等、人人自由的理想社会指明了方向",习近平总书记这一重要论述深刻揭示了马克思主义鲜明的人民性。马克思和恩格斯的一生是满怀崇高理想、为无产阶级革命不懈奋斗的一生,他们所创立的马克思主义理论是来自人民、为了人民的科学理论,过去的一切运动都是少数人的,或者为少数人谋利益的运动。无产阶级的运动是绝大多数人的,为绝大多数人谋利益的独立的运动。马克思主义的人民性体现在人的自由而全面的发展上,"代替那存在着阶级和阶级对立的资产阶级旧社会的,将是这样一个联合体,在那里,每个人的自由发展是一切人的自由发展的条件"①。体现在全人类解放上,社会处于一个"自由人的联合体"。

实践性是马克思主义理论区别于其他理论的显著特征,马克思主义是从实践中来、到实践中去、在实践中接受检验,自始至终坚持理论与实践相结合。马克思主义是在社会实践特别是无产阶级和劳动人民反对资产阶级的阶级斗争的实践中,深刻洞察和分析了工人阶级的阶级状况、悲惨命运、社会根源和历史使命,创立和发展的科学理论。马克思主义第一次把科学的实践观引入自己的理论体系,实践观点体现在马克思主义思想内容之中,全部社会生活在本质上是实践的,强调把科学地认识世界和革命地改造世界有机地结合起来,哲学家们只是用不同的方式解释世界,问题在于改变世界。从马克思主义的使命和作用来说,它不是书斋里的学问,而是为了改变人民历史命运而创立的,不是一种纯粹解释世界的学说,而是直接服务于无产阶级和人民群众改造世界的实践活动的科学理论。

马克思主义是不断发展的学说,具有与时俱进的理论品质。从马克思主义理论产生来看,它是马克思、恩格斯在批判继承德国古典哲学、英国古典政治经济学以及英国、法国空想社会主义的基础上,根据时代发展补充了许多新的科学性内容而创立的。从马克思主义理论本身来看,"一部马克思主义发展史就是马克思、恩格斯以及他们的后继者们不断根据时代、实践、认识发展而发展的历史",马克思主义不是一个既定不变的、封闭僵化的孤立的体系,而是一个自我完善、自我发展的,开放的、动态的、发展的体系。马克思、恩格斯从不故步自封,而是强调马克思主义随时代发展而发展。《共产党宣言》德文版序言说:"正如《宣言》中所说的,随时随地都要以当时的历史条件为转移。"②马克思主义是一个不断向前发展的理论体系,在马克思、恩格斯创立马克思主义理论以后,列宁在领导俄国革命和建设的过程中,把马克思主义基本原理与俄国实际相结合,创立了列宁主义。中国共产党在百年奋斗中不断推进马克思主义中国化、时代化,实现了马克思主义中国化的三次飞跃,先后创立了毛泽东思想、中国特色社会主义理论体系、习近平新时代中国特色社会主义思想,充分彰显了马克思主义与时俱进的理论品质和时代特征,都是马克思主

---

① 《马克思恩格斯文集》第 2 卷,人民出版社 2009 年版,第 53 页。
② 《马克思恩格斯文集》第 2 卷,人民出版社 2009 年版,第 15 页。

义具有发展性特征的有力证明。

马克思主义是科学的理论、人民的理论、实践的理论、发展的理论,这四者是有机统一的。马克思主义的实践性与科学性是统一的,它在实践的基础上创造性地揭示了人类社会发展规律;马克思主义的实践性与人民性是统一的,它是通过革命实践实现人民自身解放的思想体系;马克思主义的实践性与发展性是统一的,它在实践的基础上不断探索时代发展提出的新课题、回应人类社会面临的新挑战。马克思主义科学理论在指导无产阶级和人民群众进行伟大社会革命的过程中,其人民性、实践性和发展性集中地体现为革命性,因此马克思主义基本特征,如果用一句话来概括,就是科学性与革命性的统一。正是这种以实践为基础的科学性与革命性的统一,使得马克思主义蕴含强大生命力,能够历经时空转换、岁月洗礼而经久不衰。

(五)马克思依然活着而且很年轻

1.案例呈现

材料1:马克思主义行

马克思主义是我们立党立国、兴党兴国的根本指导思想。实践告诉我们,中国共产党为什么能,中国特色社会主义为什么好,归根到底是马克思主义行,是中国化时代化的马克思主义行。拥有马克思主义科学理论指导是我们党坚定信仰信念、把握历史主动的根本所在。

(资料来源:习近平《高举中国特色社会主义伟大旗帜 为全面建设社会主义现代化国家而团结奋斗——在中国共产党第二十次全国代表大会上的报告》,《人民日报》2022年10月26日第1版。)

材料2:"马克思是个90后,靠谱"

"我对他的第一印象,在政治课;学了他的思想,只是为了及格;本打算过了就算,书再也不念;后来翻开却发现并不讨厌;人生总是充满意外;有一天我看到他的厉害;看到我的信仰别再问 why;别再看 magazine 我在看马克思。……像叶孤舟行在山丘,那样的为真理争斗,像他一样疾恶如仇,像他一样不屑权谋,像叶孤舟行在山丘,那样的为真理争斗,像他一样疾恶如仇,像他一样不屑权谋,马克思是个九零后。"这是由北大毕业生卓丝娜填词谱曲的一首说唱歌曲(rap),歌曲名叫《马克思是个九零后》。这首歌一经发布,就引爆了朋友圈,在马克思主义理论界、音乐界和校园里迅速传播,尤其是在 5 月 5 日,马克思诞辰 198 周年纪念日前后。一个乐队以说唱风格演唱马克思而风靡网络,持续发酵。5月27日,英国《每日邮报》刊文《卡尔·马克思VS布鲁诺·马尔斯:中国用流行说唱歌曲重新诠释共产主义教父……》;5月24日,《人民日报》刊文《马克思是个90后,不会为青年所疏远》。

（资料来源:肖克鑫:《马克思是个90后,靠谱》,《中国邮政报》2016年6月4日第1版。）

2.案例指向

本案例可用于"马克思主义的当代价值"部分内容的辅助教学。

3.案例解析

马克思主义是我们立党立国的根本指导思想。马克思主义自诞生以来,深刻改变了世界,也深刻改变了中国,极大推进了人类文明进程。结合材料1,我们可以看到,正是坚持以马克思主义为指导,把马克思主义基本原理同中国具体实际相结合、同中华优秀传统文化相结合,我们才在过去一百年赢得了革命、建设和改革开放的伟大胜利与荣光。马克思主义在中国大地放射出灿烂光芒、结出丰硕果实,马克思主义中国化理论成果不断将马克思主义推向新的历史高度,生动诠释了马克思主义为什么"行"。

在当代中国,马克思主义仍然是指引我们发展的精神旗帜和行动指南。从世界形势看,今天的世界处于百年未有的大发展大变革大调整时期,世界多极化、经济全球化、社会信息化、文化多样化深入发展,全球治理体系和国际秩序变革加速推进,各国相互联系和依存日益加深。同时,世界面临的不稳定性不确定性突出,世界经济增长动能不足,贫富分化日益严重,地区热点问题此起彼伏,恐怖主义、气候变化等人类共同的威胁持续蔓延。综合国力竞争日趋激烈,各种矛盾错综复杂,在总体上我们依然面临着发达国家在经济、科技等方面占优势的压力,以及西方敌对势力西化、分化我国的图谋。从国内形势看,虽然国家正处在高质量发展的新的历史起点上,但同时也必须清醒地看到,新时代我国社会生活发生了深刻的变革,带来经济结构、社会结构的明显变化,不断深化的改革进程使利益分化加剧和社会主义初级阶段不平衡不充分发展的客观现实,特别是随着信息技术的高速发展,海量的信息通过新兴媒体广泛传播,使得不同意识形态属性的社会思潮和价值理念以更快的速度向经济社会生活的各领域渗透等给意识形态工作提出了新挑战、新要求。实践表明,形势越是复杂,社会越是多样化,就越需要在根本问题上统一思想、凝聚共识。青年学生有了马克思主义科学理论的指导,就可以提高辨别是非的能力,在个人成长中,始终坚持独立思考和理性判断,自觉抵御各种错误思想和理论的侵袭。

马克思主义是推动当代中国发展的精神动力。没有革命的理论,就不会有革命的行动;理论一经群众掌握,就会变成强大的物质力量。中国共产党从它诞生时起,就把马克思主义写在自己的旗帜上,"拥有马克思主义科学理论指导是我们党坚定信仰信念、把握历史主动的根本所在","中国共产党之所以能够完成近代以来各种政治力量不可能完成的艰巨任务,就在于始终把马克思主义这一科学理论作为自己的行动指南,并坚持在实践中不断丰富和发展马克思主义"[①]。

材料 2 反映出许多青年学生学习马克思主义的心路历程:从对马克思主义不感兴趣到想读下去,从对马克思条件反射式的疏离感、学习纯粹为了考试及格到把马克思当成一个"朋友",敬佩马克思的厉害。这就是"90 后"喜欢上马克思的缘由。马克思的力量和"厉害"就在于既为当代青年观察世界变化提供认识工具,又为当代青年成长奠定科学的思想基础。

马克思主义在理论上是一种望远镜和显微镜。如同我们要认识自然世界也需要借助望远镜和显微镜来增强我们的观察能力,我们对世界的理论认识也需要一种理论的思维工具,马克思主义就是这样的思维工具。它提供给我们的工具,比如说一种辩证的方法,要用发展的眼光去看世界,要用联系的观点去看世界,要具体问题具体分析,不能够一刀切,坚持两点论和重点论相统一的方法,坚持质量互变的方法、逻辑与历史相统一的方法、阶级分析方法等。马克思主义给予人们观察当代世界的宏大视野。它站在科学和时代的制高点上观察事物的本质和现象,是科学的世界观和方法论。我们不仅生活在当代中国,也生活在当代世界。中国是世界的重要组成部分,日益走向世界政治经济舞台的中央。我们必须立足中国,放眼世界。对我们来说,这种观察世界的宏阔视野的形成和培养,必须依靠马克思主义理论。马克思主义给予我们透视时代风云的锐利目光。当今世界风云变幻,世界格局正处在加速演变的进程之中,大量深刻复杂的现实问题亟须解决。马克思主义掌握了人类社会发展的规律,具有唯物辩证的科学方法,善于透过现象看本质,能够从扑朔迷离的

---

① 中共中央党史和文献研究院:《习近平关于社会主义精神文明建设论述摘编》,中央文献出版社 2022 年版,第 43 页。

复杂现象中把握住问题的实质,从众多支流中找到主流,从局部的变化中把握住总体和大局。对我们来说,察知天下大势和时代大局离不开马克思主义理论的指导。马克思主义给予我们展望未来世界的长远眼光和战略定力。观察和理解当今世界,既要有对当前世界政治经济形势的深刻理解,更要理清世界发展变化的脉络,预测其发展趋势。运动、变化、发展是唯物辩证法的关键词,要从运动中看到变化,从变化中看到发展。大学生要学会用这样的眼光来观察当今世界,从中发现运行和演化的趋势和方向,将自身的成长成才与国家发展的趋势紧密联系,成就个人精彩人生。

马克思主义作为一种完整的世界观,不仅有对宏观世界一般规律的把握,还包含着人生观和人生价值的智慧。马克思更"厉害"的地方在于,他早已告诉我们:人究竟是什么,人应当如何生活。在对人的本质的理解上,在对人的价值的理解上,马克思有着不同于以前哲学家的回答,使得我们能够更好地从马克思的角度理解人,理解这个世界,理解人的价值。比如说人的本质,在传统的哲学家看来,是一个抽象的永恒的存在,但在马克思看来,人的本质不是单个人所固有的抽象物,在其现实性上,它是一切社会关系的总和。在人的价值的问题上,在马克思主义看来,人生的意义和价值不在社会之外,也不是一个神秘的力量给予人的,人的价值应当在社会生活中寻求。强调人能够认识世界并且改变世界,马克思强调要高扬主体性和理性精神,强调人的能动性的发挥,它是一种积极的乐观主义,反对蒙昧主义,反对神秘主义,反对消极无为的观点。这体现出来一种非常符合我们时代需要的精神,体现出来一种对传统的封建的愚昧的落后的东西的强烈的批判精神。人应当如何生活,就如《马克思是个九零后》的歌词所写的,"不为了权不为了钱;但是为了信仰我们一往无前,到死也不会放弃……像他一样疾恶如仇,像他一样不屑权谋"等,马克思用自己一生的实践真实地向世人展示了人怎样生活才是有意义的。

(六)如何对待马克思主义

1.案例呈现

材料1:马克思主义一定要向前发展,要随着实践的发展而发展,不能停滞不前。停止了,老是那么一套,它就没有生命了。但是,马克思主义的基本原则又是不能违背的,违背了就要犯错误。用形而上学的观点来看待马克思主义,把它看成僵死的东西,这是教条主义。否定马克思主义的基本原则,否定马克思主义的普遍真理,这就是修正主义。

(资料来源:《毛泽东文集》第7卷,人民出版社1999年版,第281页。)

材料2:绝不能要求马克思为解决他去世之后上百年、几百年所产生的问题提供现成答案。列宁同样也不能承担为他去世以后五十年、一百年所产生的问题提供现成答案的任务。真正的马克思列宁主义者必须根据现在的情况,认识、继承和发展马克思列宁主义。世界形势日新月异,特别是现代科学技术发展很快。现在的一年抵得上过去古老社会几十年、上百年甚至更长的时间。不以新的思想、观点去继承、发展马克思主义,不是真正的马克思主义者。

(资料来源:《邓小平文选》第3卷,人民出版社1993年版,第291~292页。)

材料3:对待马克思主义,不能采取教条主义的态度,也不能采取实用主义的态度。如果不顾历史条件和现实情况变化,拘泥于马克思主义经典作家在特定历史条件下、针对具体情况作出的某些个别论断和具体行动纲领,我们就会因为思想脱离实际而不能顺利前进,甚至发生失误。什么都用马克思主义经典作家的语录来说话,马克思主义经典作家没有说过的就不能说,这不是马克思主义的态度。同时,根据需要找一大堆语录,什么事都说成是马克思、恩格斯当年说过了,生硬"裁剪"活生生的实践发展和创新,这也不是马克思主义的态度。

(资料来源:习近平:《在哲学社会科学工作座谈会上的讲话》,人民出版社2016年版,第13~14页。)

2.案例指向

本案例可用于"如何对待马克思主义"部分内容的辅助教学。

3.案例解析

上述材料展示了中国共产党的领导人——毛泽东、邓小平、习近平对待马克思主义的科学态度。只有以科学态度对待马克思主义,马克思主义理论的精神实质才能被透彻认知和切实掌握,马克思主义作为理论指导的地位才不会被动摇,马克思主义理论之树才可长青永存。

毛泽东把马克思主义作为自己的伟大理想信念并努力奋斗,始终把以科学的态度对待马克思主义作为自己的思想指导和行为准则。如何对待马克思主义,包含"应该怎样做"和"不应该怎样做"两方面的解答。应该怎样做,毛泽东认为一是要坚持马克思主义,"马克思主义的'本本'是要学习的"，"马克思这些老祖宗的书，必须读，他们的基本原理必须遵守，这是第一"①。二是要同我国的实际情况相结合，应用于中国的具体的环境，"离开中国特点来谈马克思主义，只是抽象的空洞的马克思主义"②，"是为着解决中国革命的理论问题和策略问题而去从它找立场，找观点，找方法的"③。三是要发展马克思主义，因为"全世界自古以来，没有任何学问、任何东西是完全的，是再不向前发展的"④，"任何国家的共产党，任何国家的思想界，都要创造新的理论，写出新的著作，产生自己的理论家，来为当前的政治服务，单靠老祖宗是不行的"⑤。不应该怎样做，即对待马克思主义的错误态度。毛泽东认为在中国主要有教条主义、经验主义和修正主义三种错误态度。以教条主义的态度对待马克思主义，既会损害马克思主义的科学性和真理性，又会危害中国的革命事业和社会主义建设事业。在中国革命和建设中，毛泽东历来就反对教条式地对待马克思主义。他把完全脱离中国革命实际的"左"倾教条主义称为"假马克思主义"。在1938年召开的党的六届六中全会上，他对教条主义进行了批判，指出："共产党员是国际主义的马克思主义者，但是马克思主义必须和我国的具体特点相结合并通过一定的民族形式才能实现。马克思列宁主义的伟大力量，就在于它是和各个国家具体的革命实践相联系的。对于中国共产党说来，就是要学会把马克思列宁主义的理论应用于中国的具体的环境。成为伟大中华民族的一部分而和这个民族血肉相联的共产党员，离开中国特点来谈马克思主义，只是抽象的空洞的马克思主义。""教条主义必须休息，而代之以新鲜活泼的、为中国老百姓所喜闻乐见的中国作风和中国气派。"⑥经验主义同教条主义一样，属于主观主义的范畴，经验主义者过度依赖局部的特殊的经验，希望通过局部的经验解决遇到的所有问题。以经验主义的态度对待马克思主义，仍然会损害马克思主义，给中国革命事业和社会主义建设事业造成困扰。教条主义和经验主义本质都是违背马克思主义基本要求，是"只看到片面，没有看到全面"⑦的主

---

① 《毛泽东文集》第8卷，人民出版社1999年版，第109页。
② 《毛泽东选集》第3卷，人民出版社1991年版，第844页。
③ 《毛泽东选集》第3卷，人民出版社1991年版，第801页。
④ 《毛泽东文集》第3卷，人民出版社1999年版，第299页。
⑤ 《毛泽东文集》第8卷，人民出版社1999年版，第109页。
⑥ 《毛泽东选集》第2卷，人民出版社1991年版，第534页。
⑦ 《毛泽东选集》第3卷，人民出版社1991年版，第819页。

观主义。修正主义与以上两种非马克思主义不同,是打着马克思主义旗号,以"修正"和"重新审查"的名义,对马克思主义最根本的东西进行颠覆,"否定马克思主义的基本原则,否定马克思主义的普遍真理"①,实质反马克思主义,"他们所攻击的正是马克思主义的最根本的东西"②。

邓小平作为坚定的马克思主义者,在对待马克思主义问题上,一是坚持科学的马克思主义的指导,"老祖宗不能丢啊"③。二是重视将马克思主义与中国具体实际结合起来,"只有结合中国实际的马克思主义,才是我们所需要的真正的马克思主义"④。三是强调发展的观点,"真正的马克思列宁主义者必须根据现在的情况,认识、继承和发展马克思列宁主义"⑤,"只有解放思想,坚持实事求是,一切从实际出发,理论联系实际,我们的社会主义现代化建设才能顺利进行,我们党的马列主义、毛泽东思想的理论也才能顺利发展"⑥。

关于如何对待马克思主义,习近平同样作出了科学的回答。首先,要坚持马克思主义,"在坚持马克思主义指导地位这一根本问题上,我们必须坚定不移,任何时候任何情况下都不能有丝毫动摇"⑦,若"背离或放弃马克思主义,我们党就会失去灵魂、迷失方向"⑧。要坚定不移地信仰马克思主义,"没有马克思主义信仰、共产主义理想,就没有中国共产党,就没有中国特色社会主义"⑨,"对马克思主义的信仰,对社会主义和共产主义的信念,是共产党人的政治灵魂,是共产党人经受住任何考验的精神支柱"⑩。其次,要不断地发展马克思主义,推动马克思主义中国化、时代

① 《毛泽东文集》第 7 卷,人民出版社 1999 年版,第 281 页。
② 《毛泽东文集》第 7 卷,人民出版社 1999 年版,第 233 页。
③ 《邓小平文选》第 3 卷,人民出版社 1993 年版,第 369 页。
④ 《邓小平文选》第 3 卷,人民出版社 1993 年版,第 213 页。
⑤ 《邓小平文选》第 3 卷,人民出版社 1993 年版,第 291 页。
⑥ 《邓小平文选》第 2 卷,人民出版社 1994 年版,第 143 页。
⑦ 中共中央党史和文献研究院:《习近平关于社会主义精神文明建设论述摘编》,中央文献出版社 2022 年版,第 44 页。
⑧ 中共中央党史和文献研究院:《习近平关于社会主义精神文明建设论述摘编》,中央文献出版社 2022 年版,第 44 页。
⑨ 中共中央党史和文献研究院:《习近平关于社会主义精神文明建设论述摘编》,中央文献出版社 2022 年版,第 40 页。
⑩ 中共中央党史和文献研究院:《习近平关于社会主义精神文明建设论述摘编》,中央文献出版社 2022 年版,第 161 页。

化,坚持把马克思主义基本原理同当代中国实际和时代的特点紧密结合起来,推进理论创新、实践创新,只有"更好把坚持马克思主义和发展马克思主义统一起来,坚持用马克思主义之'矢'去射新时代中国之'的'"①,"马克思主义中国化取得了重大成果,但还远未结束"②。最后,坚决反对教条主义和实用主义。在习近平看来,马克思主义理论不是一成不变、静止不动的,而是处于不断运动的过程当中的,社会主义始终是在发展中前进的。在怎样运用其基本原理来服务于国家建设的问题上,习近平不断提醒全体党员要防止被教条主义及实用主义所影响,不能什么都引用马克思主义经典著作中的观点去描述,也不能盲目地运用马克思、恩格斯当年讲过的观点去"裁剪"现有的成果,活生生地"扼杀"发展创新的实践。与时俱进,与群众心灵相通,关心并积极解答实践过程中涌现出的关键问题,是该理论永葆生机活力的秘诀。因此,在新的历史阶段上,我们应当站在正确的立场上看待科学,用客观的思想去寻求真理,持续拓展马克思主义的内容。

(七)习近平与大学生朋友分享学习马克思主义的方法

1.案例呈现

1985年冬天,就读于厦门大学经济系的张宏樑结识了时任厦门市委常委、副市长习近平。当习近平得知厦门大学经济系开设《资本论》原著课程时,非常肯定厦大这一做法。他说自己下乡时就通读过三遍《资本论》,认为"学原理、读原著是接触马克思主义的最佳方式,也是学习马克思主义方法论最有效的方式"。习近平多次与张宏樑分享他阅读《资本论》的感悟,"要反复读,用心读,要把马克思主义原著'厚的读薄,薄的读厚'。厚的读薄不容易,不要被大部头纯理论吓着了而不敢钻研,不要走马观花、断章取义"。"你看《共产党宣言》这么一个小册子,包含这么多真理,只有反复读才能体会得到啊!"习近平说:"薄的读厚更难,不要认为只是喊喊口号,刷刷标语,做表面文章。可以说,厚的读薄是理论积淀后的升华过程,而薄的读厚则更需要大量实践积累,是还原过程。"他还以《共产党宣言》为示范,讲解如何做到"薄的读厚",就是"每一段每一句都要比

---

① 中共中央党史和文献研究院:《习近平关于社会主义精神文明建设论述摘编》,中央文献出版社2022年版,第62页。
② 习近平:《在哲学社会科学工作座谈会上的讲话》,人民出版社2016年版,第9页。

照中国历史文化和实际情况来分析。这种读厚的过程,就是紧密联系中国社会具体实践的体会过程,逐步领会伟大理论外延的过程"。习近平还特别强调:"读马克思主义原著要重视原著前后的序、跋以及书页下面和书后附录的注释,还有马克思、恩格斯之间有关《资本论》的通信内容。"他说,这"是透彻理解原著内涵的一个特别好的方法,也可以说是'捷径'"。"从这些序、跋、附录和通信内容中,我们能了解到马克思、恩格斯两位导师对经济理论的共同探讨、相互砥砺以及对《资本论》学习方法的指教。"习近平叮嘱张宏樑:读书有"捷径",那就是勤奋;成功没有捷径,只能是"自找苦吃"。这就是所谓"书山有路勤为径,学海无涯苦作舟"。他说:"厦大有个'博学楼',还有个'笃行楼',就是提醒你们既要博学,又要笃行,要抓住两头,要抓好结合。""学懂了才能信服,信服了理想信念才能坚定,才能体现在工作和行动中,知、信、行是一个整体。""理论积累和实践经验,要拿来为老百姓服务,为全人类服务,为全天下服务,就像孟子说的:'民为贵,社稷次之,君为轻。'要像《钢铁是怎样炼成的》中保尔·柯察金那样,不要学冬妮娅,只想过自己的舒适生活,那是小布尔乔亚式的生活,是平庸的追求。"

(资料来源:《习近平与大学生朋友们》,中国青年出版社2020年版,第49～73页。)

2.案例指向

本案例可用于"自觉学习和运用马克思主义"部分内容的辅助教学。

3.案例解析

本案例详细介绍了习近平同志与年轻学子分享学好用好马克思主义的经验感悟故事。一是读马克思主义经典著作,学习和掌握马克思主义的基本立场观点和方法。习近平总书记高度重视通过马克思主义经典著作阅读来学习和体悟马克思主义基本原理的方式,在哲学社会科学工作座谈会上,他指出:"对马克思主义的学习和研究,不能采取浅尝辄止、蜻蜓点水的态度。有的人马克思主义经典著作没读几本,一知半解就哇啦哇啦发表意见,这是一种不负责任的态度,也有悖于科学精神。"有些人没有仔细研读大量的马克思主义经典著作,没有深入实际地把握马克思主义科学体系的理论脉搏,没有从中深切体会到马克思主义科学信仰的原始来源,表面上是坚持马克思主义,实际上是抛弃马克思主义、颠覆马克思主义。马克思主义经典著作蕴含和集中体现着马克思主义基本原理,是"原理课"的本源和基础,要深入理解和系统掌握马克思主义基本原理,需要到原著中去找寻逻辑脉络。不读原著是没有办法搞清楚马克思主义基本原理的。马克思主义基本原理和马克思主义经典著作就犹如"副本"和"原本"关系，我们要想把握好"副本"，就必须弄懂"原本"，追本溯源。我们之所以要研读马克思主义经典著作，是因为自马克思主义诞生以来，各种诠释、演绎以至曲解马克思主义的现象就从来没有停止过。我们要摆脱各种错误干扰的最好办法，就是直接研读经典原著。马克思去世后，恩格斯反复强调要通过读原著、一手资料来准确理解马克思的思想。1884 年 8 月 13 日，恩格斯在给格奥尔格·亨利希·福尔马尔的信中指出："研究原著本身，不会让一些简述读物和别的第二手资料引入迷途。"1890 年 9 月，在致约瑟夫·布洛赫信中，他再次写道："我请您根据原著来研究这个理论，而不要根据第二手的材料来进行研究——这的确要容易得多。……可惜人们往往以为，只要掌握了主要原理，而且还并不总是掌握得正确，那就算已经充分地理解了新理论并且立刻就能够应用它了。在这方面，我是可以责备许多最新的'马克思主义者'的。这的确也引起过惊人的混乱……"原著和阐述性、解读性论著的重大区别是保持原意，原汁原味，没有掺杂任何"作料"。正因为如此，习近平总书记反复强调，要原原本本地读原著。研读马克思主义经典著作很重要，如何读？第一，要高度重视原著前后的序、跋、注释等。马克思主义发展是一个动态过程，不仅后来的经典作家对先前的经典作家有所发展创新，而且同一个经典作家也会随着时代实践的发展和理论研究的深入而对自己前期的思想观点进行新的阐释。原著前后的序、跋、注释就是经典作家丰富和完善自己理论的重要方式。这种方式一方面保存了已发表著作的历史原貌，另一方面又校正、补充、完善著作中的观点。例如，我们现在读的《共产党宣言》有七篇马克思、恩格斯在不同时期撰写的序言，这些序言既坚持了《共产党宣言》的基本原理，又根据时代的演进和时代特征的变化，修改、丰富和完善《共产党宣言》的思想。通过原著前后的序、跋、注释经典作家之间的通信内容，我们可以从中学习并体会经典作家探究时代问题的科学精神和马克思主义的发展逻辑，得到纲领性指导。第二，要"要反复读，用心读，要把马克思主义原著'厚的读薄，薄的读厚'"。厚的读薄，就是要坐下来沉下心学、"进得去"，读懂文本本身，经典作家为什么写这篇文献、这篇文献的主旨是什么、提出了哪些重要概念和观点。在读懂单篇的基础上还应把不同篇目贯穿起来，前后比较。理论往往是枯燥的，同时又是逻辑缜密的。读马克思主义经典著作，必须一开始就沉心静气钻进去，从读几页到十几页再到几十页，不要想着一口气读完，要有定力、有毅力、有耐力,要专心致志地读、原原本本地读、反反复复地读。读薄的过程是由浅入深,由表及里,一步步理解其精神实质、掌握内涵精髓的过程。学好马克思主义理论不是一件轻松的事,既要忍得住"昨夜西风凋碧树"的清冷,耐得住"独上高楼"的寂寞,还要做到即使"衣带渐宽""人憔悴"也无怨无悔。学本本而不能囿于本本,要从马克思主义经典著作中品味马克思主义的基本原理和立场、观点、方法,领会马克思主义的精髓要义。毛泽东就指出:我们需要的是"能够真正领会马克思列宁主义的实质,真正领会马克思列宁主义的立场、观点和方法"的理论家,而不需要那种"只知背诵马克思主义的经济学或哲学,从第一章到第十章都背得烂熟了,但是完全不能应用"的理论家。①

二是坚持理论联系实际的马克思主义学风。这就是习近平总书记说的"薄的读厚"。"薄的读厚"既是将这些原著的思想与党和国家现行的路线方针政策进行比照,结合现实情况,不断深化理解学习,又是把马克思主义理论运用到推动社会发展和党的建设的实践之中。学习理论,当然要多读马克思主义经典著作和党的重要文献。但是,马克思主义不是先验的原理,实践性是它的本质特征,是在对现实本质的把握当中,是在对人类的历史的研究当中产生和发展的。青年的成长不应仅仅是知识理论、思维方式的发展,更应该是实践能力的发展。读书就要做到"博学之,审问之,慎思之,明辨之,笃行之",我们要通过"有字之书"学好马克思主义理论知识,利用"无字之书"增长实践经验,在学习与实践的循环互动中,不断提高运用马克思主义基本立场、观点和方法分析并解决实际问题的能力。

三是自觉将马克思主义内化于心、外化于行。在学习马克思主义上,有四个层次:第一层次,就是要学习马克思主义知识;第二层次是要把马克思主义转化成一种方法,转化成我们看世界的一种理论工具;第三层次,当我们有了对马克思主义的认识和了解之后,要把这种理论转化成为我们的一种信念;第四层次,当它成为我们的信念的时候,成为指导我们的一种世界观、人生观、价值观和方法论的时候,指导我们的行动,转化为我们的行动。这四个层次,用我们现在主流的话来讲,就是要真学、真懂、真信、真用。广大青年学习马克思主义,不能停留在对知识、基本立场和方法的掌握上,要时刻以习近平总书记为榜样,向习近平总书记看齐,将马克

① 《毛泽东选集》第3卷,人民出版社1991年版,第814页。

思主义内化为信念、外化为行动,沉下心,俯下身,做好这个"终身课题",敢于"自找苦吃"。

四、延伸阅读

1.恩格斯:《在马克思墓前的讲话》,《马克思恩格斯选集》第 3 卷,人民出版社 2012 年版。

2.列宁:《马克思主义的三个来源和三个组成部分》,《列宁选集》第 2 卷,人民出版社 2012 年版。

3.毛泽东:《改造我们的学习》,《毛泽东选集》第 3 卷,人民出版社 1991 年版。

4.习近平:《在纪念马克思诞辰 200 周年大会上的讲话》,人民出版社 2018 年版。

5.习近平:《学习马克思主义基本理论是共产党人的必修课》,《求是》2019 年第 22 期。

6.习近平:《高举中国特色社会主义伟大旗帜 为全面建设社会主义现代化国家而团结奋斗——在中国共产党第二十次全国代表大会上的报告》,人民出版社 2022 年版。

五、拓展研学

建议学生组成学习小组,结合以下选题,通过搜集相关文献、案例、展开讨论,并形成研学报告。

1.马克思、恩格斯的一生

(1)研究内容:结合马克思、恩格斯足迹图,叙述他们的革命历程,并思考如何正确评价马克思、恩格斯一生的贡献。

(2)讨论方向:分析马克思、恩格斯是怎么样的人,探讨马克思、恩格斯的人格品质和伟大贡献之间的关联。

2.马克思、恩格斯同各种社会思潮作斗争

(1)研究内容:理解什么是社会思潮,梳理总结马克思、恩格斯对待社会思潮的科学态度和方法。

(2)讨论方向:为什么马克思、恩格斯把应对各种社会思潮确立为改造世界的一项重要任务? 分析马克思主义是如何对蒲鲁东主义、巴枯宁主义、杜林体系和拉萨尔主义等社会思潮展开批判的。

3.马克思主义信仰与宗教信仰

(1)研究内容:理解信仰、马克思主义信仰与宗教信仰的含义,探讨马克思主义信仰和宗教信仰的本质、方式及其作用、发展结果等的不同。

(2)讨论方向:研究如何批判吸收宗教的合理内容,借鉴宗教传播与普及的成功经验和方法,探讨如何正确把握马克思主义信仰与宗教信仰的关系,并在此基础上总结怎么样毫不动摇地自觉坚持和践行马克思主义科学信仰。

4.马克思主义基本原理同中华优秀传统文化的结合

(1)研究内容:习近平总书记在庆祝中国共产党成立 100 周年大会上提出"马克思主义基本原理同中华优秀传统文化相结合"这一新命题的历史必然性和时代意蕴。

(2)讨论方向:分析马克思主义基本原理同中华优秀传统文化相结合的理论内涵、原则和方法,探讨推进马克思主义基本原理同中华优秀传统文化相结合的基本路径。

第一章　世界的物质性及发展规律

一、教学主要目标

本章介绍了马克思主义哲学的一个基本立场和方法,即辩证唯物主义,它是由辩证的唯物论、唯物的辩证法和辩证唯物主义认识论三部分组成。教材的第一节详细地阐明了第一部分内容,核心是介绍马克思主义物质观,希望学生能够把握好物质与意识的辩证关系,认识到世界统一于物质,从而树立正确的世界观。教材的第二节则详细地论述了第二部分内容,就辩证法的总特征、基本规律和基本环节作出了说明,希望学生能够掌握辩证法这一正确的认识方法。而教材的第三节在此前的基础上阐明了第三部分内容,希望学生能够懂得认识世界和改造世界的根本方法是唯物辩证法,不断提高运用它来分析问题和解决问题的能力,不断增强思维能力。

二、教学重难点

根据教学目标,本章内容需要着重引导学生理解把握以下几个重难点问题:

（一）物质是什么？

（二）意识与人工智能的关系是什么？

（三）什么是联系和发展？

（四）对立统一规律是什么？

（五）量变质变规律是什么？

（六）否定之否定规律是什么？

（七）如何运用矛盾分析法？

（八）何为科学思维方法？如何培养这些能力？

围绕以上重难点问题,本章依次选取相应的教学案例,希望借助对案例的具体分析,来帮助学生掌握这些知识点,把握马克思主义的物质观和辩证法,从而树立正确的世界观和方法论。

三、教学案例

(一)自然科学的物质与哲学的物质

1.案例呈现

暗物质是理论上提出的可能存在于宇宙中的一种不可见的物质,关于它,有着许多未解之谜。

什么是暗物质

暗物质是为了解释观测与理论不匹配而提出的一个理论假设。在天文学观测中,看上去与现有引力理论相悖的现象中,绝大部分可以通过假设暗物质的存在得以合理地解释。目前的天文学观测和地面物理实验表明:暗物质的基本性质是只参与宇宙中的引力相互作用,而不参与(或极其有限地参与)除引力作用之外的任何其他相互作用。

简单来说,暗物质是一种我们可以通过引力感受到,但是几乎无法用电磁波直接探测到的物质。现代天文学通过天体动力学、引力透镜效应、微波背景辐射等观测结果证明暗物质大量地存在于星系、星团及宇宙的大尺度结构中,其总质量远大于宇宙中全部可见天体的总质量,目前的数据表明:宇宙中暗物质大约占全部物质总质量的85%,占宇宙总质能的26%。

最早提出暗物质可能存在的是天文学家雅克布斯·卡普坦(Jacobus Kapteyn),他于1922年提出可以通过研究天体系统的动力学性质,间接推断出星体周围可能存在的不可见物质。

1933年,天体物理学家福瑞兹·兹威基(Fritz Zwicky)利用光谱红移测量了科玛星系团(Coma Cluster)中各个星系相对于星系团的运动速度,结合维里定理(Viral Theory),兹威基发现星系团中星系的速度弥散度远远高于理论预言,仅靠星系团中可见星系的质量产生的引力是无法将其束缚在星系团内的,因此星系团中应该存在大量的不可见物质,即暗物质,其质量是可见星系的百倍以上。辛克莱尔·史密斯(Sinclair Smith)在1936年对室女星系团(Virgo Cluster)的观测也支持这一结论。不过这一突破性的结论在当时未能引起学术界的重视。

暗物质的观测证据

随着天文观测技术的进步,越来越多的暗物质存在的观测证据被天文学家发现。例如,1970 年维拉·鲁宾(Vera Rubin)和肯特·福特(Kent Ford)利用高精度的光谱测量技术研究了仙女星系(Andromeda Galaxy)的恒星旋转速度和距离的关系,探测到的远离星系核区域的外围星体绕星系旋转速度和距离的关系表明:在相当大的范围内,星系外围的恒星旋转速度是恒定的,这与目前的引力理论根据可见物质所预言的星系旋转曲线无法匹配,这意味着星系中可能有大量的不可见物质,并且不仅仅分布在星系核心区。

另一个著名的暗物质存在证据是子弹头星系团的观测。2004 年,马克西姆·马科维奇(Maxim Markevich)和道格拉斯·克劳(Douglas Clowe)发现合并星系的 X 射线中心和引力中心存在着明显的偏移,前者反映着星系团中的主要常规可见物质的并合行为,而后者则反映着星系团中全部物质的并合行为,两者的偏差表明星系团中有大量非常规可见物质的存在。

总　结

暗物质是当今物理学最重要、最热点的问题之一,随着新的科学数据的发现,对它的研究将更加深入。从星系到整个宇宙学尺度,我们都有证据证明暗物质的存在,但是我们是否能找到它并且弄清楚它的本质? 这将是接下来几十年里科学家最主要的科学目标之一。

(资料来源:李楠:《暗物质与人类的起源和结局有关?》,https://m.gmw.cn/baijia/2020-02/11/33544349.html,访问日期:2024 年 3 月 11 日。标题和内容有改动。)

2.案例指向

本案例重点指向教材第一章第一节内容,即世界的多样性与物质统一性,尤其与"物质及其存在方式"这一部分紧密相关。

3.案例解析

唯物主义哲学认为,物质是世界的本原。哲学家对物质这个范畴的理解,经历了从朴素到科学、从片面到比较全面的过程。

最初,古代朴素唯物主义用某一种或几种物质作为本原来解释世界。例如,古希腊哲学家泰勒斯就认为,世界的本原是水。其后的阿那克西美尼认为,气是万物之源,而赫拉克利特则认为是火。无论是水、气,还是火,他们都在用一种物质作为本原来解释世界。与之相对,恩培多克勒则用四种物质作为本原来解释世界,也就是水、火、土、气,他的学说通常被称为"四根说"。很明显,这些哲学家已不再从宗教的视角来看待世界,而是从自然本身来认识世界,这在当时具有合理性和进步性,但他们把物质等同于可见的具体物质(水、火、土、气等),又具有明显的局限性。假如世界的本原——物质——真的属于某种具体的物质形态,那么案例中提到的暗物质就无法在哲学上被解释,因为它是存在于宇宙中的一种不可见的物质,不具有具体形态。因此,暗物质的发现就证明了物质这个范畴不能被理解为具体的物质形态。

而时间来到近代,随着自然科学的发展,尤其是显微镜的应用,近代形而上学唯物主义把物质等同于物质的微观结构层次——原子,认为原子是组成物质的最小微粒。这个看法虽然不再直接诉诸可以直观到的事物,并使唯物主义对物质概念的理解建立在自然科学的发现基础上,但从现在的认知来看,显然也具有局限性。比原子更小的粒子有很多,例如电子、质子、中子、光子、介子、夸克、轻子等。况且,还有暗物质的存在。暗物质是一种我们可以通过引力感受到,但是几乎无法用电磁波直接探测到的物质。这就表明,近代形而上学唯物主义同古代朴素唯物主义一样,也犯了把物质这个范畴具体化的弊病,没能正确地理解哲学的物质概念同自然科学的物质概念之间的共性与个性的关系。假如物质这个概念真如这里所说,是具体的某种物质(如原子),那它除了不能解释暗物质的存在以外,还将无法把唯物主义贯彻到历史领域当中。毕竟历史可不是由具体的物质构成,因而它运动的物质性也就无法被具体物质来说明。

由此可见,唯物主义所认为的世界本原——物质——不是感性存在物,而是对各种存在物的共同属性进行抽象概括。正如恩格斯所说:"物、物质无非是各种物的总和,而这个概念就是从这一总和中抽象出来的。"只有这样理解的物质概念,它才能成为世界的本原,也才能解释像暗物质这些不可见的物质。因此,辩证唯物主义所说的物质是"标志客观实在的哲学范畴,这种客观实在是人通过感觉感知的,它不依赖于我们的感觉而存在,为我们的感觉所复写、摄影、反映"。这就是从人类实践出发来把握现实世界,从自然存在和社会存在的统一中把握世界的物质性。物质不依赖于人类的意识而存在,但又能为人类的意识所反映,就像雅克布斯·卡普坦能够通过研究天体系统的动力学性质,间接推断出星体周围可能存在不可见物质。其后的各位科学家亦是例证。

马克思主义对物质范畴的这种理解具有丰富的理论意义。首先,坚持了唯物主义一元论,同唯心主义一元论和二元论划清了界限。这从马克思主义对物质这个概念的定义便可看出。物质的最本质规定是客观实在性,这就指明了物质对于意识的独立性,而意识又是由物质派生的,它只不过是物质的反映,不能离开物质而独立存在,正如暗物质的提出,也是基于宇宙中的引力情况,所以意识不可能成为世界的另一种本原。其次,坚持了能动的反映论和可知论,批判了不可知论。物质的客观实在性是可以被认识的,即使科学技术的发展有限,有些事物还未被人类认识清楚,就像人们还未探索清楚暗物质的本质,但这并不意味着它不能被认识。通过研究不同星系的引力情况,天文学家对暗物质的认识在不断加深。这也提示我们,在把握物质概念时,应该用理性思维的方法加以概括认识,而不能只依靠感性直观的方法。再次,体现了唯物论和辩证法的统一,克服了形而上学唯物主义的缺陷。马克思主义物质观认为,客观实在性是物质的唯一特性。这既同自然科学物质结构理论保持了联系,又把它们区别开来。在自然事物的个性中看到了所有事物所具有的共性,体现了唯物辩证法思想。最后,体现了唯物主义自然观与历史观的统一,为彻底的唯物主义奠定了理论基础。马克思主义的物质观不仅揭示了自然的物质性,还揭示了人类社会的物质性。这就将唯物主义原则贯彻到整个世界的解释当中,实现了唯物主义自然观和历史观的辩证统一。

(二)人工智能与人类智能

1.案例呈现

材料1:AI领域的现象级应用:ChatGPT

2022年11月,由OpenAI公司打造的ChatGPT火遍了全球。这款基于人工智能技术的聊天机器人引起了广泛的关注和讨论,一跃成为AI领域的现象级应用。

ChatGPT具有强大的自然语言处理能力,可以回答各种问题,提供详细的答案和解释,并且能够进行文本创作和翻译等任务。它的出现为人工智能技术的发展和应用开辟了新的可能性,也让我们看到了自然语言处理技术的未来发展方向。

由于其能力过于惊艳,发布仅仅五天,注册用户数量就超过了100万。根据瑞银的报告,2023年1月末,ChatGPT推出仅两个月,月活跃用户已经突破了1亿人次,成为史上用户量增长速度最快的消费级应用程序。

随后,ChatGPT进行了快速迭代升级。3月15日,OpenAI发布了新一代大型语言模型 GPT-4。其老板萨姆·奥特曼（Sam Altman）开门见山地介绍说："这是我们迄今为止功能最强大的模型！"

OpenAI 表示，该模型在许多专业测试中的表现超出了"人类水平"。GPT-4 相较于 ChatGPT（GPT-3.5）有了质的飞跃，其逻辑推理能力更强，语言能力更强。GPT-4 也将在各个领域发挥越来越重要的作用，对人类社会的发展产生深远的影响。

（资料来源：李秩静：《2023 年互联网 10 大热门事件，哪一件让你印象最深刻？》，https://36kr.com/p/2545778227029761，访问日期：2024 年 2 月 20 日。）

材料 2：埃隆·马斯克对 AI 表示担忧

特斯拉首席执行官埃隆·马斯克（Elon Musk）7 月 22 日重申了他对人工智能未来的担忧，称那些不相信计算机可以超越他们的认知能力的人"比他们自己想象的还要愚蠢"。

"十年来，我一直在对 AI（对人类的）的潜在威胁敲警钟。"马斯克说，"我们应该关注 AI 的发展方向。我见过的有关 AI 最错误的观点是认为 AI（不过）是个非常聪明的人，因为他们无法想象一台计算机会比他们更聪明。这就是他们的缺点。这是他们逻辑的致命缺陷。他们比他们自己想象的要愚蠢。"

马斯克此前曾表示，他认为人工智能对人类的威胁要大于核武器，并呼吁制定法规以监控人工智能技术的发展。

马斯克在 2018 年曾经说过："我认为人工智能的危险比核弹头的危险要大得多。没人会建议我们允许任何人只要他们愿意就可以随意制造核弹头，那简直就是疯了。请记住我的话：人工智能比核武器要危险得多！"

马斯克担心人类将在超级智能 AI 下成为二等公民，或者担心我们将面对类似于天网的机器人起义场景。

与马斯克不同，脸书（Facebook）首席执行官马克·扎克伯格（Mark Zuckerberg）不同意有关人工智能 AI 构成对人类的威胁的说法，他说 AI 已经改善了医疗保健，并可以减少交通事故，同时对 AI 过度悲观是"完全不负责任的"。扎克伯格表示他已经厌倦了围绕未来技术的恐惧。扎克伯格在 Facebook 直播中说："我对此（AI 不会对人类构成威胁）有很强烈的看法。我很乐观。""而且我认为那些反对者，并试图鼓吹这些世界末日的情景……我只是不理解。这确实是消极的，从某些方面来说，我认为这是不负责任的。"

作为回应,马斯克称扎克伯格对人工智能的理解是"有限的"。马斯克在推特上说:"我已经与马克谈过。他对这个话题的理解是有限的。"

(资料来源:苏珊·沃尔什:《特斯拉首席执行官埃隆·马斯克(Elon Musk)对 AI 表示担忧》,https://baijiahao.baidu.com/s?id=1673069888454878574&wfr=spider&for=pc,访问日期:2024 年 2 月 20 日。)

2.案例指向

本案例重点指向教材第一章第一节内容,即世界的多样性与物质统一性,尤其与"意识与人工智能"这一部分紧密相关。

3.案例解析

ChatGPT 属于人工智能领域的产品。"所谓人工智能,就是把人的部分智能活动机器化,让机器具有完成某种复杂目标的能力,它实质上是对人脑组织结构与思维运行机制的模仿,是人类智能的物化。"例如,ChatGPT 就具有强大的自然语言处理能力,可以就提问者给出的各种问题提供详细的答案和解释,并且能够进行文本创作和翻译等任务。这些活动本身是人脑才具备的能力,如今随着大数据与各种算法技术的不断发展,机器也能进行类似的活动。这表明人类意识已经发展到能够把意识活动部分地从人脑中分离出来,物化为机器的物理运动,从而延伸了意识器官的功能。因此,人工智能在本质上是人的意识能动性的一种特殊表现,是人的本质力量的对象化、现实化。

但需要指出的是,尽管人工智能的活动是模拟人脑的某些活动,但在某些方面的表现已经超出了人类所能。OpenAI 就明确表示,GPT-4 在许多专业测试中的表现超出了"人类水平"。当前,其他人工智能产品的发展也存在类似情况。例如,2016 年 3 月,国际围棋冠军李世石与谷歌计算机围棋程序 AlphaGo 进行人机大战时,就以总比分 1∶4 落败。2020 年 11 月,人工智能系统阿尔法折叠(AlphaFold)在很大程度上解决了长期困扰人类的蛋白质分子折叠问题。这些事例都清楚地表明,人工智能在计算速度和准确度、程序化任务的执行能力等方面超过了人类。

这就引发出一个问题,人工智能是否会取代或者超越人类智能?埃隆·马斯克在这方面表示担忧,认为 AI 不只是个非常聪明的"人",人类有可能会在超级智能 AI 下成为二等公民。人工智能比核武器要危险得多。与之相反,马克·扎克伯格则不同意有关人工智能 AI 构成对人类的威胁的说法,他认为 AI 已经改善了医疗保健服务,并可以减少交通事故,同时对 AI 过度悲观是"完全不负责任的"。

　　面对这些关于人工智能的不同看法,我们应该秉持马克思主义立场来客观看待人工智能的发展。即使是计算能力最强大、最先进的智能机器,也达不到人类智能的层级,无法真正具有人的意识,不可能取代或者超越人类智能。理由如下:

　　首先,人类意识是知情意的统一体,而人工智能只是对人类的理性智能的模拟和扩展,不具备情感、信念、意志等人类意识形式。ChatGPT 尽管具有很强的逻辑推理能力与强大的语言能力,但是人类智能中包含的丰富心理内涵和实践智慧不能为它所具备,至少就目前来看,这些东西在相当长时期内都无法被还原为数据信息及其基本算法。人工智能可以辅助人们解决问题,但不能取代人类。

　　其次,社会性是人的意识所固有的本质属性,而人工智能不可能真正具备人类的社会属性。人的意识是社会实践的产物,因人类生产生活与社会交往需要而产生,并随其发展而发展。人工智能尽管也能在一定程度上承担某种社会功能,例如利用 ChatGPT 完成公文写作,利用程序实现自动驾驶,但这些活动归根结底不是真正的自立、自主、自觉的社会活动,只是在完成人类下达的指令罢了,因而机器人难以成为独立的具有行为后果意识、自律意识和社会责任感的社会主体。我们不必担心将要面对类似于天网的机器人起义场景。

　　再次,人类的自然语言是思维的物质外壳和意识的现实形式,而人工智能难以完全具备理解自然语言真实意义的能力。尽管 ChatGPT 能够很好地物化和模拟思维,但它的思维方式是纯逻辑、理性的,按照程序一步一步来运行,而人类思维是与自然语言相联系的,其思维方法常常是多样而跳跃的。并且,自然语言总是与说话人所处的情境有关,而 ChatGPT 则难以把握这种外部情境。它既无法自主地感知语境的变化,也不能随着语境的变化而自动融入新的语境。因此,ChatGPT 对语言的处理,其本质是单调地处理数字或规则性的操作符号,既缺乏自然语言的意义向度,也不具备自然语言以言行事的实践功能。

　　最后,人工智能能够获得人类意识中可以化约为数字信号的内容,但人脑中总有许多东西是无法被化约的。例如,潜意识是人类意识的特有结构,它真实地发挥着作用,但人类目前还没有认识清楚它的运行机制,更无法将其化约为数字信号。此外,直觉思维也是瞬间完成的对事物本质特征的直接领悟,它绕开了逻辑推理,因而也无法被化约为数字信号。

因此,像 ChatGPT 这种先进的语言处理应用无法物化或模拟出它们。

由此可见,人工智能不能取代或者超越人类智能。对于它的发展,我们要抱开放、包容的心态,积极地思考和把握人工智能的发展方向。就像扎克伯格一样,摒弃对未来技术发展的恐惧,不去鼓吹那些世界末日的情景,而是努力地利用它、发展它,用它来认识世界、改造世界。当然,社会当中出现的"人工智能警惕论"也并非毫无意义。人们在充分利用人工智能带来的便利的同时,确实也应该加强对人工智能不当应用风险的研判和防范,不要出现马斯克所说的人工智能比核武器更危险的情形,对人工智能的发展进行引导和规范是十分必要的。只有这样,才能让技术造福人类。

(三)智慧 5G 万物互联

1.案例呈现

数字生活智能方便

冰箱里的面包快吃完了,花该浇水了,皮鞋脏了该擦了……在 5G 时代,这些信息将由物品自己"告诉"主人。如果说 4G 时代的上网主体是人,5G 时代的主体将是物。我们周围的所有物品,包括花盆、门窗和皮鞋、腰带等很可能都会联网。万物互联后,在云端对这些物品进行智能控制,将给我们的生产生活方式带来巨大变化。

············

想出门逛个街,去网红店打个卡?智慧街区来帮忙。5G 和云计算等技术联合,通过 5G+AR 导览的形式,可以在商业街多个关键位置加入 AR 区域旅游攻略,构成旅游攻略路线图。基于年轻群体打卡定位的游玩风潮,将百年老店、主题店铺等多样的体验形式串联其中,构成步行街购物游玩主题。

············

利用 5G、物联网等技术,未来整个城市都能建设成智慧城市。通过打造统一的 5G 智慧平台,推动本地多个传统领域的提档升级。其中掌上智慧政务将有助于提高政府办公、监管、服务、决策的智能化水平,更好地为人们提供方便、个性化的服务。

远程控制资源共享

4G 时代,远程手术几乎不可能实现。因为远程手术包含手术室和远程控制的医生两端,如果手术室里的病人突然大出血,信号过了好几秒才传到医生那儿，医生再发出操作止血钳的指令，等指令再传回手术室又过了几秒，病人很可能因为失血过多发生危险。5G 的极低时延则为远程手术提供了基础。

未来，只要有 5G 信号，即便在偏远农村，也可以享受到大医院的诊疗服务。简单地说，病人上了救护车，急救人员马上就可以得到远端专家的指导，相当于到了急救中心。

"5G 网络大带宽、低时延、大连接的技术特点，让高质量的远程医疗成为现实。"华南理工大学电子与信息学院院长薛泉表示，5G 网络的延时仅为毫秒级，可真正实现实时、在线的远程手术。"这在过去的网络条件下，是不可能的事情。"

············

"5G 能把人和人、人和物、物和物有机地联系起来，让万物互联成为可能，实现信息交互、资源共享。"薛泉认为，汽车自动驾驶、AR 或 VR，以及智慧城市、智慧工厂等应用，都将因 5G 超强的连接和传输能力而更智能。

重视安全同步发展

"5G 网络下的万物互联时代终将到来，但这还需要一定时间。"南方科技大学微电子学院教授余浩表示，5G 是大数据和人工智能时代的基础设施。5G 网络的建设，就好比修建一条高速公路。公路修好了，自然会有汽车上路行驶。

但是，5G 普及还面临一些挑战。

在桂鹃鹏看来，基于 5G 改变社会的使命，应用终端要适配各行各业，这对终端测试提出了极大挑战。有的应用模组在普通环境中测试尚可，但运用到实际场景中，性能变化很大。因此，终端开发需要在产业链中与各类企业合作，推出适合各个垂直行业的 5G 终端。

此外，5G 网络也将增加终端的电池消耗。薛泉表示，5G 尽管网速快，可带来更优质的多媒体产品，但数据的增加会给终端带来更大的耗电压力，"这也将影响消费者的选择"。

5G 时代，信息安全的问题同样不容忽视。中国工程院院士、中国工程院原副院长邬贺铨认为，如果工业互联网用到民航、高铁、电网等国家重要基础设施，网络对外部的攻击没有足够的防御能力的话，一旦出了安全事故，代价将非常大。因此网络安全的投入与网络建设运行需要同步，解决安全问题需要技术与管理并重。……"但我们不能因担心安全而放弃产业数字化的进程。安全与发展是一体之两翼,需要同步发展。"邬贺铨说。

(资料来源:吕绍刚、程远州、沈文敏等:《智慧5G 万物互联》,《人民日报》2019 年 6 月 5 日第 10 版。)

2.案例指向

本案例重点指向教材第一章第二节内容,即事物的普遍联系和变化发展,尤其与"联系和发展的普遍性"这一部分紧密相关。

3.案例解析

唯物辩证法认为,世界上的万事万物都处于普遍联系之中,普遍联系引起事物的变化发展。联系和发展的观点是唯物辩证法的总观点,集中体现了唯物辩证法的总特征。

具体而言,所谓的联系是指事物内部各要素之间和事物之间相互影响、相互制约、相互作用的关系。例如,"5G 能把人和人、人和物、物和物有机地联系起来,让万物互联成为可能,实现信息交互、资源共享"。这是事物与事物之间产生相互影响、相互制约、相互作用的典范。而"花盆、门窗和皮鞋、腰带等很可能都会联网",则是让房子这个事物内部各要素关联起来,这体现的是事物内部各要素之间的相互影响、相互制约和相互作用。因此,虽然世界上的万事万物都是作为个体事物而存在,但它们又都处于联系网络之中,不存在任何孤立存在的事物。

由此,我们通过 5G 网络这个案例,可以发现联系具有如下特点:第一,联系具有客观性。事物的联系是事物本身所固有的,不以人的意志为转移。5G 网络真实地存在,连接上这种网络的事物借此关联起来。这种联系不是由人的意识主观臆断出来,而是能够通过实践把握到。这就要求我们要从客观事物本身具有的联系出发去认识事物。第二,联系具有普遍性。从无机界到有机界,从自然界到人类社会,任何事物都处在普遍联系、相互作用之中。尤其是在 5G 网络、大数据、智能感知等前沿信息技术的助力下,一幅由种种联系交织起来的世界图景清晰地呈现在我们面前。第三,联系具有多样性。世界上的事物多种多样,事物之间的联系也是多样的。在云端对花盆、门窗和皮鞋等物品进行智能控制,这是人与这些物品之间产生的间接联系;把百年老店和主推店铺串联起来,这是店与店之间产生的外部联系;"5G 能把人和人、人和物、物和物有机地联系起来,让万物互联成为可能",这将成为必然联系。第四,联系具有条件性。联系是矛盾着的事物的联系,联系是有条件的,对条件要唯物辩证地去看待。首先,条件对事物发展和人的活动具有支持或制约作用。当我们处在 4G 时代时,远程手术几乎不可能实现,因为网络具有延时性,但随着 5G 时代的到来,网络的延时仅为毫秒级,此时就可以进行实时、在线的远程手术。前者体现的是对人类活动的制约,而后者体现的是对人类活动的支持。其次,条件是可以改变的。"在过去的网络条件下不可能的事情(远程手术)"现在变为可能,这就表明人在条件面前并非无能为力。人们可以化不利条件为有利条件,推动事物朝前发展。最后,改变和创造条件不是任意的。只有在尊重事物发展的客观规律的前提下,我们才能正确地发挥主观能动性,否则只会揠苗助长。

此外,世界上的各种事物不仅是普遍联系的,而且是变化发展的,事物的相互联系构成了运动、变化和发展。正如恩格斯所说:"世界不是既成事物的集合体,而是过程的集合体,其中各个似乎稳定的事物同它们在我们头脑中的思想映象即概念一样都处在生成和灭亡的不断变化中。"①由此可见,物质世界的运动中内在地包含着事物的变化和发展。这就要求我们要掌握这两个概念。

简言之,所谓的变化泛指事物发生的一切改变,而发展则是事物变化中前进的、上升的运动。网络由 4G 变为 5G,这是网络这个事物所发生的变化,而由较高时延的 4G 升级为低时延的 5G,则是网络这个事物所实现的发展。在这里,我们要特别注意发展,它的实质是新事物的产生和旧事物的灭亡。这就涉及如何判断一个事物的新与旧。形式的新旧与出现时间的先后并不是判断标准。一个事物之所以是新事物,那是因为它合乎历史前进方向、具有远大前途,而一个事物之所以是旧事物,那是因为它丧失了历史必然性、日趋灭亡。正如 5G 网络是新事物,不是因为它比 4G 网络形式更新颖,出现时间更晚,而是因为它的"大带宽、低时延、大连接的技术特点"符合当今社会发展需求,适应已经变化了的环境和条件,所以具有远大前途。与之相反,4G 网络较高时延的技术特点则不适应已经变化了的环境和条件,也无法满足人民群众的利益和要求,得不到他们的拥护,因而必将被淘汰。此外,5G 网络是在 4G 网络的"母体"中孕育成熟的,它既否定了 4G 网络中消极腐朽的东西,又保留了 4G 网络中合理的、适应新条件的因素,并添加了 4G 网络所不能容纳的新内容。这就导致 5G 网络在本质上优于 4G 网络,因而具有强大的生命力。因此,在这些意义上,5G 网络是新事物,4G 网络是旧事物,前者取代后者是

———————
① 《列宁选集》第 2 卷,人民出版社 2012 年版,第 422 页。

必然的、不可逆的。这也就提示我们,新事物必然要取代旧事物。也正是由于有新事物产生、旧事物灭亡的新陈代谢运动,世界才蓬勃发展。

(四)世纪和解:沙特与伊朗握手言和

1.案例呈现

2023年3月10日,中国、沙特、伊朗在北京发表三方联合声明,宣布沙特和伊朗达成协议,同意恢复双方外交关系并明确了改善关系的路线图和时间表。沙特与伊朗达成和解协议,结束了长达七年的敌对状态和几十年的政治对立,被世界舆论称为"世纪和解",得到包括中东国家在内的世界各国的高度评价,巴基斯坦外交部长扎尔达里感叹道:"世界好长时间没有这样的好消息了。"沙特与伊朗和解的模式与结果,对全球和地区热点问题的解决,对百年变局中如何维护国际和平与发展,具有丰富含义和重要启示。

中东地缘或迎来巨变

沙特和伊朗都是中东大国,在该地区拥有重大地缘影响力。由于宗教、地缘和能源等分歧与矛盾,多年来两国一直处于一种对立、对抗状态,这左右着中东的政治格局,极大影响了中东的地缘安全。

沙特与伊朗达成和解,改变了这一地缘格局和形势,有望推动中东地区其他一些热点问题迎来降温、解决的契机。比如,目前的也门、叙利亚内战可能迎来转机,石油输出国组织的凝聚力可能变得更强、作用更大,更加团结的中东国家可能给巴勒斯坦更有力的支持,从而推动巴以问题解决。当然,一些国家不愿意看到这种局势的改善和形势的变化,会在中东内部挑动矛盾,从外部施加强压以干扰、破坏沙伊和解,这是包括沙伊在内的中东各方需要警惕和抵制的。

沙伊和解模式为解决世界热点问题树立了样板

沙特和伊朗两国保持敌对状态长达七年,政治对立几十年,宗教分歧更是可以追溯上千年。如今两国能够达成历史性和解,给处理和解决世界上其他一些仍处于对立、对抗状态的热点问题带来了启迪与希望。

沙伊双方秉持睦邻友好精神、以对话谈判方式解决了分歧与争端,为沙伊今后关系的发展和自身利益的维护带来了希望和巨大空间,这一模式为其他热点问题的解决提供了样板。巴勒斯坦与以色列问题、阿塞拜疆与亚美尼亚争议、印度与巴基斯坦争端等问题,完全可以效仿沙伊模式,通过对话谈判得以处理和解决。

世界解决矛盾与问题需要新理念

由于地缘、历史和文化等差异和矛盾，国与国之间必然存在着诸多分歧和争端，这是世界的现实，但关键是如何看待、处理和解决这些问题，这关系到国家和地区的安全与发展利益。历史反复证明，对立和对抗不仅不能解决问题，反而会激化矛盾，导致两败俱伤。在高度发展的今天，人类社会理应走向和平、理性与智慧，用一种新的、符合人类发展大势的理念和方式处理和解决分歧争端。

中国国家主席习近平倡导的人类命运共同体和全球安全倡议，就是这样的理念和方案。中沙伊三国联合声明指出，沙伊两国代表在北京举行会谈，是为响应习近平主席关于中国支持沙特同伊朗发展睦邻友好关系的积极倡议。可以说，这是人类命运共同体理念和全球安全倡议的成功实践。

（资料来源：邹治波，《世纪和解：沙特与伊朗握手言和的意涵与启示》，https://cn.chinadaily.com.cn/a/202303/15/WS6411a808a3102ada8b233c89.html，访问日期：2024 年 2 月 21 日。标题和内容有改动。）

2.案例指向

本案例重点指向教材第一章第二节内容，即事物的普遍联系和变化发展，尤其与"对立统一规律是事物发展的根本规律"这一部分紧密相关。

3.案例解析

事物的变化发展是有规律的，唯物辩证法揭示了事物变化发展的一般规律。沙特与伊朗由敌对走向言和，集中体现了对立统一规律。

所谓的对立统一规律又称矛盾规律。矛盾是反映事物内部或事物之间对立统一关系的哲学范畴。对立和统一分别体现了矛盾的两种基本属性。矛盾的对立属性又称斗争性，矛盾的统一属性又称同一性。具体而言，矛盾的同一性是指矛盾着的对立面相互依存、相互贯通的性质和趋势。沙特和伊朗作为西亚的两个国家，在宗教上共同信奉伊斯兰教，在地缘政治上同属中东地区，二者共处于一个统一体中，因此它们拥有和平共处、互相促进的基础。而矛盾的斗争性是矛盾着的对立面相互排斥、相互分离的性质和趋势。尽管沙特和伊朗在宗教和地缘上具有同一性，但恰恰又由于宗教[①]、地缘和能源等分歧与矛盾，多年来两国一直处于一种对

---

① 伊朗自 1979 年伊斯兰革命建立反西方的什叶派神权政治以来，就一直同逊尼派占主导的沙特不和。

立、对抗状态,它们也具有相互排斥、相互分离的趋势。

沙特与伊朗的这种关系提示我们,矛盾的同一性和斗争性相互联结、相辅相成。沙特与伊朗之间的宗教斗争寓于伊斯兰教这个统一体当中,而伊斯兰教在中东地区的统一地位又是通过以沙特和伊朗为首的两个阵营之间的斗争来体现。这样看来,没有斗争性就不会有同一性,没有同一性也不会有斗争性;斗争性寓于同一性之中,同一性通过斗争性来体现。正是这两个方面的结合,才构成了中东地区的矛盾运动,推动着中东地区的变化发展。当然,在这一发展过程中,由于条件的不同,同一性和斗争性所处的地位会有所不同。在一定的条件下,矛盾的斗争性可能处于主要方面,而在另外的条件下,矛盾的同一性又可能处于主要方面。例如,在近七年,沙特与伊朗处于敌对状态,而在近几十年,双方处于政治对立状态。这段时间,沙伊两国的斗争性处于主要方面。而在20世纪90年代,受经济政治方面的影响,伊朗主动寻求改善关系,当时沙伊两国的同一性处于主要方面。这就要求我们在观察和处理问题时,必须善于把二者结合起来,在斗争性中把握同一性,在同一性中把握斗争性。

矛盾的同一性和斗争性这种辩证关系原理启示着我们,要正确把握和谐对事物发展的作用。作为矛盾的一种特殊表现形式,和谐体现着矛盾双方的相互依存、相互促进、共同发展。和谐并不意味着矛盾的绝对同一,和谐是相对的、有条件的,只有在矛盾双方处于平衡、协调、合作的情况下,事物才展现出和谐状态。沙特与伊朗之所以能有今天的"世纪和解",呈现出和谐的局面,根本原因在于它们"秉持睦邻友好精神、以对话谈判方式解决了分歧与争端"。它们尊重彼此之间的差异,并不追求二者之间的绝对同一,用合作共赢取代对立冲突,用共同发展共谋美好未来。社会的和谐、人与自然的和谐,就是在这样不断地解决矛盾的过程中得以实现。

此外,在沙特与伊朗握手言和事件当中,中国扮演着极为重要的角色。作为一个负责任的大国,中国深刻地认识到矛盾的普遍性和特殊性:懂得矛盾存在于一切事物中,存在于一切事物发展过程的始终,旧的矛盾解决了,新的矛盾又会产生,事物始终在矛盾中运动(矛盾的普遍性定义);明白各个具体事物的矛盾、每一个矛盾的各个方面在发展的不同阶段上各有其特点(矛盾的特殊性定义)。巴勒斯坦与以色列问题、阿塞拜疆与亚美尼亚争议、印度与巴基斯坦争端等地区热点问题,因时间、地点、条件不同而各有特点,这是矛盾的特殊性体现;由于地缘、历史和文化等差异和矛盾,国与国之间必然存在着诸多分歧和争端,则是矛盾的普遍性体现。

由于矛盾普遍存在,而又各具特点,那么我们在解决矛盾的过程中,就必须区分出主要矛盾和次要矛盾。那些在矛盾体系中处于支配地位、对事物发展起决定作用的矛盾就是主要矛盾,而在矛盾体系中处于从属地位、对事物发展起次要作用的矛盾就是次要矛盾。"沙特和伊朗都是中东大国,在该地区拥有重大地缘影响力……多年来两国一直处于一种对立、对抗状态,这左右着中东的政治格局,极大影响了中东的地缘安全。"这就表明沙特和伊朗的矛盾是中东地区的主要矛盾。而也门和叙利亚的内战则对中东地区的影响稍弱,因而属于次要矛盾。

把主要矛盾和次要矛盾的辩证关系运用到实际工作中,就要求我们坚持"两点论"与"重点论"相统一的工作方法。既要看到主要矛盾,又要看到次要矛盾,但同时要着重把握主要矛盾。在此次的地区问题解决中,中国就很好地贯彻了这一工作方法,抓住了中东地区的主要矛盾,优先推动它的解决,促成"沙特与伊朗达成和解协议,结束了长达七年的敌对状态和几十年的政治对立"。这一局势的改变,"有望推动中东地区其他一些热点问题迎来降温、解决的契机。比如,目前的也门、叙利亚内战可能迎来转机,石油输出国组织的凝聚力可能变得更强、作用更大,更加团结的中东国家可能给巴勒斯坦更有力的支持,从而推动巴以问题解决"。由此可见,这是最为行之有效的解决方式,也是应对错综复杂的国际局面最为高效的方式。中国在沙伊和解中扮演的角色,为其他地区热点问题的解决提供了样板。

(五)摄入多少咖啡因才算过量

1.案例呈现

我们的世界中充满了超大杯生椰拿铁和焦糖玛奇朵,咖啡因已经成为我们生活的一部分。我们几乎每天都在喝咖啡、茶和功能饮料,也就每天都在摄入咖啡因。但是,咖啡因的摄入是否会过量呢?

根据美国食品药品监督管理局(FDA)的建议,每天的咖啡因摄入量不应超过约每千克体重5毫克。也就是说,对于一位80千克的人来说,每天最多摄入400毫克咖啡因。虽然也有人摄入更多咖啡因,也不会产生不良后果,但理论上,你的身体能够承受的咖啡因摄入量就是这么多。

"咖啡因过量确实可能导致死亡。"美国诺瓦东南大学的运动和锻炼科学家何塞·安东尼奥(Jose Antonio)说,"但幸运的是,摄入那么多咖啡因并不容易。这种情况下,咖啡因的量都需要以克计,例如 10 克左右或更多。"平均而言,一杯约 240 毫升的自制滴滤咖啡含有约 100 毫克的咖啡因,因此大多数人需要一次性饮用超过 100 杯咖啡才会有危险。

然而,市售咖啡的咖啡因含量差异很大。星巴克大杯深焙咖啡含有约 260 毫克咖啡因,而 Dunkin 的中杯热咖啡含有 210 毫克咖啡因。有些能量饮料的咖啡因含量高达每罐(473 毫升)300 毫克。另外,过量服用含咖啡因的药物也会产生危险,应谨慎使用。

咖啡因是一种中枢神经系统兴奋剂,会抑制大脑中腺苷等诱导睡眠的化学物质发挥作用。在血液中,它还会促进皮质醇和肾上腺素循环,这两者都会使心跳加快,使代谢水平上升。如果一个人摄入了过多咖啡因,他就会感到不安或过度兴奋,并可能难以入睡。

一些罕见疾病会增加摄入咖啡因的风险。例如,长 Q-T 间期综合征(Long Q-T Syndrome,LQTS),这是一种遗传病,名字来源于它的症状之一:心电图显示 Q-T 间期延长。大约每 2000 人中就有 1 人患有此病。在某些情况下,肾上腺素激增可能会导致 LQTS 患者心搏骤停。咖啡因会导致血液中肾上腺素飙升,因此患有 LQTS 的人可能需要注意他们的咖啡因摄入量。

2022 年 9 月,一名患有 LQTS 的大学生在美国连锁餐厅 Panera Bread 点了一杯名为"带电柠檬水"的饮品,并在饮用后心搏骤停死亡。该公司称,此饮品含有 260～390 毫克的咖啡因。2023 年 10 月,该大学生的家人对 Panera 公司提起诉讼,指控其未能充分标注饮品中的咖啡因含量。Panera 公司发言人在给 NBC 新闻的一份声明中表示,"出于谨慎考虑",该公司使用了更明显的咖啡因含量标签。

咖啡因会让人上瘾,但与很多药物滥用的症状不同。美国大学研究咖啡因使用的心理学家劳拉·胡利亚诺(Laura Juliano)说:"有人可能对咖啡因产生生理依赖,但并不是我们认为的那种滥用问题。"但如果你决定戒掉咖啡因,这个过程可能需要循序渐进。戒断症状可能包括头痛、疲劳、注意力不集中,偶尔还有类似流感的全身酸痛。这些症状通常比较轻微,但也有些人可能会比较严重。胡利亚诺说:"我听过很多人说他们以为自己生病了,但结果却是咖啡因戒断反应。"

美国妇产科医师学会(The American College of Obstetricians and Gynecologists)建议,孕妇每天的咖啡因摄入量应限制在 200 毫克(约两

杯自制咖啡)以内。过多的咖啡因可能引发焦虑症患者恐慌发作。

不过,一些研究显示,对于大多数人来说,适量摄入咖啡因是安全的,甚至可能是有益的。与流行观点相反,有证据表明每天摄入咖啡因的人患心律失常或心律不齐的风险可能会降低。一项研究结果也显示,摄入咖啡因的人往往更活跃,平均每天比不喝咖啡的人多走约1000步。还有一些研究显示,摄入咖啡因与运动成绩提高和罹患口腔癌或喉癌的风险降低有关,尽管这可能不是咖啡因的直接结果。

因此,除非您出于特定的健康、宗教或其他个人原因而避免摄入咖啡因,否则还是尽情享用你的拿铁吧。

(资料来源:乔安娜·汤普森:《一位大学生喝下咖啡因饮料后心搏骤停,一天喝几杯咖啡才不会超量?》,张乃欣译,https://www.huanqiukexue.com/?p=447,访问日期:2024年2月22日。)

2.案例指向

本案例重点指向教材第一章第二节内容,即事物的普遍联系和变化发展,尤其与"量变质变规律"这一部分紧密相关。

3.案例解析

事物变化发展的状态、过程和趋势遵循着一定的规律,"摄入多少咖啡因才算过量?"这个问题体现的是量变质变规律。

根据唯物辩证法的看法,事物包含质、量、度三个方面的规定性。质是一事物区别于其他事物的内在规定性,就像咖啡和茶,作为世界的流行饮品,前者的主要成分是咖啡因,后者的主要成分是茶多酚,这些成分作为各自的内在规定性,使得它们成为不同的事物。而量是事物规模、程度、速度等可以用数量关系表示的规定性。"星巴克大杯深焙咖啡含有约260毫克咖啡因,而Dunkin的中杯热咖啡含有210毫克咖啡因。"其中的260毫克和210毫克表示的就是不同品牌咖啡的咖啡因含量,这体现的是量的规定性。最后,度则是保持事物质的稳定性的数量界限,即事物的限度、幅度和范围,度的两端叫关节点或临界点,超出度的范围,此物就转化为他物。因此,美国食品药品监督管理局(FDA)建议,"每天的咖啡因摄入量不应超过约每千克体重5毫克",否则就有可能会引发健康危机。在这里,"每千克体重5毫克"就是人体咖啡因摄入的限度,只有控制在这个限度内,人才能保证自己生命体征的稳定。

由此,我们就可以理解量变质变规律中的量变和质变。所谓的量变是指事物数量的增减和组成要素排列次序的变动,是保持事物的质的相对稳定性的不显著变化,体现了事物发展渐进过程的连续性。例如,按照"一杯约 240 毫升的自制滴滤咖啡含有约 100 毫克的咖啡因",那么一个人每饮用一杯这样的咖啡,体内就会增加 100 毫克的咖啡因。这时,人体内的咖啡因含量在增加,身体内部的构成要素也在变动,但只要在人体的可承受范围内,这种变化就不会对人体的稳定性造成大的影响。而所谓的质变是指事物性质的根本变化,是事物由一种质态向另一种质态的飞跃,体现了事物发展渐进过程和连续性的中断。就像一个人如果"一次性饮用超过 100 杯咖啡",那么他体内的咖啡因含量就达到了 10 克,这时他的生命可能就会终止。此时人的性质就发生了根本性变化,人由存活状态转向了死亡状态,因而发生了质变。

量变和质变的这种变化具有如下辩证关系:首先,量变是质变的必要准备。任何事物的变化都有一个量变的积累过程,没有量变的积累,质变就不会发生。正是由于人一杯接着一杯地喝咖啡,咖啡因的摄入量才会累积到 10 克左右或更多。假如没有这个不断摄入的过程,就不会有咖啡因含量的持续增加,人也就不会发生死亡这个质变结果。其次,质变是量变的必然结果,并为新的量变开辟道路。单纯的量变不会永远持续下去,量变达到一定程度必然引起质变。就像咖啡喝到一定的数量,人体内的咖啡因也就积累到一定的程度,就会超过人体能够承受的极限,死亡这个质变就必然要发生,不可能出现人能不断地喝咖啡而平安无事的情况。最后,量变和质变是相互渗透的。由于"咖啡因是一种中枢神经系统兴奋剂,会抑制大脑中腺苷等诱导睡眠的化学物质发挥作用。在血液中,它还会促进皮质醇和肾上腺素循环,这两者都会使心跳加快,使代谢水平上升"。因此,当一个人不断地饮用咖啡,导致咖啡因的摄入量逐渐增加,他就会慢慢地"感到不安或过度兴奋,并可能难以入睡",这实际就已经出现了部分质变。由此可见,量变和质变是相互依存、相互贯通的,量变引起质变,在新质的基础上,事物又开始新的量变,如此交替循环,构成了事物的发展过程。量变质变规律体现了事物发展的渐进性和飞跃性的统一。

因此,我们在认识世界和改造世界的过程中,应该遵循这一规律。当我们在认识和处理问题时,首先要掌握适度原则。正像案例所说,"一些研究显示,对于大多数人来说,适量摄入咖啡因是安全的,甚至可能是有益的"。因而只要我们不过量饮用,就不会出现生命危险,反而有助于健康。此外,这个规律也启示我们,当事物的发展处在量变阶段时,我们要踏踏实实地做好日常工作,为未来重大改变做准备,而当质变来临的时候,就要果断地、不失时机地抓住机遇,促成质变,使工作迈上新台阶。

(六)微粒说—波动说—波粒二象说

1.案例呈现

在自然科学发展史上,人们对光的本质的认识和把握经历了一个曲折的发展历程。

17世纪,牛顿总结前人观察经验,提出了著名的光的"微粒说",认为光是由一颗颗微粒组成的粒子流。它在空气中直线行进,遇到物体后,一部分反弹回来,一部分穿透过去。"微粒说"以这种方式简单地解释了光的直射、反射和折射等现象,一时颇为流行,在整个18世纪占据统治地位。

后来,人们在实践中观察到了不少现象,"微粒说"都无法作出科学解释。其一,光有"干涉现象"。当两束光在空间相遇时会产生明暗相间的条纹,这种干涉现象与"微粒说"发生了矛盾。其二,光有"绕射或衍射现象"。光并非永远走直线,它可以绕开障碍物的边缘而曲折前进。此外,通过小孔的光微粒在屏上不是照出一个明亮的点,而是出现衍射现象。其三,光有"双折现象"。当一束光射入某些透明晶体(如方解石或石英)时,会产生两束向不同方向折射的光,形成双折射。这些实验事实都无法用"微粒说"解释。

1690年,荷兰物理学家惠更斯把光和声波、水波相类比,认为光是在某种特殊的弹性媒质中传播的机械波动,正式提出了著名的光的"波动说"。这种观点能解释光的一些现象,比如光的衍射,但它在整个18世纪并没有得到什么发展。

19世纪初,美国科学家托马斯·杨做了光的干涉实验。他用同一光源发出的光通过两条窄缝,在后面的屏幕上看到的不是两条亮线,而是明暗相间的条纹。在这个实验的基础上,他和菲涅耳等科学家又用理论论证和数学方法解释了光的传播、干涉、衍射和其他一些已知现象。光的"波动说"悄然复兴。后来,有人用实验测得光在水中的传播速度比在空气中小,这和"微粒说"的预言完全相反,而和"波动说"的结论完全一致。由于"波动说"能够较好地解释已知的全部光学现象,"微粒说"却遇到了许多矛盾,"波动说"取得了巨大的胜利。

然而,19世纪末20世纪初,随着科学实验的深入发展,人们惊奇地发现,一些新的实验现象与光的"波动说"又发生了矛盾。1887年,赫兹发现的光电效应就是其中之一。从光是电磁波的角度来看,照射光越强,打出的电子能量应该越大。但事实却相反,电子的能量与照射光的强度无关,而是由光的波长(或频率)来决定。波长减小,光电子的能量增加;波长增大,光电子的能量降低。当波增加到某一界限值时,光电效应消失。这确实令人不解。后来,人们又发现,看似连续的光波,其能量分布并不连续,而能量的间断性意味着运动主体也是间断的,即具有粒子性。这表明,光不仅具有波动性,而且有粒子性。那么,到底是"微粒说"正确,还是"波动说"正确呢?

在人们困惑不解时,1905 年,在新的实验基础上,爱因斯坦提出了"光量子论",认为一束光是由一个个微粒子(亦称光量子、光子)组成,而微粒子的运动又具有波动性。这就很好地解释了光电效应。因此,在爱因斯坦看来,"光——同时又是波,又是微粒,是连续的,同时又是不连续的。自然界喜欢矛盾"。这就表明,光既不能仅用微粒来说明,也不能只用波动来解释,光是波动性与粒子性的对立统一,具有"波粒二象性"。

(资料来源:四川农业大学马克思主义学院:《微粒说—波动说—波粒两象说》,https://mkszyxy.sicau.edu.cn/info/1180/2512.htm,访问日期:2024 年 2 月 26 日。)

2.案例指向

本案例重点指向教材第一章第二节内容,即事物的普遍联系和变化发展,尤其与"否定之否定规律"这一部分紧密相关。

3.案例解析

按照马克思主义的观点,"事物的发展是通过其内在矛盾运动以自我否定的方式而实现。任何事物内部都包含肯定的方面与否定的方面,由于矛盾双方的相互作用,当否定的方面上升至支配地位时,事物就会由肯定走向对自身的否定,再由否定进一步走向更高阶段的肯定,即否定之否定。否定之否定规律就是要揭示事物自己发展自己的完整过程及本质"。这对于我们的认识和实践活动具有重要的指导意义。

首先,我们应该认识到事物内部存在着肯定因素和否定因素。假如光的粒子性是其内部的肯定因素,那么它的波动性就是其内部的否定因素;假如光的连续性是其肯定方面,那么它的间断性就是其否定方面。正是由于有这些对立面相互依存,并共处一个统一体当中,光在现实世界当中才存在。

其次,唯物辩证法的否定观科学地揭示了否定的深刻内涵。第一,我们的认识要自我否定、自我发展,这是由认知内部矛盾运动所导致的结果。当牛顿提出"微粒说"时，尽管它很好地解释了光的直射、反射和折射等现象，但是它无法解释干涉、绕射、衍射和双折等现象。这些否定要素的出现，促使人们更新自身对于光的本质的认识，由此提出"波动说"。但这个认识又在光电效应当中产生矛盾。人们为了解决这个矛盾，不得不进一步深化认识，最终提出"波粒二象性"。我们的认识就在认知内部的矛盾运动中得到发展。第二，否定是认知发展的环节，是旧认识向新认识的转变。科学家正是在否定牛顿"微粒说"的基础上，提出了"波动说"，而爱因斯坦又是在否定"波动说"的基础上，提出了"波粒二象性"。因此，只有经过否定，旧认识才得以更新，新认识才得以提出。第三，否定是新旧认识联系的环节，新认识孕育产生于旧认识，新旧认识通过否定环节联系起来。正因为出现旧认识无法解释的新现象，人们才不得不改变已有的认识，提出新的学说，以解释新现象。因此，否定就成为新旧认识转变的环节。第四，辩证否定的实质是"扬弃"，即新认识对旧认识既批判又继承，既克服其消极因素又保留其积极因素。"波粒二象性"对"微粒说"和"波动说"就不是彻底地否定，而是有所保留。对于它们内部的合理因素，予以肯定并吸收；对于它们内部的不合理因素，则予以剔除。正是以这样的认识方式，才最终揭示出光的本质。这样的认知过程启示我们，对待一切事物都要采取科学分析的态度，既要把握住它的现存状态，又要把握住它的发展趋向，反对简单地肯定一切或否定一切。

透过光的本质的发现过程，我们应该认识到，对事物的认识不是一蹴而就的，而是要经历认识自我发展的两次否定、三个阶段，即"肯定—否定—否定之否定"的有规律的过程。在第一次否定中，认知当中出现矛盾得到初步解决。干涉、绕射、衍射和双折等现象被"波动说"很好地解释了。但此时的认识仍然具有片面性，看似连续的光波，其能量分布并不连续，而能量的间断性意味着运动主体也是间断的，即具有粒子性，并且光电效应的出现，也使"波动说"出现失效的情况。此时，我们的认识还要经过再次否定，即否定之否定，以实现对立面的统一，使矛盾得到根本解决。我们的认识似乎又回到了牛顿时代的"微粒说"。但事实并非如此。牛顿的"微粒说"把光归结为遵从古典力学规律的机械粒子，属于机械论，而爱因斯坦的"光量子理论"则有所不同。当光在空间传播时，波动性突出，显现出连续性特征，干涉、衍射、偏振等现象就是这一特征的体现，而当光与实物发生相互作用，进行能量交换时，微粒性突出，呈现出不连续的特征，如光电效应等。光既不单单是波，亦不仅仅是粒子，更非波和粒子的混合物。因此,这时的否定之否定阶段就不是向出发点("微粒说")的简单"回复",而是在更高阶段的"回复"。认识的发展呈现出周期性,不同周期的交替使事物的发展呈现出波浪式前进或螺旋式上升的总趋势。

此外,这个案例也提示我们,认识的发展并非一帆风顺,而是前进性与曲折性的统一。前进性体现在每一次否定都是质变,都把认识推进到新阶段。"波动说"改变了"微粒说"看待光的方式,而"波粒二象性"又完善了看待光的方式。每一个学说的提出都是对前一阶段学说的超越,标志着人们的认识进入新境界。曲折性体现在回复性上,其中有暂时的停顿甚至倒退,就像光电效应的出现,让部分人又重新回复到"微粒说"的立场上。但我们应该坚信,前进性是社会历史发展的总趋势,人类永远不会停止自己前进的步伐。因此,我们在任何时候都不能失去开拓前进的信心和勇气,但又要高度重视和认真对待前进中的曲折,在应对挑战和解决矛盾中推动社会发展。

(七)工作突破口:化解矛盾、破解难题

1.案例呈现

福建宁德古田县坂中村,发展食用菌种植已有30多年,银耳产业小有规模,然而因为种植分散、品种单一,这些年发展遇到了瓶颈。如何破题?古田县派驻到坂中村的乡村振兴指导员杜新华在与菇农们聊天时,发现了一个思路——寻找"能够高产,有更高效益"的好品种。后经过多方联络、走访,他找到了一个新品种,"价格相当于普通银耳的5倍左右"。

不过,品种找到了,新的问题又来了:新品种种植条件更严格,菇棚需要升级改造,菇农有顾虑。杜新华又将县里的金融助理员请来,给大家介绍最新金融助农政策,可以为扩大生产的菇农提供低息贷款,这让菇农们有了试一试的底气,工作很快推开。在深入基层中发现问题、解决问题,坂中村的"银耳故事",正是践行"四下基层"的生动案例,给人以思考和启迪。

问题是事物矛盾的表现形式,矛盾是普遍存在的。在福建宁德工作期间,一次在古田县现场办公时,习近平同志强调:"群众提出来的问题不要怕,不要回避,一定要深入到基层去发现问题、面对问题、解决问题。你越是害怕困难、回避困难,困难就越多,群众意见就越大。"坚持问题导向,增强问题意识,敢于正视问题,既是传承弘扬"四下基层"优良作风的内在要求,也是把为民造福落到实处的题中应有之义。

离基层越近、离群众越近,越能把情况摸清、把问题找准、把对策提实,越能把工作做到群众心坎上。习近平同志在福建福州工作时,有一次到闽清县接访,有农民过来反映种的西红柿卖不掉。习近平同志当时就给农民们承诺:市里会马上研究,帮助你们解决! 政府部门经过专题研究,决定建设亚峰蔬菜批发市场,实现产销一体、城乡联动,从根本上解决买难、卖难的问题。从发现产销失调的问题,到解决这个问题,依靠的正是深入实际、深入基层、深入群众。扑下身子、沉到一线,多到最困难的地方去,到群众意见多的地方去,到工作打不开局面的地方去调查研究、开展工作,才能把一个个"问题清单"变为"成果清单"。

立足"小切口",能推动解决"大问题"。深南花园位于广东省深圳市南山区科技园片区,片区常住人口超 3 万,汇聚了 2000 多家企业、近 10万名员工。2023 年受地铁施工影响,深南花园附近道路早晚高峰交通拥堵进一步加剧。南山区相关部门在调研后,找到了拥堵源头:早期道路规划设计存在缺陷,人员密集、慢行系统需求大,车辆乱停乱放、非机动车占用机动车道问题突出等。通过改造人行道、挖潜立交桥下空置地带、清理违停车辆、实施机非分流等,拥堵难题得到顺利解决。不仅如此,南山区还举一反三,将经验做法梳理成案例,应用到全区人流大、人车抢道拥堵的类似区域,以"点的突破"带动市民出行整体质效"面的提升"。从紧盯"一个点"到处理"整个面",从疏通"单环节"到打通"全链条",从解决"一件事"到办好"一类事",打通堵点、破解难点、消除痛点,就能不断打开事业发展新局面。

问题是时代的声音。习近平总书记指出:"每个时代总有属于它自己的问题,只要科学地认识、准确地把握、正确地解决这些问题,就能够把我们的社会不断推向前进。"以解决问题为工作导向,瞄着问题去,追着问题走,善于把化解矛盾、破解难题作为工作突破口,在攻坚克难中开拓前进,我们的事业将一往无前,我们的未来将充满希望。

(资料来源:陈凌:《把化解矛盾、破解难题作为工作突破口》,《人民日报》2024 年 1月 15 日第 4 版。)

2.案例指向

本案例重点指向教材第一章第三节内容,即唯物辩证法是认识世界和改造世界的根本方法,尤其与"矛盾分析法"这部分内容紧密相关。

3.案例解析

"问题是事物矛盾的表现形式,矛盾是普遍存在的。"它存在于一切事物中,存在于一切事物发展过程的始终,旧的矛盾解决了,新的矛盾又产生,事物始终在矛盾中运动。就像福建宁德古田县坂中村的银耳产业,解决了品种问题,又遇到菇棚升级改造问题,它就在这一个接着一个的问题中发展。

同时,各个具体事物的矛盾、每一个矛盾的各个方面在发展的不同阶段上各有其特点。银耳产业最初面临的是"种植分散、品种单一"的问题,后来找到了"能够高产,有更高效益"的好品种,又面临菇棚改造、资金短缺的问题。这些不同阶段的不同问题清楚地向我们揭示出,矛盾的特殊性决定了事物的不同性质。因此,只有具体分析矛盾的特殊性,才能认清事物的本质和发展规律,并采取正确的方法和措施去解决矛盾,推动事物发展。乡村振兴指导员杜新华就是以这种方式帮助菇农们解决种植过程中的问题,让他们种植好了银耳,增加了收益。他的做法生动地诠释了矛盾分析方法。

作为对立统一规律在方法论上的体现,矛盾分析法在唯物辩证法的方法论体系中居于核心地位,是我们认识事物的根本方法。这一方法的核心要求是善于分析矛盾的特殊性,做到具体矛盾具体分析,对具体情况、具体问题做具体分析。习近平同志在福建福州工作时,面对农民提出的西红柿滞销问题,立即组织人员认真研究,"决定建设亚峰蔬菜批发市场,实现产销一体、城乡联动,从根本上解决买难、卖难的问题"。这是习近平同志运用唯物辩证的矛盾分析法去观察、分析和解决问题的生动体现。

运用唯物辩证法的矛盾分析法研究问题和解决问题,就要求我们不断强化问题意识。只有带着直面问题的态度去面对事务,才能"把情况摸清、把问题找准、把对策提实",也才能把问题真正地解决好,把工作做到实处。正如习近平同志所说:"群众提出来的问题不要怕,不要回避,一定要深入到基层去发现问题、面对问题、解决问题。你越是害怕困难、回避困难,困难就越多,群众意见就越大。"为人民服务要有这个意识,解决自己生活中的问题也要有这个意识。

与此同时,坚持具体问题具体分析,善于认识和化解矛盾,尤其是要把优先解决主要矛盾作为打开局面的突破口,以此带动其他矛盾的解决。例如,广东省深圳市南山区存在多处"人流大、人车抢道拥堵"的区域,其中又以深南花园最为严重。相关部门把这里作为解决交通拥堵的突破口,经过认真调研,找到了拥堵源头:"早期道路规划设计存在缺陷,人员密集、慢行系统需求大，车辆乱停乱放、非机动车占用机动车道问题突出等。"针对这些问题，南山区"通过改造人行道、挖潜立交桥下空置地带、清理违停车辆、实施机非分流等，拥堵难题得到顺利解决"。这个成功的经验又被应用到其他类似区域，使得全区的交通得到了有效的改善。这是典型的以"点的突破"带动"面的提升"，从解决好"一件事"到办好"一类事"，从而打开了事业发展的新局面。由此可见，着重把握主要矛盾，并以此作为解决问题的出发点，有助于我们高效地处理事情。

新时代矛盾分析法有了自己的时代表达和时代升华——坚持问题导向。作为习近平新时代中国特色社会主义思想的重要方法，它提示着我们，问题是时代的声音，是矛盾的集中体现，发现了问题就等于抓住了事物的矛盾。因此，我们不仅要增强问题意识，还要善于发现问题、敢于正视问题。不仅要科学分析问题、深入研究问题，而且要勇于触及矛盾、长于化解矛盾，尤其是要善于灵活运用辩证思维、创新思维等科学思维方法解决各种复杂问题。只有这样，我们的事业才能一往无前，我们的未来才能充满希望。

(八)治水，从"战略"到"笃行"

1.案例呈现

水运连着国运。一部泱泱大国的治国史，也是一部百折不挠的治水史。

回顾党的十八大以来，习近平总书记看得最多的，"水"是主题之一。而通览区域协调发展战略，除了以京津冀、粤港澳大湾区等以地域视角分类，还有便是以长江、黄河这样的水系来统领。

…………

习近平总书记这次到江西考察，主要是看长江经济带发展，并主持召开了近8年内以此为主题的第四次座谈会。会上，回顾发展历程，习近平总书记有感而发：

"党的十八大以来党中央抓工作，一方面是抓战略性工作，也就是'国之大者'，而这些工作都是有较长周期的。另一方面，我们不仅抓战略，还要起而行之，笃行不怠，一以贯之，久久为功。不是说规划完了就算完了，不是说只喊口号没有行动。我们都是一件件做，全面系统布局。做就要做好它，完成它。""党的十八大之后我们抓工作，就是这个精神！"

两个词，一是"战略"，二是"笃行"。

先说"战略"。

那一年,习近平总书记到了山东东营,"看黄河入海流"。黄河上中下游都走到了,"心里也踏实了"。

善治国者必重治水。各项工作时间的分配,是观察治国理政的一个窗口。花大量时间去看水的深层逻辑,正是人民幸福生活是"国之大者"的执政理念。

水里有战略思想。

最广为人知的是"绿水青山就是金山银山"。"两山论"现在深入人心,不再"以 GDP 论英雄"。从非此即彼的单选题到相得益彰的多选题,其中蕴含着深刻辩证法,充满了战略远见。

总书记所说的"有多少汤泡多少馍",也是一种战略。它是"以水定城、以水定地、以水定人、以水定产"的生动表达,背后有"节水优先、空间均衡、系统治理、两手发力"的治水思路。把水置于经济社会发展的重要考量,体现的是对规律的尊重,是治理能力现代化的一个表征。

大战略,势必大手笔。比如新发展理念,创新、协调、绿色、开放、共享,无不体现在水中。仅说协调,这次在江西召开的座谈会,总书记就强调了"坚持把强化区域协同融通作为着力点"。……再比如新发展格局。浙江宁波舟山港,碧海扬帆,习近平总书记在那里酝酿了"双循环"的新发展格局。以国内大循环为主体,此前在四川考察,总书记考虑到"我们的主要家当都摆在沿海一带",深入思考"大后方"的概念。

战略里有战术,治水的仗怎么打?

看地图,水资源几横几纵。东西向的,继长江经济带发展战略之后,习近平总书记又提出黄河流域生态保护和高质量发展战略,国家的"江河战略"就确立起来了。南北向的既有连通古今的大运河,也有世纪工程南水北调。

纵横交错,扬浪千重,利泽万方。而散落其间的,是枝蔓般的河流、星罗棋布的湖泊。新中国成立后,我们党领导开展了大规模水利工程建设。党的十八大以来,水资源配置格局实现全局性优化。

系统观念,是治国理政的一个方法,也是治水的一大战术。"处理好轻重缓急,什么时候干什么事,哪些是当务之急,哪些是战略性的储备。"总书记曾经叮嘱。

河湖长制是系统观念的生动运用。习近平同志在地方工作时探索江河湖泊的治理与保护。浙江也因此成为河长制的发源地。这一思路,在党的十八大后进一步拓展,山水林田湖草沙一体谋划。

再看第二个词,"笃行"。

···········

笃行,关键在锲而不舍、久久为功。

"逆水行舟""行百里者半九十""滚石上山,稍不留意大石头就滚了下来"……习近平总书记曾用这些来形容民族复兴路上的艰辛和坚韧。

治水是一项长期任务。从之前"长江病了"的诊断,到这一次"现在的长江只能说是'大病初愈'",总书记叮嘱:"不能抓一阵松一阵,稍有好转又动起歪念头。"

一张蓝图绘到底,考验的是政绩观。早在浙江工作时,习近平同志就在《之江新语》中以《"潜绩"与"显绩"》为题,论"不求急功近利的'显绩',创造泽被后人的'潜绩'"。一以贯之20年的"八八战略"成绩卓著,"功成不必在我,功成必定有我",正是经验之一。

···········

脚步不会停歇。总怀有"时时放心不下"的忧患意识:"河川之危、水源之危是生存环境之危、民族存续之危。"

联网、补网、强链,国家水网正加快构建,习近平总书记的目光望向更远的未来,谋的是永续发展、复兴伟业:"水网建设起来,会是中华民族在治水历程中又一个世纪画卷,会载入千秋史册。"

（资料来源:杜尚泽、邝西曦:《治水,从"战略"到"笃行"》,《人民日报》2023年10月17日第1、4版。）

2.案例指向

本案例重点指向教材第一章第三节内容,即唯物辩证法是认识世界和改造世界的根本方法,尤其与"学习唯物辩证法,不断增强思维能力"这一部分紧密相关。

3.案例解析

学习和掌握唯物辩证法,要求我们在认识世界和改造世界中运用科学思维方法。习近平总书记的治水思想生动地体现了如下六种思维能力。

第一,辩证思维能力。它是用批判的和革命的精神分析和解决问题的能力,是用联系和发展的观点分析和解决问题的能力,是用唯物辩证法基本规律、基本范畴分析和解决问题的能力,是用辩证思维方法分析和解决问题的能力。简单地说,就是以唯物辩证法为指导,发现矛盾、分析矛盾、解决矛盾，把握本质、遵循规律、指导实践的能力。习近平总书记治理长江的做法就生动地展示了这种能力。例如，他颠覆传统，提倡共抓大保护、不搞大开发，将修复长江生态环境摆在压倒性位置，一举扭转只谈经济不讲保护的做法，体现出他的批判革命精神。而"通览区域协调发展"，把长江作为一个整体来治理，则体现出他在用联系和发展的观点看问题。"绿水青山就是金山银山"，经济和生态从来不是非此即彼的关系，这体现出他善于在对立中把握统一、在统一中把握对立。"从非此即彼的单选题到相得益彰的多选题，其中蕴含着深刻辩证法。"

第二，历史思维能力。它是辩证思维与历史眼光的结合，是马克思主义科学历史观的具体表现和实践运用，是以史为鉴、知古鉴今，善于运用历史眼光认识发展规律、把握前进方向、指导现实工作的能力。早在2000多年前，齐国政治家管仲就在《管子·度地》中提出："善为国者，必先除其五害。"也就是水、旱、风雾雹霜、疫病、虫害。管仲把水灾排在第一位。可见，"水运连着国运。一部泱泱大国的治国史，也是一部百折不挠的治水史"。习近平总书记深刻地理解到这一历史规律，并把它运用到治国理政中。自党的十八大以来，他看得最多的主题里就有"水"，并"把水置于经济社会发展的重要考量"。正是源于他对历史所做的深入思考，才有对社会现实问题作出的科学决策。这提示我们，要加强对历史知识的学习，总结历史经验，牢记历史教训，把握历史规律，认清历史趋势，在对历史的深入思考中做好现实工作，培养并不断提高历史思维能力，更好地走向未来。

第三，系统思维能力。它是从事物相互联系的各个方面及其结构和功能进行系统思考的能力，是全面系统地分析和处理问题的能力。作为唯物辩证法普遍联系观点的应有之义，自然界所有过程都处在一种系统联系当中，水资源亦不例外。面对"枝蔓般的河流、星罗棋布的湖泊"，中国共产党领导开展了大规模水利工程建设，实现了水资源配置格局全局性优化。此外，习近平总书记提出的"双循环"新发展格局也是坚持系统观念、运用系统思维的光辉典范。这些工程和观念无不是把事物放在普遍联系的系统中来把握，无不是在系统与要素、要素与要素、结构与层次、系统与环境之间相互联系和作用的动态过程中把握事物，力求获得问题的最优解。由此可见，系统观念不仅是治水的一大战术，也是治国理政的一个方法。我们应该自觉地去提高这种能力。

第四，战略思维能力。这种能力强调思维的整体性、全局性、长期性，是高瞻远瞩、统揽全局、善于把握事物发展总体趋势和方向的能力。习近平总书记在提出"长江经济带发展战略"之后，又提出了"黄河流域生态保护和高质量发展战略"。在他的擘画下，国家的"江河战略"就确立起来了，为治水事业的未来走向与整体谋划指明了前进方向。这对于我国的水资源发展具有重要意义。正所谓"不谋万世者，不足谋一时；不谋全局者，不足谋一域"。国家的持续发展正是源于这样的科学战略判断，改革进程的持续深化也是得益于每一次审时度势的战略选择。有怎样的战略思维，就决定我们能够走多远、登多高、去何处。正如习近平总书记所说："战略上判断得准确，战略上谋划得科学，战略上赢得主动，党和人民事业就大有希望。"因此，我们要主动去培养和提高这种能力，不断开阔视野、宽大胸襟，学会站在战略和全局的高度观察和处理问题，透过纷繁复杂的表面现象把握事物的本质和发展规律，做到谋定而后动。

第五，底线思维能力。所谓底线，就是不可逾越的界线，是事物发生质变的临界点。"河川之危、水源之危是生存环境之危、民族存续之危。"水资源安全问题成为我们不能逾越的底线。因此，在治水过程中，我们必须坚持和运用好底线思维。这一科学的思维方法要求我们在认识世界和改造世界的过程中，根据我们的需要和客观的条件，画清并坚守底线，尽力化解风险，避免最坏结果，同时争取实现最大期望值的一种积极的思维。把握底线思维，就是要"凡事从坏处准备，努力争取最好的结果，这样才能有备无患、遇事不慌，牢牢把握主动权"。这也就不难理解，习近平总书记为何对"水""总怀有'时时放心不下'的忧患意识"，因为它是环境保护的底线，更是民生保障的底线。他花大量时间去看水，其深层逻辑是为了人民的幸福生活。

第六，创新思维能力。它是对常规思维的突破，是破除迷信，超越陈规，善于因时制宜、知难而进、开拓创新的能力。习近平总书记在地方工作时，积极开展江河湖泊的治理与保护工作，创造性地提出河长制。这是中国自然生态环境领域的重大制度创新，必将会极大地促进中国国家治理体系的完善和治理能力的提升。这一思路在党的十八大后进一步拓展，衍生出湖长制、林长制、田长制。正是因为有这些制度的创新，才有山水林田湖草沙的持续改善，也才使得长期困扰人们的环境问题得到解决。由此可见，"解决深层次矛盾和问题，根本出路在于创新"，唯创新者进，唯创新者强，唯创新者胜。因此，我们必须努力培养和提高创新能力，要有敢为人先的锐气，勇于打破迷信经验，不迷信本本，不迷信权威，始终保持强烈的好奇心和求知欲,及时抛弃不合时宜的旧观念,保持蓬勃向上的朝气,在把握事物发展客观规律的基础上实现自我提升。

四、延伸阅读

1.恩格斯:《反杜林论》,《马克思恩格斯文集》第 9 卷,人民出版社2009 年版。

2.恩格斯:《自然辩证法》,《马克思恩格斯文集》第 9 卷,人民出版社2009 年版。

3.列宁:《谈谈辩证法问题》,《列宁选集》第 2 卷,人民出版社 2012年版。

4.毛泽东:《矛盾论》,《毛泽东选集》第 1 卷,人民出版社 1991 年版。

5.习近平:《辩证唯物主义是中国共产党人的世界观和方法论》,《求是》2019 年第 1 期。

6.张志伟:《西方哲学史》,中国人民大学出版社 2010 年版。

五、拓展研学

建议学生组成学习小组,结合以下选题,通过收集相关文献、开展社会调查、展开讨论等方式,进一步深入理解相关知识点,形成研学报告。

1.人工智能的应用挑战:以 Sora 为例

(1)研究内容:探讨人工智能,如 Sora,在当前社会中的应用规范。

(2)讨论方向:分析人工智能同人类智能的关系,探讨它给人类带来哪些便利以及潜藏着什么危害,提出规范应用的建议。

2.马克思主义普遍真理与中国具体实际相结合的重要性

(1)研究内容:探讨中国共产党是如何把马克思主义普遍真理与中国具体实际相结合的,认识这一结合的历史意义。

(2)讨论方向:讨论结合背后的理论基础,分析中国共产党是如何进行结合的,展示结合所产生的巨大历史意义。

3."六个必须坚持"的逻辑理路与实践创新

(1)研究内容:党的二十大报告指出:"不断谱写马克思主义中国化时代化新篇章,是当代中国共产党人的庄严历史责任。继续推进实践基础上的理论创新,首先要把握好新时代中国特色社会主义思想的世界观和方法论,坚持好、运用好贯穿其中的立场观点方法。"报告从六个方面作了概括和阐述,强调必须坚持人民至上,必须坚持自信自立,必须坚持守正创新,必须坚持问题导向,必须坚持系统观念,必须坚持胸怀天下。

(2)讨论方向:探讨"六个必须坚持"的科学内涵、逻辑关系、实践要求,分析它们同马克思主义方法论之间的关系,谈谈自己在学习生活中将如何坚持与应用。

第二章 实践与认识及其发展规律

一、教学主要目标

我们为何要认识世界？我们为何能认识世界？我们如何正确认识世界？探索这三个问题，对于全面理解本章的核心内容至关重要。在解答这些问题的过程中，我们将揭示实践、认识、真理、价值以及认识与改造世界的关系。这些核心概念之间的紧密联系和相互作用，为我们深入领会马克思主义的实践观、认识论和价值论提供了重要线索。这些线索主要呈现为以下方面：首先，获得正确认识的根本途径不在于理论或思维，而在于实践，这要求我们必须树立实践第一的观点。其次，实践是认识的前提和基础，实践对认识起决定作用。再次，认识并非一蹴而就的，而是实践与认识辩证运动不断发展的过程。人们在获得正确认识、掌握真理的同时，还要追求意义、创造价值，因此要正确理解真理与价值的辩证关系。最后，正是在认识世界和改造世界相互促进的过程中，在理论创新与实践创新的良性互动中，我们才能不断地从必然王国走向自由王国，创造更加美好的未来。

本章的教学目标主要是让学生全面、深入把握马克思主义的实践观、认识论和价值论的基本观点。培养学生在改造客观世界的同时具备改造主观世界的能力，在理论创新和实践创新的良性互动中充分坚持守正创新的能力。促进学生树立实践第一的观点，确立正确的价值观。

二、教学重难点

根据上述线索，本章内容教学尤其要注重引导学生深入学习把握以下重难点问题：

（一）何为实践？它的本质和基本结构是什么？

（二）实践有哪些基本形式？虚拟实践是独立于现实生活实践的存

在吗？

（三）实践对认识的决定作用表现在哪些方面？

（四）如何理解认识的本质？认识能够一蹴而就吗？

（五）真理何以是绝对性和相对性的统一？如何看待这两种特性不可分割的辩证关系？

（六）真理是客观的吗？真理与价值之间的区别与联系是什么？为什么说人的活动总是受到真理尺度与价值尺度的双重制约？

（七）为什么要坚持"一切从实际出发，理论联系实际，实事求是"的思想路线？

（八）何为守正创新？如何实现理论创新和实践创新的良性互动？

围绕以上重难点问题，笔者有针对性地选取了相应的教学案例，希望结合案例分析，使学生从总体上学习理解和全面把握马克思主义的实践观、认识论和价值论，深刻领悟实践的观点是马克思主义的基本观点。

三、教学案例

（一）风光储融合：新能源的革命与实践

1.案例呈现

"风光储融合发展的前哨阵地""空中三峡"……在2023年举办的第三届风光储创新发展论坛上，多位专家、业内人士对内蒙古乌兰察布给出了这样的评价。是什么让这个北方小城成为新能源领域聚光灯下的焦点？故事还要从几年前说起。

2021年，在乌兰察布新一代电网友好绿色电站的监测屏幕上，多了一组"电池"图标。这意味着，一度被认为是"看天吃饭"的风能、太阳能发电，已能够转化成实实在在可用的能源。

太阳能和风能作为两种最常见的可再生能源，都是利用自然界的资源来产生电能的。这两种能源各有优缺点，且存在资源的不确定性导致发电与用电负荷不平衡等共性问题。为此，人们提出了一种新型的发电系统——风光互补发电系统。

此前，乌兰察布地区风力的时强时弱、天气的阴晴不定，使得风光电能对于需要稳定的电网来说并不"友好"。如今，这一难题有了解决途径。中国电力建设工程咨询有限公司和中国能建集团内各参建单位综合考虑乌兰察布的电源侧、电网侧、负荷侧、储能新技术发展潜力及实施条件,提出乌兰察布"源网荷储一体化"综合示范方案,建设优化储能配置的新一代电网友好型新能源示范电站,在用电低谷时将电力储存起来,等到用电高峰再释放。

2021年末,乌兰察布新一代电网友好绿色电站示范项目首批机组成功并入内蒙古电网,待项目全部投产后将成为国内首个储能配置规模达到千兆瓦时的新能源场站。项目方介绍,该电站全部投产后,年平均发电量近60亿千瓦时。

但如何实现各种新能源资源的科学分配?项目还"长出了智慧大脑",采用了智慧集控系统。据介绍,这一系统通过功率预测、人工智能技术及先进监测控制技术,实现了风、光、储协同优化、智能高效运行,同时通过优化储能容量设计和运行模式,有力保障新能源高效消纳利用,有效降低主网调峰和容量支撑压力。

不仅如此,项目还实现了"牧光互补"。相关工作人员向记者透露,光伏区可以汇集热量,光伏板的覆盖,可以大幅度减少地表水分蒸发量,清洗面板的水也会对草地有一定滋养作用,土壤的涵水能力也会大大提高,非常有利于植被的恢复与生长,所以,光伏区的草比别处的草长得更加茂盛。当地有牧民已计划着"去光伏区放羊"。"板上发电,板下种草,草上养殖"正在乌兰察布成为现实。

整体来看,乌兰察布的新能源项目只是中国新能源发展的一个缩影。但该项目实现了长周期收益和整个电力系统性优化,这些经验与成果将进一步应用于沙、戈、荒地区大基地的规划设计与实施,并进一步验证与迭代。类似的风光储融合一体化必将在未来成为中国新能源发展的重要模式。

(资料来源:《风光储融合发展的前哨站,为什么落在了乌兰察布?》,https://baijiahao.baidu.com/s?id=1763760859821466787&wfr=spider&for=pc,访问日期:2024年11月10日;《"追风逐日"的新能源》,https://baijiahao.baidu.com/s?id=1764022144179150001&wfr=spider&for=pc,访问日期:2024年11月10日。)

2.案例指向

本案例可用于教材第二章第一节"实践与认识"部分的辅助教学,重点指向"科学的实践观"和"实践的本质"这两个知识点。

3.案例解析

本案例主要围绕乌兰察布地区新一代电网友好型绿色电站项目的建设和运营展开讲述。这个项目利用了风能和太阳能这两种可再生能源,通过技术创新和智能控制系统,提高了能源利用效率和电网的稳定性,推动了风光储的融合发展。同时,该项目还实现了"牧光互补",即利用光伏板下的草地进行农牧业活动,对当地环境和社会经济产生了积极影响,展示了新能源发展模式的示范和推广意义。

本案例呈现出因时、因地制宜对乌兰察布地区风光互补发电进行的全面优化,展现出当代可再生能源革命的实践新变化,重点回应了本章中"实践与认识"部分的内容,并直接指向"科学的实践观"和"实践的本质"这两个知识点。乌兰察布风光储融合发展的经验与成果,是以新质生产力引领能源绿色低碳转型的生动展现。所谓新质生产力,是创新起主导作用,摆脱传统经济增长方式、生产力发展路径,具有高科技、高效能、高质量的特征,符合新发展理念的先进生产力质态。从本质上来说,发展新质生产力正是人类实践的内在要求。

马克思主义科学实践观认为,实践是人类能动地改造世界的社会性的物质活动,具有客观实在性、自觉能动性和社会历史性三个基本特征。在乌兰察布的经验与成果中,我们可以生动地看到这三个特征的具体体现。

首先,实践具有客观实在性。乌兰察布的新能源项目通过技术创新,将风能和太阳能转化为电能,并升级了储存系统,解决了可再生能源的稳定性和效率问题。不论是利用风能、太阳能,还是建设新一代电网友好型新能源示范电站,都是对客观存在的能源结构进行的具体改造,在本质上都属于客观的、物质的活动。同时,乌兰察布地区的新能源项目之所以能够成功,不仅遵循了既有风光互补的发电规律,还充分考虑了该地区的自然和社会环境,以及生态、经济和人文发展状况。这些都是制约该地区可再生能源利用的客观因素。此外,乌兰察布的实践还引起了客观世界的变化,把"板上发电,板下种草,草上养殖"的设计理念真正变为了现实。这种理念起初存在于设计者和规划者的脑海中,是一种主观的认识活动。然而,通过实际的建设和运营,这些观念被转化为了具体的电站、智能控制系统以及相应的农牧业应用,即"牧光互补"模式。这些都是可观测、可度量的现实成果,明显区别于最初的抽象思考和规划。

其次,实践具有自觉能动性。乌兰察布地区对新能源的利用显然不同于动物本能的、被动的适应性活动,它是人类主观能动性和目的性的充分展现。人们在利用风能和太阳能发电后,发现由于该地区的自然条件限制,风光电能存在不稳定的问题,开始主动寻找解决的方案。最终,智慧集控系统的引入,不仅提高了能源利用效率,还通过优化储能配置,提升了电网的稳定性。这一切都是基于人类的自主决策和主动创造。正如恩格斯所言:"社会一旦有技术上的需要,这种需要就会比十所大学更能把科学推向前进。"①

最后,实践具有社会历史性。实践是社会性的、历史性的活动。实践从一开始就是社会性的活动。党的二十大报告提出,积极稳妥推进碳达峰碳中和,立足我国能源资源禀赋,坚持先立后破,有计划分步骤实施碳达峰行动,深入推进能源革命,加强煤炭清洁高效利用,加快规划建设新型能源体系,积极参与应对气候变化全球治理。乌兰察布的新能源项目不仅反映了当前对清洁能源、可持续发展的全球趋势,也体现了现阶段中国对能源结构转型和环境保护的需求。该项目"风光储融合"设计的成功,不仅实现了从资源到产业的结合、体现了电源建设过程中端到端的思考,而且为未来中国新能源发展模式提供了更深层次的思考,这正是社会历史性的体现。

2023年4月,国家能源局综合司在《关于推动光热发电规模化发展有关事项的通知》中强调要发挥太阳能热发电储能调节能力和系统支撑能力,建设长时储热型太阳能热发电项目,推动太阳能热发电与风电、光伏发电基地一体化建设运行,进而提升新能源发电的稳定性和可靠性。可见,"风光储一体化"作为新质生产力的代表,预示了我国新能源的发展方向。因此,本案例除了用于分析实践的本质特征外,还为我们深化理解新质生产力提供了丰富资源。

(二)虚拟主持人:虚拟实践的新展现

1.案例呈现

2023年3月1日,山东广电超写实数字主持人"海蓝"登上《山东新闻联播》。"海蓝"以"评论员"身份为电视观众带来新锐时评,同时"海蓝"也在《山东新闻联播》短视频"主播说"专栏与网友们见面。随着"海蓝"的亮相,《山东新闻联播》也成了全国首档运用超写实数字主持人的省级新闻联播栏目。据报道,"海蓝"的名字取自"齐风鲁韵、岱青海蓝","海蓝"的诞生运用了当下最先进的时域扫描系统、表情捕捉及表情迁移系统、材质扫描系统和数字人体体征数据库,努力做到好看的皮囊与有趣的灵魂

---

① 《马克思恩格斯文集》第10卷,人民出版社2009年版,第668页。

二者皆顾。

　　虚拟主持人是凭借人工智能与三维虚拟形象技术,能自主承担策划、编辑、主持、制作等一系列工作的虚拟数字人。虚拟数字人通过形象生成、动画生成、语音生成、交互生成四个技术模块构建而成,集成了计算机图形学、图形渲染、动作捕捉、深度学习、语音合成等技术。目前的虚拟数字人包括虚拟主播与数字记者等,人工智能及深度算法的技术应用使得虚拟数字人可更大程度地减轻新闻内容生产成本、提升生产效率,完成实时互动、个性化定制及大规模内容产出。

　　2001 年,首位虚拟主持人阿娜诺娃在英国诞生。同年,在国内,央视也出现过一位名为"伊妹儿"的"电脑虚拟电视主持人"。随着 AI 技术的不断进步和 5G 技术应用的不断创新,虚拟主播在仿真度、人物美化度上都不断趋于完善,媒体打造虚拟数字人的风潮已渐趋流行。与此同时,在一系列优惠政策的推动及巨量资本的融入下,虚拟主持人的应用场景不断增多、成长空间也不断扩大。

　　近年来,为应对媒体数字化转型带来的新市场与新需求,主流媒体开始布局人工智能领域,作为进军元宇宙的重要入口,虚拟人几乎已经成为主流媒体推进技术融合的标配产品。例如,新华社"小诤"、北京卫视"时间小妮"、湖南卫视"小漾"、两会 AI 主播等,这些虚拟主播有的以媒体真实主持人的形象亮相,有的则以 3D 版的 AI 合成主播为形象。在声音和表情、口型方面,基本实现了智能播报、超写实拟真。

　　现阶段,虚拟主持人既有真人不具备的发展优势,也存在一些客观缺陷。首先,虚拟主持人具备效率高、零出错、全天候在线等优点。其次,虚拟主持人能更好地穿梭于虚拟与现实,完成人机交互和实时互动。最后,虚拟主持人还有着广泛的潜在受众。当然,也有不喜欢 AI 虚拟主播的网友。他们认为,一方面现在的虚拟主播技术还不成熟,在人物形象、声音、表情方面还做不到超写实拟真。另一方面,虚拟主播毕竟是人为设定的,缺乏真实感,难以满足观众情感层面的认同与满足。此外,一旦数字主播遭到人为修改或黑客攻击,带来的风险与后果也会更加严重。

　　(资料来源:《首个亮相卫视新闻联播的数字主持人——海蓝》,https://m.thepaper.cn/baijiahao_22138204,访问日期:2024 年 11 月 10 日;刘晓燕、孙理想:《爆火的虚拟主播能走多远》,《光明日报》2022 年 1 月 4 日第 2 版。)

　　2.案例指向

　　本案例可用于教材第二章第一节"实践与认识"部分的辅助教学,重点指向"实践形式的多样性"和"虚拟实践"这两个知识点。

3.案例解析

本案例描述了近年来全球范围内兴起的虚拟主持人热潮,重点讲述了山东广电在 2023 年推出的超写实数字主持人"海蓝"。这个虚拟主持人应用了先进的 AI 和三维技术,能自主完成新闻工作,标志着虚拟主持人技术的进步和媒体数字化转型的趋势。同时,案例中也对虚拟主持人的优点(如高效率、成本降低)和潜在问题(如技术不成熟、缺乏情感认同)进行了分析。

本案例描述了当代人类实践出现的变化,呈现出许多新的发展特点,重点回应了本章中"实践的本质与基本结构"部分的内容,并直接指向"实践形式的多样性"和"虚拟实践"这两个知识点。虚拟实践,是由现代信息技术的发展催生的一种新的实践形式。通过分析虚拟主持人这一具体案例,可以更为深入地理解虚拟实践与传统实践形式的区别与联系,全面把握它的本质内涵、基本特征和深远影响。

第一,虚拟实践与传统实践形式的联系与区别。在马克思主义认识论中,实践的基本形式包括物质生产实践、社会政治实践和科学文化实践。虚拟实践则是新的派生形式,与上述三种实践形式紧密相连。以虚拟主持人为例,首先,它与物质生产实践相关联,因为它利用现代技术生产虚拟内容和服务。其次,它与社会政治实践相联系,因为它影响社会互动和沟通方式。最后,它还与科学文化实践紧密相连,因为它涉及新技术的创新使用和文化内容的创造。虚拟主持人作为一种新兴的虚拟实践形式,突出地反映了这些传统实践形式在数字时代的演变和扩展。然而,尤其需要注意的是,虚拟实践虽然对现实的实践活动产生了重大影响,但它作为实践活动的派生形式,不能完全脱离或超出现实的实践活动而独立存在。

第二,虚拟实践的本质内涵。根据马克思主义科学实践观,虚拟实践是主体和客体之间通过数字化中介系统在虚拟空间进行的双向对象化的活动,主要活跃于网络世界。虚拟主持人就是凭借人工智能与三维虚拟形象技术创造出来的虚拟数字人。虚拟主持人的出现,充分反映了人类实践活动的多样性和动态发展性,证明了实践不仅是物质生产活动,而且包括通过技术实现的各种形式的社会活动。这种实践形式强调了实践与数字技术之间的互动关系,对人类的社会存在和发展产生了重要影响。

第三,虚拟实践的基本特征。虚拟实践作为实践活动的新形式,主要活跃于网络世界,具有交互性、开放性、间接性等特点。这些特征在虚拟主持人的应用中表现得尤为明显。虚拟主持人的创建和运用本就体现出高度的交互性,新华社"小诤"、北京卫视"时间小妮"、湖南卫视"小漾"等都能基本实现智能播报、超写实拟真,观众可以通过网络与主持人展开实时互动,获得类似于真实世界中人与人互动的仿真体验。同时,虚拟主持人的形象和内容是灵活多变的,山东广电推出的"海蓝"致力于做到"好看的皮囊与有趣的灵魂二者皆顾",这使得它能够迅速适应不同的文化和市场需求,具有高度的开放性特征。此外,虚拟主持人是通过数字技术建构的,观众与虚拟主持人的互动除了电子屏幕外,还需要经过一系列的数据处理与转换,存在一定的间接性。

第四,虚拟实践产生的影响。虚拟实践一方面为人的生存与发展提供了多样的自由空间,极大地提升了人的活动的自主性、创造性,另一方面,它也会带来一系列新问题。可以看到,许多观众目前仍对虚拟主持人持保留态度,有的观众因为技术不成熟而觉得虚拟主持人不仿真,有的观众认为虚拟主持人缺乏人类的真情实感,因而无法对它产生情感认同。同时,虚拟主持人还可能使观众难以区分真实与虚构,存在隐私泄露和数据滥用风险,以及当虚拟主持人涉及误导信息或不当行为时,责任归属和道德责任的判断将会变得复杂。因此,要特别注意虚拟实践的风险防范,加强相应的法律监管与道德约束。

此外,虚拟主持人作为人工智能的一个应用,不仅是虚拟实践的表现形式,还与元宇宙、人工智能和人类意识紧密相连。元宇宙现已成为全球科技领域关注的焦点,为产业变革与转型带来了无限可能。在元宇宙中,虚拟主持人甚至可以作为交互式的代理,提供更丰富的用户体验和社交互动。同时,虚拟主播本就是人工智能技术的展现,反映了AI技术在模仿和理解人类行为方面的进步,必然会引发关于人工智能与人类意识、自我意识的边界和定义等问题的讨论。因此,本案例还可延伸到第一章第一节"世界的多样性与物质统一性",尤其是关于元宇宙、意识与人工智能部分的解析。

(三)人工牛黄的探索:实践中的认识演进

1.案例呈现

牛黄是一种名贵的中药材,始载于《神农本草经》,列为上品。牛黄来源于牛科动物黄牛的干燥胆结石,因其色黄,涂于指甲上能染黄且经久不退,故而得名。一般是在宰牛时剖开牛胆囊,观察胆囊、胆管及肝管中有无块状硬结即结石,有即牛黄,立即取出,用毛边纸包好,放入灯芯草或丝通草内阴干,忌风吹、日晒或火烘,以防碎裂或变色。待阴干后,取出,除去纸包,即得干牛黄。

历代本草、医籍记载牛黄苦、凉,归肝、心经,具有息风止痉、祛痰开窍、清热解毒等功效,擅长治疗温热病热闭心包、热极风动包括小儿急惊风引发的高热、神昏谵语、痉挛抽搐类病证,及心肝火旺导致的口舌生疮、咽喉肿痛、疔疮痈疽、头晕目赤等病证。如《本草通玄》中载:"牛黄……体轻气香,置舌上,先苦后甘,清凉透心者为真。"现代临床上牛黄应用也非常广泛,是安宫牛黄丸、六神丸、牛黄上清丸、牛黄解毒片、牛黄清心丸、牛黄降压丸等上百种中成药的配方中的主要原料之一。

然而由于天然牛黄产量极低,依赖进口,价格昂贵,也并不能满足临床需求,很早之前人们就开始研制人工合成牛黄代用品。据学者考证,早在我国南宋时期就有"猪胆合成牛黄"的文献记载。南宋陈衍在《宝庆本草折衷》牛黄条下记载:"艾原甫又言有猪胆合为牛黄,其色赤,皆不可用也。"据悉,艾原甫所著《本草集议》,乃"遴选近要药物,汇集唐慎微、寇宗奭诸书,复以己意,发越叙述条品,考订精详,议论明整"。故其所载"猪胆合为牛黄,其色赤"之说亦当属实,但当时这种人工牛黄并未被认可,所以"皆不可用"。说明在南宋时期已经有人开始考虑牛黄代用品。宋代盛行成药,出版了我国历史上第一部由政府编制的成药典《太平惠民和剂局方》,其中应用牛黄的成药有15种之多。这些都为当时人们创制人工牛黄提供了思路。

及至近现代,人工牛黄的研制工作始于20世纪50年代,因胆红素是天然牛黄中的主要成分,所以人工合成牛黄中胆红素是不可缺少的原料,1956年生产的初代人工牛黄是由胆红素、牛胆汁乙醇提取物和胆固醇组成的。此后,众多科研工作者夜以继日、坚持不懈地对人工牛黄的处方、标准进行了研究改进。最终,1998年我国颁布了人工牛黄的正式标准,规定了其处方配置。其后,2005年《中国药典》中又将贝斯素按照实际组成明确为牛胆粉(70%)、牛磺酸(30%),至此人工牛黄的配方才算彻底稳固下来。

目前,从性状上看,人工牛黄的颜色深黄,气味清香,口啖有"先苦后甜"的清凉感,用水涂一点在指甲上,可染黄指甲,且一时不易擦掉,均与天然牛黄的性状一致。药理研究也表明人工牛黄具有明显的解热、镇静、抗惊厥、降压、祛痰解痉及抗炎、抗肿瘤作用。而且人工牛黄价格便宜,生产稳定,故在临床上能够作为天然牛黄的替代品应用于痰热谵狂、神昏不语、小儿急惊风、咽喉肿痛、口舌生疮、痈肿疔疮等病症的治疗,缓解了天然牛黄长期紧缺的问题,满足了临床需求,已经成为我国重要的中成药原料之一。

（资料来源:蔡志超:《人工培育天然牛黄的研究报告》,《中草药》1981 年第 12 期;俞长芳编著:《胆汁、牛黄与动物结石》,中国医药科技出版社 1991 年版,第 94～177 页。)

2.案例指向

本案例可用于教材第二章第一节"实践与认识"部分的辅助教学,重点指向"实践的基本结构"和"实践对认识的决定作用"这两个知识点。

3.案例解析

本案例生动描绘了人类从发现牛黄到合成人工牛黄的历史实践过程,不仅反映出牛黄入药的历史情况,也为现代中医药研究提供了宝贵的历史资料。牛黄是一种来源于牛科动物胆结石的中药材。它首次被记载于《神农本草经》中,并被列为上品。根据历史记载,牛黄时常被用于多种疾病的治疗,如高热、神昏等。牛黄不仅是一种重要的中药材,而且历史悠久,涉及的知识领域广泛,在药材来源、历史背景、制作工艺、文化思想、临床应用和现代科学研究等方面均有涉及。

本案例重点回应了本章中关于实践问题的讨论,并直接指向本章中"实践的基本结构"和"实践对认识的决定作用"这两个知识点。古语有云:实践出真知。这实际上就是指实践与认识的关系。马克思主义认为,实践是人类生存和发展最基本的活动,是人类社会生活的本质,是人的认识产生和发展的基础,也是真理与价值统一的基础。实践决定认识,实践是认识的基础,实践在认识活动中起着决定性的作用。通过牛黄的案例,我们不仅能更深入地理解马克思主义科学实践观的基本结构,还能看到它是如何在真实世界中得到体现和应用的。

第一,实践的基本结构。实践是马克思主义的核心范畴。人的实践活动是以改造客观世界为目的的客观过程,是实践的主体与客体之间的相互作用,这种相互作用必须借助于一定的手段和工具,即实践的中介。实践的主体、客体和中介的有机统一构成了实践的基本结构。通过牛黄的案例,我们可以看到实践的主体、客体同中介之间的相互作用和依赖。在牛黄的发展历程中,实践的主体包括了历代中医学者、现代科学研究人员和相关制药工作者等。他们通过自身的知识、技术能力与资源进行医学和科学研究,深入理解并应用牛黄,不断推动人工牛黄的研发工作。实践的客体则是牛黄本身。它不仅作为药材广泛地应用于中医治疗,还成为现代科学研究的对象,特别是在研制人工牛黄的过程中。从实践的中介来看,在传统中医中,中介主要包括制药方法、治疗方案等。而在人工牛黄的研制过程中,中介则主要包括现代科研设备、化学材料、制药技术和生产工艺等。这些中介工具和手段使得实践主体能够作用于实践客体,推动从理论到实践的转化。

需要注意的是,由于实践的主体、客体和中介的不断变化发展,实践的基本结构也呈现出主体客体化与客体主体化的双向运动特征。一是主体客体化:最初,传统中医学者作为实践主体,对牛黄(客体)的理解和应用主要基于经验和观察。随着科学技术的发展,现代科研人员(新的主体)开始用科学方法研究牛黄,这导致牛黄的特性和用途被更深入地揭示。在这个过程中,原先的主体(中医学者)的经验和知识被转化成客体化的研究对象,即他们的观念和方法成为现代科研人员分析和批判的对象。二是客体主体化:原本作为被动接受应用的牛黄(客体),在科学研究过程中逐渐显露出其主动作用。研究牛黄的科学过程揭示了其复杂的化学成分和药理作用,这些新发现反过来影响了科研人员(主体)的研究方向和方法。牛黄的属性和潜力成为推动实践活动和认识发展的动力,体现了从客体到主体的转变。

第二,实践对认识的决定作用。马克思主义认识论认为,实践对认识的决定作用表现在以下四个方面:实践是认识的来源,实践是认识发展的动力,实践是认识的目的,实践是检验认识真理性的唯一标准。我们同样可以通过牛黄的案例来进行深入理解。从实践是认识的来源看,人类迄今为止关于牛黄的认识,都是在不断的实践中获得、深化的,没有实际的观察和应用,对牛黄的疗效的认识就不可能产生。正如毛泽东所指出的:"你要有知识,你就得参加变革现实的实践。你要知道梨子的滋味,你就得变革梨子,亲口吃一吃。"①从实践是认识发展的动力看,人们最初对牛黄的认识可能只是基于简单的观察,但随着更多的实践经验积累,人们开始探索牛黄的更多用途,研究其作用机制。在这个过程中,实践是不断推动对牛黄进行深入认识的"助推器"。从实践是认识的目的看,牛黄的应用和研究并非为了积累更深厚的理论知识,而是为了解决人们治疗疾病、改善健康的实际问题。从实践是检验认识真理性的唯一标准看,牛黄作

---

① 《毛泽东选集》第1卷,人民出版社1991年版,第287页。

为一种被广泛使用的药材,其有效性和安全性最终都需要通过实践来验证。这在人工合成牛黄的研发中尤为明显,只有通过不断的临床试验和实际应用,人工牛黄的疗效和安全性才得以确认。

此外,牛黄的使用并不局限于医学应用,其背后还反映出深刻的中华传统文化和哲学思想。在中医理论中,药材的使用与"阴阳五行"理论密切相关,这一理论体系认为自然界和人体健康的平衡与和谐至关重要。牛黄的使用,体现了中医追求体内平衡和疾病预防的思想。这种哲学观点强调人与自然和谐相处,重视对身体各系统的整体性调节,不仅强调系统的思维方式,还与现代整体医学理念有着奇妙的共鸣。由此,本案例还可延伸至第一章第三节中的"系统思维能力"这一知识点。此外,牛黄这一案例还涉及现代医药伦理的问题。人工合成牛黄的出现,使得传统医药和现代医药之间产生了相关伦理问题。如何在保留传统医学智慧的同时,引入现代科学技术,是当前医药发展中的一个重要议题。

(四)元素周期表发现背后的荆棘之路

1.案例呈现

一张不足几百字的表格,就能把物质世界深层次的秘密揭示出来,这就是元素周期表。元素周期表的问世,彻底改变了人类对自然界的看法,更促进了近代化学的发展。然而,回溯元素周期表的发现史,我们会发现,这是一个异常蜿蜒曲折、布满荆棘的探索过程。

1789年,法国化学家拉瓦锡发表了33种化学元素的名单(实际上只包含了23种元素),随后在欧洲掀起一股搜寻新元素的热潮,人们相继发现了60多种元素。在人们对现有元素进行详细研究的过程中,又出现了光谱技术,通过其发出的光,进行元素鉴定,极大地推动了化学学科的发展。

1860年,在德国卡尔斯鲁厄召开的国际化学会议上,科学家们统一了原子量的标定方式,并更正了一些元素的原子量。此时,已经有60多种元素被发现。然而,按照原子量来对元素进行排序,这种方式并没有揭示元素之间更深层次的关联。可见,当时构建元素周期表的难点在于,建立元素间的横向关系。如果谁先找到其中的规律,谁就能拿到打开"罗马"大门的钥匙。

科学家们纷纷开始寻找元素之间的内在联系,约翰·道尔顿曾尝试为元素制作表格并赋予符号,但其方法未能普及。约翰·纽兰兹发现了元素之间的"八音律"规律,即每隔七个元素,相似的性质会重复出现,但他并未就此展开深入研究。

1869年，门捷列夫发表了他的元素周期律。它基于一个大胆的观点：当元素按原子量排序时，它们的化学性质表现出一定的周期性。他将当时已知的63种元素写在卡片上，并根据化学和物理性质对它们进行排列，得出了元素周期表。这一周期表不仅重新排列了已知元素，还大胆地预测了一些尚未发现元素的存在和它们的性质。

最初，门捷列夫的理论并未得到广泛认可。当时的科学界对元素的性质和组成还了解有限，门捷列夫的预测看起来过于大胆，甚至有些异想天开。此外，他的周期表中还存在一些问题，比如有些元素的原子量似乎不符合他的排列顺序。然而，随着时间的推移，门捷列夫的预测被逐渐证实。新元素的发现，如镓（Ga）、锗（Ge），与门捷列夫的预测非常吻合。这些发现证明了他的周期律是正确的，并逐渐获得了国际科学界的认可。

门捷列夫的独到之处在于，他在周期表中预留了空位，预见到了某些尚待发现的元素。这不仅体现了他对化学规律深刻的洞察，而且显示了他超前的科学直觉。他不仅预测了这些未知元素的存在，还精准预测了它们的化学性质，这一切都在原子本质被完全解明之前完成。直到1913年，英国物理学家亨利·莫塞莱通过研究元素的X射线波长与原子序数的关系，证实了原子序数而非原子量才是元素周期性的真正基础。莫塞莱的研究为门捷列夫的元素周期表提供了更加坚实的科学基础，证实了原子序数是决定元素化学性质的关键因素。

除了实验数据的支持外，门捷列夫还不断完善他的周期表。他甚至调整了某些元素的原子量，以使它们更好地符合他的周期律，这些调整后来被证明是正确的。可以说，门捷列夫的元素周期表是化学历史上一个划时代的成就。他的贡献在于他不仅继承了前人的研究，而且以独创性的思考对元素进行了系统的分类，预见了未来化学元素的发现，为现代化学奠定了基础。

（资料来源：熊伟：《门捷列夫》，中国社会出版社1999年版。）

2.案例指向

本案例可用于教材第二章第一节"实践与认识"部分的辅助教学，重点指向"认识的本质"和"实践与认识的辩证运动及其规律"这两个知识点。

3.案例解析

本案例深入探讨了元素周期表背后的曲折探索历程，生动讲述了从元素的早期发现、基于原子量的初步排序,到门捷列夫创立其著名的元素周期表及其后续完善的过程。这一历程揭示了科学家们在发现元素、理解元素间关系等方面的不断尝试和创新。

本案例充分展示了科学发现的非线性过程,重点回应了本章第一节中"认识的本质与过程"部分的内容,并直接指向"认识的本质"和"实践与认识的辩证运动及其规律"这两个知识点。通过元素周期表的发现历程,我们可以更好地理解和把握辩证唯物主义认识论的关键内容,如科学的认识并非一蹴而就的,科学进步也绝非只是实验和观察的过程,更是对传统观念的挑战和更新。正是以门捷列夫为代表的科学家们持之以恒的坚持和创新,以及对未知领域的大胆预测,最终推动了整个科学领域的发展。

马克思主义认识论又被称作"辩证唯物主义认识论",它具有两个突出的特点:一是把实践的观点引入认识论,二是把辩证法应用于考察认识过程。这两个特点是明确认识本质和过程的关键。

首先,从本质上看,辩证唯物主义认识论认为,认识是主体在实践基础上对客体的能动反映,具有反映性和创造性两个基本特征。在元素周期表的发展过程中,早期化学家们的实践探索鲜明展现出认识的反映性。从拉瓦锡的33种化学元素名单开始,科学家们通过实验和观察,逐步增加了对元素种类的认识。随着新元素的发现和光谱技术的应用,他们积累了许多关于元素性质的知识,这些知识都从不同层面反映了客观世界的物质规律。门捷列夫的工作则突出展示了认识的创造性。他不仅总结了前人的研究成果,还积极发挥主观能动性通过推理和假设,创造性地提出了元素周期律。他的周期表不仅重新排列了已知元素,还预测了尚未发现的元素的存在和性质。要知道,当时科学界还未揭开原子的本质之谜。这种预测超出了当时的科学界对元素的普遍认识,显示了科学认识的创新和发展。

需要注意的是,反映和创造并非人类认识的两种不同本质,而是同一本质的两种不同功能,类似于一个硬币的两面性。创造离不开反映,创造存在于反映之中,创造过程是在相互联系的多个方面的反映基础上实现的;反映同样离不开创造,反映是在创造过程中实现的。门捷列夫的周期表之所以能够成功,得益于他对客观事物深层规律的正确反映和创造性的预见。如果没有早期科学家们关于元素的无数次实践经验,没有60多种元素的发现,门捷列夫不可能凭空创造出元素周期表。更重要的是,他不仅创造了一种新的元素排列体系,还预测了未发现元素的存在,在元素周期表中留出了可能性。因为他意识到某些特定元素是缺失的,还有待被发现,所以在表格中给这些待发现的元素留出了空间。随着时间的推移和新元素的发现,他的理论逐渐得到了验证和接受。这不仅体现了科学发现的递进性和创新性,而且充分彰显出认识反映性和创造性的辩证统一关系。

其次,从过程上看,认识不是一蹴而就的。一个完整的认识过程,是从实践到认识,再从认识到实践的循环往复以至无穷的辩证发展过程。从元素一开始被发现,到拉瓦锡的元素名单编制和后续科学家对新元素的发现,可以被视作元素周期表认识过程的起始阶段,即从实践到初步的感性认识。接着,随着更多元素的发现和光谱技术的引入,科学家们开始探索元素间的深层次关系。这是认识过程的深化阶段,科学家们不断反思和重构他们对元素的理解。道尔顿曾尝试为元素制作表格并赋予符号和约翰·纽兰兹提出"八音律"规律,都是这一阶段的产物。门捷列夫则在此基础上进一步发展出元素周期表,体现了从感性认识到更高层次的理性认识的转变。而后,门捷列夫的元素周期表和其预测得到了新元素发现的验证,这一过程又促进了科学实践的发展。莫塞莱的研究进一步明确了元素周期性的基础是原子序数而非原子量,这代表了从认识到实践的另一个循环。这一过程生动地展示了认识的辩证发展过程,即实践驱动认识的生成和发展,而新的认识又反过来指导实践,推动科学进步。

另外,通过一张不足几百字的表格,就能反映出物质世界深层次的规律,这不仅是非常奇妙的体验,更体现出客观物质世界的可知性。所以,本案例还可延伸到第一章第一节"世界的多样性与物质统一性",尤其是关于存在和思维、物质和意识是否具有同一性的问题,即思维能否正确地反映存在、人能否认识或彻底认识世界的问题。

(五)量子通信是否是绝对安全的通信方式

1.案例呈现

量子信息科学是融合了量子力学和信息技术而开拓出的新兴学科。它开创了与经典信息技术截然不同的新领域,尤其在量子通信技术方面取得了显著进展。

量子通信,作为量子信息学的一个重要分支,主要依赖于量子比特(qubits)来进行信息的传递。这些量子比特能够存在于多个状态的叠加中,这就是量子力学中的量子叠加原理。进一步地,当这个原理应用于两个粒子时,量子理论预测这两个粒子可以处于一种量子纠缠状态。这种状态意味着无论这两个粒子相隔多远,它们之间都存在一种超越经典物理的神秘联系。

在量子通信中,信息的传递是通过量子叠加态和纠缠效应来实现的。它基于量子力学中的三大原理——不确定性、测量坍缩以及不可克隆性。与传统的通信方式不同,量子通信拥有两条通信线路。其中一条是传统的信息传输线路,用于发送加密信息,而另一条则是专门用于传输纠缠光子,也就是量子密钥。这种密钥是独一无二的,只对当前传输的信息有效。更为重要的是,由于量子态的不可复制性,量子态的任何改变都会被立即检测到,任何窃听和破解计算都无从下手。这种在理论上无法被破解的特性确保了通信的绝对安全性,使得量子通信成为一种新型的、极具安全性的通信方式。

量子通信领域涵盖了三大核心技术:量子密钥分发(QKD)、量子随机数发生器(QRNG)以及量子隐形传态(QT)。其中,量子密钥分发(QKD)是实现经典信息安全传输的重要手段,也是量子通信领域中最早实用化的技术之一,为信息安全提供了新的方向。而量子隐形传态(QT)则巧妙地利用了量子纠缠与物理信息的转换,使得量子态能够在任意距离间进行传输。

可以说,量子通信是最先走向实用化的量子信息技术,不仅被应用于量子密钥分发、量子隐形传态等领域,而且预示着未来将会有更加广泛和深入的应用。从长远角度看,量子通信技术预示着信息技术的一个新时代。量子通信不仅可以用于构建高效安全的通信网络,还有潜力催生一系列全新的应用,如量子云计算、量子传感网络等。

然而,量子通信技术的产业化仍处于早期阶段。由于生产成本较高,目前量子通信产品的价格相对昂贵,限制了其大规模应用和推广。但随着相关技术的不断突破和成本的降低,预计量子通信产业将呈现出更加多元化的发展态势。

目前,中国在量子通信领域已经取得了显著的进展。例如,中国科学技术大学建立的跨越4600公里的天地一体化量子通信网络展现了中国在该领域的国际领先地位。同时,包括"京沪干线""墨子号"量子通信卫星在内的重大项目的成功实施,不仅证明了量子通信的可行性,而且标志着量子通信技术已经从理论走向实践。

（资料来源：林凯：《量子通信——绝对保密》，http://www.banyuetan.org/chcontent/zx/mtzd/201616/177331.shtml，访问日期：2024 年 11 月 10 日；中国科学院量子信息与量子科技创新研究院：《什么是量子通信？》，https://quantumcas.ac.cn/2023/0629/c34319a607373/page.htm，访问日期：2024 年 11 月 10 日。）

2.案例指向

本案例可用于教材第二章第二节"真理与价值"部分的辅助教学，重点指向"真理的绝对性和相对性"这一知识点。

3.案例解析

本案例讲述了量子信息科学的发展，尤其聚焦于量子通信技术的进步和中国在这一领域的重要成就。通过对量子通信的内涵、作用原理、核心技术等的描述，展示了如何将量子理论应用于提高通信的安全性。量子通信领域的理论探索和实际应用反映了我们对物理世界的深入理解，同时也展示了真理性认识的不断演进。

本案例说明了科学永远处在不断地发展和演化中，我们对客观世界的理解既有其确定性也有其不完善性和发展性。它重点回应了教材第二章第二节中"真理与价值"部分的内容，并直接指向"真理的绝对性和相对性"这一知识点。量子通信技术的发展不仅是对现代物理学的一次重大贡献，而且是对真理绝对性和相对性原理的一个生动例证。

马克思主义真理观认为，真理是一个过程。就真理的发展过程以及人们对它的认识和掌握程度来说，真理既具有绝对性，又具有相对性，它们是同一客观真理的两种属性，这是真理问题上的辩证法。任何真理都是绝对性和相对性的统一，二者相互联系、不可分割。

一是真理具有绝对性。真理的绝对性是指真理主客观统一的确定性和发展的无限性。这一特性在量子信息科学中体现得尤为明显。一方面，量子力学作为现代物理学的基石之一，提供了描述微观世界的基本规律。而量子通信技术正是依托于量子力学的核心原理，如量子叠加和量子纠缠，展现出这些原理的客观真实性和普遍适用性。这充分说明了真理标志着主观与客观相符合的绝对性，这种绝对性是不以人的意识为转移的。另一方面，量子力学作为一种真理性认识，其相关原理被应用于量子通信领域，如量子密钥分发（QKD）和量子隐形传态（QT），提供了新的、理论上无法被破解的通信方式。我国正是在充分理解和深化这些真理性认识的基础上，在量子通信领域取得了显著的进展。这意味着，人类关于量子力学的认识是在不断深化的，每将量子力学原理应用于一个新领域、一种新技术，都代表着我们更加接近客观物质世界的本质，这也是绝对的、无条件的。

二是真理具有相对性。真理的相对性是指人们在一定条件下对客观事物及其本质和发展规律的正确认识总是有限度的、不完善的。我们可以从认识的广度、深度和近似正确性三个方面来进行分析。

首先，从客观世界的整体来看，量子力学、量子通信都只是我们现阶段对客观物质世界本质的部分正确认识，这种认识由我们现在所处的社会生产力水平所决定，我们无法获得超出现有社会生产力水平之外的任何认识。同时，尽管量子力学为量子通信提供了理论基础，但在将这些理论应用到具体技术和实际设备时，我们对量子世界的理解仍需要不断深化和扩展。因此，我们已经达到的对量子世界的认识的广度是有限度的。

其次，从特定事物来看，量子通信最初是基于量子力学中的基本原理发展而来的，这些原理只涵盖了量子世界的一部分。随着量子通信技术的发展，如量子密钥分发和量子隐形传态，我们对量子力学在信息传输中的应用有了更深入的理解，但这依然只是量子物理的一部分应用。我们对量子世界的理解仍然是有限的、不完善的，量子力学中仍有许多未解之谜，如量子纠缠背后的深层机制。

最后，量子通信技术目前的发展还反映了我们对量子世界认识的近似性。量子通信技术的实际应用，如全球量子通信网络的建立和运行，的确在一定层次和一定程度上验证了现有量子理论的正确性。我们利用当前的科学理解设计相应的实验和技术，但这些设计是基于目前的理论框架和技术能力的。同时，因为量子通信产业化仍处于早期阶段，生产成本较高，相关产品的价格相对昂贵，所以量子通信的大规模应用和推广受到许多限制。我们只能获得一部分关于量子力学原理的相对正确的认识。当然，随着科学研究的深入和技术的发展，我们对量子力学的理解会不断深化，量子通信技术也将相应地得到完善和改进。

总的来说，量子信息科学和量子通信的发展不仅是科学技术领域的重要进步，而且为理解和应用马克思主义的多个基本原理提供了丰富的资源。例如，量子信息科学的进展可以被视为科技发展促进社会变革和进步的例证。因此，我们可以将本案例延展到第三章第一节"人类社会的存在与发展"，尤其适用于科学技术是第一生产力的分析。当然，本案例也可用于加深对历史唯物主义的理解。历史唯物主义强调社会存在（尤其是物质生产方式）对社会结构和社会意识的决定作用。从量子信息技术来看,其发展极有可能会引起生产力和生产关系的重大变革,进而影响整个社会的结构和发展方式。

(六)科学天才弗里茨·哈伯的真理与价值困境

1.案例呈现

他是诺贝尔化学奖得主,受万人敬仰,也是战争魔鬼,遭人唾骂。他既解决了当时的世界难题——氨的合成,让无数人免受饥饿的死亡威胁,又把自己发明的毒气弹推上战场,让无数人命丧黄泉。他就是德国化学家,天才与恶魔的双重化身——弗里茨·哈伯(Fritz Haber)。

哈伯于 1868 年 12 月 9 日出生于德国一个颇具名望的犹太人家庭中,家境富足。受到父亲在化工企业工作的影响,弗里茨从小就对化学产生了浓厚的兴趣。高中毕业以后,弗里茨先后到柏林、海德堡和苏黎世等大城市上大学。他不仅在学校里成绩优秀,还在上学期间就跑到工厂里去实习。

哈伯的科学事业开始于化学领域。他在柏林、海德堡和特雷斯顿学习,并在卡尔斯鲁厄的技术学校工作。他对化学的贡献最初集中在无机化学和电化学领域。但他最重要的科学贡献是在 20 世纪初发明了哈伯—波施法,这是一种从大气中提取氮并将其转化为氨的过程。这一发明对于人类历史具有重大意义。氨是制造硝酸盐和氨基酸的关键成分,而这些物质是合成肥料和炸药的基础。哈伯的这项工作极大地提高了农业生产力,让人类摆脱了只能依靠天然氮肥矿产资源的窘境,帮助解决了当时的食品短缺问题,被誉为"喂饱了世界"。正因为这一贡献,哈伯在 1918 年荣获了诺贝尔化学奖。

然而,哈伯的故事并不仅仅是科学成功。他在第一次世界大战期间,将他的才华用于德国的战争,特别是在化学武器的开发上。哈伯担任了化学兵工厂的厂长,负责研制、生产毒气弹。这些毒气弹被用于堑壕战当中,造成了近百万人的伤亡。他甚至亲自监督了 1915 年在伊普尔的第一次化学武器攻击。正是这次攻击,标志着现代化学战的开始。哈伯的这一行为在当时和之后引起了广泛的争议。他的妻子,克拉拉·伊梅尔瓦尔(Clara Immerwahr),也是一位化学家,对哈伯参与化学战的工作深感失望和愤怒。据说,这是她 1915 年自杀的一个重要原因。

在战后的岁月里,哈伯试图通过将战争中使用的化学技术转化为民用来赎罪。他参与了从海水中提取金的尝试,希望帮助德国偿还战争赔款。然而,这一尝试最终失败了。哈伯的生活在纳粹上台后进入了另一个转折点。尽管他曾为德国作出了巨大的贡献,但由于他的犹太血统,他在纳粹德国受到了排斥。1933 年,他被迫离开了在柏林的工作岗位,并最终流亡至英国,然后又迁至瑞士,最终因为心脏病逝世。

（资料来源:杨成章、司徒志雄编译:《诺贝尔化学奖金获得者》,福建教育出版社 1985 年版,第 67~69 页。）

2.案例指向

本案例可用于教材第二章第二节"真理与价值"部分的辅助教学,重点指向"真理的客观性"和"真理与价值的辩证关系"这两个知识点。

3.案例解析

本案例讲述了弗里茨·哈伯的复杂人生,他不仅是提高农作物产量的哈伯－波施法的发明者、诺贝尔化学奖得主,而且是在一战中化学武器开发的领导者。哈伯的故事集科技成就、伦理挑战与历史纠葛于一身,生动展示了科学探索与道德责任之间的深刻冲突。这说明了即便是具有显著科学成就的人物,如弗里茨·哈伯,也可能在其职业生涯中遭遇道德和伦理上的挑战。

本案例重点回应了教材第二章第二节中"真理与价值"部分的内容,并直接指向"真理的客观性"和"真理与价值的辩证关系"两个知识点。哈伯的故事反映出科学探索和技术进步不仅受制于科学真理的追求,还受到社会价值和道德标准的影响与制约,这一点在他同时担任提高农业产量的化肥发明者和一战中化学武器开发者的双重角色上表现得尤为明显。

马克思主义真理观认为,真理是标志主观与客观相符合的哲学范畴,且真理与客观事物之间的符合关系是建立在人类能动地改造客观世界的实践基础上的。以哈伯的故事为例,哈伯－波施法的发明是一个科学真理的发现,它证明了将大气中的氮气转化为氨是可能的,这在当时的科学领域是一个全新的认知。这个发明不仅基于哈伯对化学知识的深刻理解,也体现了他的创新和实验精神——这些都是人的主观能动性的体现。通过实践活动,哈伯验证了他的科学理论与实际中的化学反应相一致,即理论与客观世界的符合。

马克思主义还非常强调真理的客观性。也就是说,真理的内容是对客观事物及其规律的正确反映,真理中包含着不依赖于人和人的意识的客观内容。奇妙的是,与真理客观的本质属性相对,真理的形式又是主观的,主要通过概念、判断、推理等主观形式表达。哈伯的发明正确地反映了氮气和氢气在特定条件下可以合成氨的规律。这一发现是对自然界中存在的客观规律的揭示。也就是说,这个规律是哈伯发现的,但并不是他个人的主观意识所创造出来的,而是基于实验和观察得出的,这些实验和观察也可以被其他科学家重复并验证。而哈伯参与开发化学武器则展现了科学真理可以被应用于不同目的,被用于何处则取决于人的价值观、目标和选择。哈伯选择将他的化学知识应用于战争,这反映了人的主观能动性在科学真理应用中的重要作用,说明了我们不仅要揭示科学真理的客观性,还要积极思考真理如何被理解和应用。

在人类通过实践认识世界、改造世界的过程中,不仅存在主观符合客观的真理问题,而且存在按照主体的需要认识世界和改造世界的价值问题。马克思主义价值观认为,价值是反映主体和客体之间意义关系的哲学范畴,是客体对个人、群体乃至整个社会的生活和活动所具有的意义。可以看到,价值是由人主导的意义关系,因而时常和价值评价或价值判断联系在一起。对于哈伯的科学贡献和将科学发明应用于战争的行为,从不同的角度去衡量会得出不同的评判结果,这也是为什么人们对他的价值评价褒贬不一。这告诉我们,判断外在客体有无价值,必须明确"是对谁的价值"和"以谁的需要为尺度"。更重要的是,价值评价要以真理为根据,要有利于人类主体的生存和发展,显然,哈伯领导参与化学武器的开发是阻碍人类历史进步的做法。

因此,必须牢记,真理与价值、真理尺度与价值尺度是紧密联系、不可分割的辩证统一关系。人们的实践活动总是受着真理尺度和价值尺度的制约。一方面,人们只有按照真理办事,才能在实践中取得成功。从真理尺度看,哈伯的实践活动是成功的。他的发明基于氮固定的化学规律,符合科学的规律性,是对自然界客观规律的正确运用和理解。另一方面,人们在认识世界和改造世界的过程中都有自己的一套衡量尺度。从价值尺度看,哈伯的实践活动则具有复杂性。哈伯—波施法最初在提高农作物产量、解决食物短缺问题方面体现了积极的社会价值,为社会发展与进步作出了重要贡献。而当这项技术被用于制造化学武器时,其价值尺度就发生了变化,导致了严重负面的社会影响。因此,理解真理与价值辩证统一关系的时候,尤其要注意,任何实践活动都是在这两种尺度共同制约下进行的,任何成功的实践都是真理尺度和价值尺度的统一,是合规律性和合目的性的统一。

在哈伯的故事中，科学成就与道德伦理的冲突突出了社会发展中的主要矛盾，即科学技术的发展与其社会应用之间的矛盾。这种矛盾突出地体现了科学技术在造福人类的同时，也时常受到人们的价值观念和认识水平的影响。因此，哈伯的故事除了是理解马克思主义真理观和价值观的一个生动案例外，还能够延展到其他章节的重要知识点，如第一章第二节"事物的普遍联系和变化发展"中的"矛盾观"，第三章第二节"科学技术在社会发展中的作用"中的"正确把握科学技术的社会作用"。

(七)谷文昌的东山篇章，展现实事求是的力量

1.案例呈现

谷文昌，男，汉族，生于1915年，河南省林州市人，中共党员。1950年，他随解放军南下至福建省东山岛，先后担任东山县城关区委书记、县委组织部长、县长、县委书记。

因为离台湾岛较近，1950年5月，东山岛遭受了一场史无前例的"兵灾"：溃败的国民党残余部队从东山抓走了4700多名青壮丁去台湾。这些人的家属就成了"敌伪家属"。一方面是失去亲人的老弱妇孺，另一方面是阶级斗争的急风暴雨，如何对待他们成为一道难题。在县委会上，谷文昌阐明了自己的看法：共产党员要敢于面对实际，对人民负责。谷文昌及其战友们以超人的政治胆识与智慧，将他们改为"兵灾家属"，对他们在政治上不歧视，经济上予以照顾，受到全岛人民的拥护。

当时的东山县是一个非常贫困的海岛县，风沙肆虐，一年中刮6级以上大风的时间长达150多天，全岛188平方千米的土地上森林覆盖率仅为0.12％，自然环境极其严酷。当地农民一年到头缺吃缺烧，不少人只得端着破碗讨饭。面对东山县环境恶劣、资源匮乏、群众生活贫困的现实境况，谷文昌并未回避这些困难，而是直面挑战，决心改变现状。他下定决心率领群众战胜风沙，根治旱涝，让人民过上好日子。在多次失败面前，他发出誓言：如不治服风沙，就让风沙把我埋掉。

造林是治风沙最有效的办法。东山岛是一个海岛，造林首先必须找到适宜沿海种植的树种。为此，东山县委组成了由领导干部、林业技术员、老农三结合的实验小组，谷文昌亲任组长。他们"旬旬种树"，定时观察气候、湿度、风向、风力对新种木麻黄回青、成活的影响，终于摸清了规律，总结出了种植木麻黄的技术要点。每逢雨天，各级干部率领群众在百里海滩上摆开造林战场。至1964年，全县造林8.2万亩，400多座小山丘

和3万多亩荒沙滩基本完成绿化。177条每条宽50～100米、总长达194千米的林带,覆盖了东山大地,筑起了"绿色长城",战胜了危害东山人民的风沙,改变了东山旧貌,为今天的全面发展奠定了坚实的基础。

东山岛风高浪急,给群众生产生活带来了极大不便,1949年以前的一次翻船事故造成10人死亡。为了解决这一危及人民生命安全的重大难题,1960—1961年,县委、县政府带领全县人民筑起一条高16米、长600米的海堤,实现了自古以来东山人民"天堑变通途"的梦想。

谷文昌一心为民着想。人民生活贫困,他围海造田,兴修盐场;海岛干旱,他率领人民兴修水利;百姓交通不便,他开辟了几十里的公路;东山没有文娱场所,他多方筹资建起了剧场、影院;为了让群众听到广播,他亲自出面请盐场赞助,使东山成了当时福建省第一个村村通广播的县……他骑着自行车,带着锄头,哪里是百姓最关心的地方,他就在哪里现场办公。他把一把锄头整整磨短了5厘米,锄把换了3根。在他的带领下,东山县实现粮食亩产过千斤,群众称他为"谷满仓"。

1981年1月30日,谷文昌病逝于福建漳州,享年66岁。东山人民将他的骨灰埋葬在东山岛上,每逢敬宗祭祖的节日,"先祭谷公,后祭祖宗",深切怀念这位为东山人民造福的共产党人。

(资料来源:《永远活在人民心中的县委书记——谷文昌》,http://politics.people.com.cn/n/2015/0408/c395278-26813415.html,访问日期:2024年11月10日。)

2.案例指向

本案例可用于教材第二章第三节"认识世界和改造世界"部分的辅助教学,重点指向"一切从实际出发"和"实事求是"这两个知识点。

3.案例解析

本案例讲述了原东山县委书记谷文昌造福东山岛的故事。谷文昌运用实事求是的原则,克服自然和社会挑战,引领东山岛实现了从贫困落后到繁荣发展的转变。他不仅在实践中按照客观规律办事,关心并改善了当地居民的生活条件,还积极推动环境改善和经济发展,显示了他作为领导者的智慧、决心和对群众深切的关怀。

本案例重点回应了教材第二章第三节"认识世界和改造世界"部分的内容,并直接指向"一切从实际出发"和"实事求是"这两个知识点。谷文昌的故事不仅充分展示了一个中国共产党人应有的形象,也提供了实事求是原则在马克思主义指导下的具体实践案例,对理解和应用这一马克思主义基本原理具有重要意义。

运用马克思主义,必须从实际出发。一切从实际出发,就是要把客观存在的事物作为观察和处理问题的根本出发点,这是马克思主义认识论的根本要求和具体体现。在谷文昌的工作中,他时刻都把客观存在的事物作为出发点:他首先面对的是东山县的实际情况——贫困、自然条件恶劣、社会问题复杂。他并没有回避这些问题,而是直接以这些客观存在的困难作为工作的出发点。通过围海造田、兴修盐场,改善人民的贫困生活;率领人民兴修水利,缓解东山岛的干旱困境;开辟几十里的公路,解决百姓交通不便的问题。因此,他的所有决策和行动都是基于这些具体的实际条件,而不是建立在理想化或主观愿望上。

从实际出发,并不等于执着于僵死的事实。相反,要从变化发展着的客观实际出发,从特定的社会历史条件出发,按照客观世界的本来面目认识世界而不附加任何外来的主观成分。谷文昌在处理东山县的问题时,就充分考虑了特定的社会历史条件环境。比如在改变"兵灾家属"的称谓时,他考虑了社会环境和群众的实际感受,这不仅体现了对客观实际的深入理解,也显示了不施加外来主观成分的处理方式。他还根据变化发展着的客观实际,尤其具有前瞻性地带领人民完成了东山岛的绿化工作、交通建设,为东山岛未来的全面发展奠定了重要基础。

从根本上说,从实际出发就是要从客观事物存在和发展的规律出发,在实践中按照客观规律办事。在东山岛的绿化工作中,谷文昌遵循了生态环境改善和农业发展的客观规律。他的方法不是简单的行政命令,而是通过调动群众参与、综合考虑地理和气候条件等,这些都是按照自然和社会的客观规律来办事的鲜明体现。

同时,从实际出发,关键是要注重事实,从事实出发。中国共产党在领导人民进行革命、建设、改革的长期实践中,逐步形成和确立了一条正确的思想路线,其基本内涵是一切从实际出发,理论联系实际,实事求是,在实践中检验和发展真理。其中,实事求是是这条思想路线的核心。谷文昌的工作和成就,是中国共产党一切从实际出发、实事求是思想路线的生动体现。他在东山岛的实践展现了注重事实、从事实出发的重要性,这与中国共产党在领导革命、建设、改革中形成的正确思想路线高度一致。这主要体现在以下三个方面:

第一,注重事实基础。谷文昌经常深入基层田间,东山的山山水水闪动着他的身影,村村寨寨留下他的足迹,他的决策正是基于他实践中感受到的实际情况,而不是套用空洞的理论。第二,理论联系实际。谷文昌在处理各种问题时,始终在马克思主义理论指导下展开工作,并积极将马克思主义基本原理与东山岛的实际情况相结合。第三,将实事求是作为推动发展的动力。在谷文昌的领导下,东山岛的各项改革都是在实事求是的原则下进行的。更重要的,他不仅关注当前的问题,还着眼于长远的发展,这彰显出实事求是不仅是解决问题的方法,也是推动发展的动力。

从福建到浙江到中南海,习近平总书记多次提过谷文昌,还在一篇题为《"潜绩"与"显绩"》的文章中,称赞他"在老百姓心中树起了一座不朽的丰碑"。[①] 谷文昌对党忠诚的政治品格、一心为民的公仆情怀、实事求是的工作方法、大公无私的革命家风,永远都是中国共产党的宝贵精神财富。在谷文昌的毕生工作中,干部找他汇报工作,群众找他反映问题,什么时候都不烦,三更半夜也不嫌,群众想什么,就带领群众干什么,以实际行动体现着共产党员的先进性。因此,本案例还可延展到第三章第三节"人民群众在历史发展中的作用",尤其是用于深化对"无产阶级政党的群众路线"的理解。

(八)福建长汀水绿山青,理论与实践共创新

1.案例呈现

长汀,古称"汀州",地处福建省西部、武夷山南麓。这一地区是一块著名的革命老区土地,也曾是我国南方红壤区水土流失最为严重的地区之一。这片曾经荒凉的红土地,在改革开放和生态治理的努力下,经历了一场显著的转变,由曾经的"光头山"荒地变成了"绿水青山"的生态宜居地,成为中国乃至世界水土流失治理的一个典范,为世界生态文明建设贡献了中国智慧和中国方案。

早在中华人民共和国成立之前,长汀就已拉开治理水土流失的序幕。然而,近半个世纪的治理历程跌宕起伏,未见明显成效。到了20世纪80年代初,长汀全县水土流失面积仍占全县土地面积的近1/3,赤裸的红土山远看像团团灼烧的火焰,"山光、水浊、田瘦、人穷",百姓深受其苦。

改革开放为这道历史难题的破解带来了历史机遇,地方党委政府带领人民群众总结出了水土保持"三字经"。1996—2001年,时任福建省领导的习近平同志多次到长汀调研,对当地的水土流失治理工作作出科学指导,将"开展以长汀严重水土流失区为重点的水土流失综合治理"列为

---

① 习近平:《之江新语》,浙江人民出版社 2007 年版,第 108 页。

为民办实事项目之一,彻底扭转了水土流失的状况。到中央工作后,他又两次作出重要指示,强调"进则全胜,不进则退",要持续加强长汀水土流失治理。

在省市的全力扶持下,长汀县用史无前例的力度,采用封山育林、改良植被、补贴烧煤、发展绿色产业、转移农村剩余劳动力和生态移民外迁等措施,开展大规模水土流失治理,长汀的生态环境得到了根本性改善。

党的十八大以来,长汀牢记习近平总书记嘱托,十年磨一剑,深入探索生态富民的实现路径,发展林下经济、苗木经济、生态旅游等产业,将一座座"火焰山"变成了"花果山",将贫困县变成幸福乡。截至2020年年底,长汀水土流失率降低至6.78%,森林覆盖率提高至80.31%,农村居民人均可支配收入提升至18149元,用生动实践诠释了习近平总书记"生态兴则文明兴"的科学论断。

2017年,长汀成为第一批国家生态文明建设示范县和"绿水青山就是金山银山"实践创新基地。2020年,长汀县水土流失综合治理与生态修复成功入选联合国《生物多样性公约》第十五次缔约方大会(COP15)生态修复典型案例,"长汀经验"开始走向世界。

除了环境治理,长汀县还通过发展绿色经济、推进农业现代化,试图在更高的起点上打造"长汀经验"升级版。近年来,长汀县以列入"全国农民合作社质量提升整县推进试点县"为契机,扎实推进"党建+"合作社,走出一条党建引领富民强村的乡村振兴新路径。

著名的闽西革命老区基点村梅迳村,充分发挥基层党组织优势,积极探索"党建+合作社+村民"模式,助推产业发展。成立"闽乡愁农村合作社",广邀党员、村民共同加入,尝试引入种植黄精、糖蔗等特色种植产业,共同探索本村产业发展新道路。

曾经号称长汀"西伯利亚"的寨头村,通过成立村党支部领办合作社,将种植大户、集体、群众利益与合作社发展紧紧捆绑在一起,与福建农林大学国家甘蔗工程技术研究中心签订"红糖产业"战略合作框架协议,打造"景观打造+高产出+轮种"一举三得的生态农业模式。

(资料来源:林默彪、郭为桂:《美丽中国的县域样本 福建长汀生态文明建设的实践与经验》,社会科学文献出版社2017年版,第1~43页。)

2.案例指向

本案例可用于教材第二章第三节"认识世界和改造世界"部分的辅助教学,重点指向"坚持守正创新,实现理论创新和实践创新的良性互动"这一知识点。

3.案例解析

本案例讲述了福建长汀从"浊水荒山"到"绿水青山"的治理变革之路。长汀的治理和改革不仅是对生态文明建设的一次成功实践,而且是实现绿色发展、提升人民生活质量的范例。它说明了在科学理论的指导下,通过科学治理和合理规划,可以有效地克服环境挑战,实现可持续发展。

本案例重点回应了教材第二章第三节"认识世界和改造世界"部分的内容,并直接指向"坚持守正创新,实现理论创新和实践创新的良性互动"这一知识点。长汀的治理经验不仅在国内得到了广泛的推广,而且受到了国际社会的认可。从"浊水荒山"到"绿水青山"的转变,不仅为世界生态文明建设贡献了中国智慧和方案,而且证明了生态治理与经济发展并非矛盾对立,而是可以相辅相成的。长汀的实践证明,理论创新和实践创新的良性互动是推动社会进步和生态文明建设的关键。

认识世界和改造世界是人类创造历史的两种基本活动。马克思主义强调,人类认识世界和改造世界的过程,是一个不断坚持守正创新,并努力实现理论创新和实践创新良性互动的过程。

守正创新就是坚持守正与创新的辩证统一。所谓守正,就是坚持实事求是,坚持真理性认识,坚持正确政治方向。守正是创新的基本前提,也是创新的可靠保障。长汀从"山光、水浊、田瘦、人穷"的水土流失之地到成为世界生态修复的典范,首先,坚持了马克思主义"自然生态平衡对社会生活起着重要作用""人类与自然和解"等科学认识的指导。其次,充分贯彻了环境保护和可持续发展理念。长汀的治理过程坚持科学方法和原理,注重生态平衡和可持续发展,展现了对真理性认识的坚持。不仅如此,长汀的治理过程还始终坚持正确的政治方向,即中国共产党坚持人民至上、以人民为中心的发展思想。习近平同志的指导思想和批示强调了这一方向,指明了治理工作的重要性和紧迫性,也为长汀的治理提供了明确的政治指导。正是在此基础上,长汀才能通过发展绿色经济、推进农业现代化,在更高的起点上打造"长汀经验"升级版,推动乡村振兴的创新与发展。

所谓创新,就是坚持解放思想,破除与客观事物进程不相符合的旧观念、旧模式、旧做法,发现和运用事物的新联系、新属性、新规律,更有效地认识世界和改造世界。长汀县的水土流失治理和生态改革案例,是对创新定义的生动实践。长汀水土流失治理实践建立在对旧有治理方法的反思基础上,正是认识到了传统方法无法解决长期以来的水土流失问题,所以地方政府和人民群众积极寻求新的解决方案,体现了解放思想的必要性。而后,长汀能够推进乡村振兴建设,加快农业农村现代化发展,关键在于发展思路的转变。在深入改善生态的同时,长汀的改革实践突破了传统农村发展的旧模式,扎实推进"党建+"合作社,坚持党建引领乡村振兴的新模式,摒弃了生态环境与经济发展相冲突的旧思想。通过发展与自然和谐共生的经济活动,长汀实现了生态、经济和文明的共同发展。这种创新不局限于技术层面,更涵盖了政策、社会管理和文化等方面的深层次变革,是解放思想、敢于创新的生动体现。

那么,如何更好地创新呢?归根结底,人类在认识世界和改造世界中的创新活动主要是理论创新和实践创新两个方面。理论创新和实践创新不是孤立进行的,而是在与另一方的互动中完成的,二者相互促进、辩证统一。要想进行科学的理论创新,就需要实现理论创新与实践创新的良性互动。一方面,实践创新为理论创新提供不竭的动力源泉。长汀改变了传统的治理方式,探索出封山育林、改良植被、补贴烧煤、发展绿色产业、转移农村剩余劳动力等一系列创新方案,不仅解决了当地的环境问题,而且推动了新的生态保护和可持续发展,为理论创新提供了丰富的实践经验和数据支持。另一方面,理论创新为实践创新提供科学的行动指南。习近平生态文明思想,特别是"绿水青山就是金山银山"的理念,为长汀县的治理提供了科学的行动指南。在科学理论的引领下,长汀逐步创造了生态、经济双赢的新模式。这不仅论证了习近平总书记"生态兴则文明兴"论断的科学性与创新性,更为后续长汀的实践探索提供了正确方向。

总之,长汀经验展示了理论创新与实践创新之间相互激发、共同促进的良性互动关系。实践中的新发现和新方法丰富了理论的内容,而理论的创新又不断指导和优化实践,推动了社会的全面和可持续发展。这种良性互动体现了理论与实践相结合的重要性,是马克思主义理论发展和社会实践不断前进的生动例证。正如习近平总书记所强调的,"要根据时代变化和实践发展,不断深化认识,不断总结经验,不断进行理论创新,坚持理论指导和实践探索辩证统一,实现理论创新和实践创新良性互动,在这种统一和互动中发展 21 世纪中国的马克思主义"①。

四、延伸阅读

1.《马克思恩格斯文集》第 1 卷,人民出版社 2009 年版。

2.《马克思恩格斯文集》第 9 卷,人民出版社 2009 年版。

3.《列宁选集》第 2 卷,人民出版社 2012 年版。

4.《毛泽东选集》第 1 卷,人民出版社 1991 年版。

5.习近平:《在哲学社会科学工作座谈会上的讲话》,人民出版社 2016 年版。

6.习近平:《在纪念马克思诞辰 200 周年大会上的讲话》,人民出版社 2018 年版。

7.欧阳康:《社会认识论导论》,中国社会科学出版社 2010 年版。

8.唐正东:《"两个结合"视域下〈矛盾论〉对马克思主义认识论的创新发展》,《广西大学学报(哲学社会科学版)》2023 年第 3 期。

9.《实践是检验真理的唯一标准》,《光明日报》1978 年 5 月 11 日。

10.习近平:《深刻感悟和把握马克思主义真理力量》,http://cpc.people.com.cn/n1/2018/0424/c64094-29947144.html,访问日期:2024 年 4 月 13 日。

11.中共中央办公厅:《关于在全党大兴调查研究的工作方案》,https://www.gov.cn/zhengce/2023-03/19/content_5747463.htm?eqid=d6696e35000178ca00000004645717a2,访问日期:2024 年 4 月 13 日。

五、拓展研学

建议学生组成学习小组,结合以下选题,通过搜集文献、案例,开展辩论等形式,进行进一步深入探讨,并形成研学报告。

1.新质生产力:未来产业革命的新动能

(1)研究内容:理解什么是新质生产力,探讨新质生产力的主要内涵、表现形式、创新之处以及发展对策。

(2)讨论方向:分析新质生产力如何赋予经济高质量发展新动能,思

---

① 习近平:《辩证唯物主义是中国共产党人的世界观和方法论》,《求是》2019 年第 1 期。

考"新质生产力"的高频出现释放了中国发展的哪些重要信号。

2.虚拟实践中的认识过程:新知识的产生与挑战

(1)研究内容:研究在虚拟实践中,如何通过模拟、实验和交互来生成新知识。

(2)讨论方向:分析虚拟技术在教育、科学研究和技术创新中的应用,及其对知识产生和传播方式的影响。

3.数字化转型下的中医药发展

(1)研究内容:研究在数字技术、大数据和人工智能等新兴技术驱动下,中医药行业的发展趋势。

(2)讨论方向:探索中医药在电子健康记录、远程诊疗、智能药物研发等领域的应用前景。

4.人工智能时代的认识论挑战:以 ChatGPT 为例

(1)研究内容:探讨人工智能如 ChatGPT 在当前知识体系中的位置,及其对传统认识论的挑战。

(2)讨论方向:分析人工智能在模拟人类认知、产生新知识和处理大数据方面的能力,探讨这些能力对传统的人类中心主义认识论的影响。

5.热技术下的冷思考:科技与人文何以共筑智能社会

(1)研究内容:探讨人文价值在智能社会的重要性,及其在引导科技发展和应用中的作用。

(2)讨论方向:分析人文学科如何影响科技设计、应用和政策制定,以及人文精神如何助力形成更加公平、包容和可持续的智能社会。

6.如何看待科学探索与道德伦理之间的辩证关系

(1)研究内容:探讨科学探索过程中出现的伦理道德问题,以及科学进步对社会道德准则的影响。

(2)讨论方向:分析在追求科学知识和技术创新的过程中,如何平衡伦理道德考量,特别是在生命科学、人工智能等领域中,并讨论如何制定和实施有效的伦理指导原则。

7.福建长汀的绿色转型带来了哪些启示

(1)研究内容:实地考察福建长汀的生态改革实践,并进一步思考如何通过绿色政策和可持续发展策略促进生态、经济和文明的共同发展。

(2)讨论方向:探讨长汀经验如何为其他面临类似环境问题的地区提供借鉴,特别是在实现环境保护和经济可持续发展之间的平衡。

8.如何理解实事求是思想路线与马克思主义认识论的关系

(1)研究内容:探讨实事求是作为中国共产党的思想路线与马克思主义认识论之间的联系和区别。

(2)讨论方向:分析实事求是思想路线如何体现马克思主义关于客观真理和实践的基本原理。探讨在当代中国社会生活和政治实践中,如何贯彻实事求是的原则,特别是在政策制定、社会治理和科学研究等方面。

第三章　人类社会及其发展规律

一、教学主要目标

　　唯物史观是马克思一生中最伟大的两个发现之一。本章主要引导学生学习和把握历史唯物主义的基本原理,着重了解社会存在与社会意识的辩证关系、社会基本矛盾及其运动规律、文明及其多样性、社会发展的动力以及人民群众和个人在社会历史中的作用,提高运用历史唯物主义正确认识历史和现实、正确认识社会发展规律的自觉性和能力。本章的教学重难点在于引导学生理解马克思唯物史观的基本观点,学习和掌握马克思主义的社会历史理论。通过对社会存在与社会意识的辩证关系、社会基本矛盾及其运动规律、世界历史的形成发展、文明及其多样性、社会历史发展的动力、人民群众和个人在社会历史中的作用等内容的学习,帮助学生理解马克思关于人类社会及其发展规律的基本观点。

　　在知识层面,本章主要引导学生理解马克思唯物史观的基本概念和核心观点,能够区分唯心史观与唯物史观的根本不同,厘清社会存在与社会意识的辩证关系,了解社会基本矛盾及其运动规律、了解世界历史形成与发展的内在逻辑,体会文明的多样性。在能力层面,本章主要引导学生运用唯物史观的基本观点来正确认识历史和现实,善于从社会基本矛盾、阶级斗争、社会革命、改革、科技革命以及文化等因素出发,分析历史事件和社会现象的产生根源。在价值层面,本章积极引导学生意识到人民群众在创造历史中的决定性作用,从而增强学生对社会进步的责任感和参与意识。同时,基于社会形态更替中的必然性与历史选择性的辩证关系,培养学生理解和尊重不同社会形态的包容性态度,从而提升对社会历史发展规律的认识和理解,培养批判性思维和社会责任感。

二、教学重难点

根据上述线索,本章内容教学尤其要注重引导学生深入学习把握以下重难点问题:

(一)生产力的基本要素是什么? 如何理解生产力与生产关系的矛盾运动及其规律?

(二)如何理解物质生产活动对社会基本结构、性质与面貌的决定作用?

(三)唯物史观如何看待社会存在与社会意识的辩证关系?

(四)如何理解"世界历史"概念? 普遍交往与世界历史形成之间有何种关系? 世界历史形成和发展的基础是什么?

(五)文明与文化概念之间有什么关系? 如何理解文明的多样性?

(六)文化在社会发展中起到何种作用? 现时代为何要实现对中华优秀传统文化的创造性转化和创新性发展?

(七)改革如何起到推动社会发展的作用? 如何正确认识和运用科学技术?

(八)群众史观与英雄史观的本质区别是什么? 怎样看待人民群众的历史作用?

围绕以上重难点问题,本章有针对性地选取了相应教学案例,希望结合案例分析,使学生从总体上学习理解和全面把握马克思主义的历史唯物主义的基本原理,深刻领悟历史唯物主义是"现实的人及其历史发展的科学"。

三、教学案例

(一)新质生产力与社会基本矛盾运动规律

1.案例呈现

新质生产力,是2023年9月习近平总书记在黑龙江考察调研期间首次提到的新的词语,强调整合科技创新资源,引领发展战略性新兴产业和未来产业,加快形成新质生产力。在随后召开的新时代推动东北全面振兴座谈会上,习近平总书记再提"新质生产力"这一概念,强调指出:"积极培育新能源、新材料、先进制造、电子信息等战略性新兴产业,积极培育未来产业,加快形成新质生产力,增强发展新动能。"2023年12月召开的中央经济工作会议提出,要以科技创新推动产业创新,特别是以颠覆性技术和前沿技术催生新产业、新模式、新动能,发展新质生产力。中共中央政治局2024年1月31日下午就扎实推进高质量发展进行第十一次集体学习。习近平总书记在主持学习时强调,必须牢记高质量发展是新时代的硬道理。在这次集体学习中,习近平总书记全面系统阐释了新质生产力的重要概念和基本内涵,并就如何推动新质生产力加快发展提出明确指引。

什么是新质生产力?此次集体学习进一步作出阐释。

总体定义:概括地说,新质生产力是创新起主导作用,摆脱传统经济增长方式、生产力发展路径,具有高科技、高效能、高质量特征,符合新发展理念的先进生产力质态。它由技术革命性突破、生产要素创新性配置、产业深度转型升级而催生。以劳动者、劳动资料、劳动对象及其优化组合的跃升为基本内涵,以全要素生产率大幅提升为核心标志。特点是创新,关键在质优,本质是先进生产力。

2024年3月5日,全国两会上,习近平总书记在参加江苏代表团审议时强调,发展新质生产力不是要忽视、放弃传统产业,要防止一哄而上、泡沫化,也不要搞一种模式。各地要坚持从实际出发,先立后破、因地制宜、分类指导,根据本地的资源禀赋、产业基础、科研条件等,有选择地推动新产业、新模式、新动能发展,用科技改造提升传统产业,积极促进产业高端化、智能化、绿色化。

(资料来源:《习近平的新质生产力"公开课"》,https://www.peopleapp.com/column/30043719773-500005191137,访问日期:2024年4月8日。)

2.案例指向

本案例主要指向教材第三章第二节"社会基本矛盾及其运动规律",主要通过对"新质生产力"的分析,帮助学生理解"生产力"的概念及其基本要素,理解"生产力与生产关系的矛盾运动及其规律"。

3.案例解析

本案例来自习近平总书记提出的"新质生产力"概念,该概念于2023年9月首次提出,此后习近平总书记在不同场合多次就"发展新质生产力"作出重要论述、提出明确要求。2024年3月5日,习近平总书记在参加江苏代表团审议时强调,因地制宜发展新质生产力。习近平总书记的重要论述,丰富发展了马克思主义生产力理论,深化了对生产力发展规律的认识。

这一案例回应了第三章第二节"社会基本矛盾及其运动规律",具体涉及"生产力与生产关系的矛盾运动及其规律"。

首先,生产力是人类在生产实践中形成的改造和影响自然以使其适合社会需要的物质力量。它是人们在物质生产活动中形成的解决社会同自然之间矛盾的实际能力。生产力具有客观现实性和社会历史性。案例中的"新质生产力"是由技术革命性突破、生产要素创新性配置、产业深度转型升级而催生的先进生产力质态,代表着先进生产力的演进方向。

生产力是结构复杂的系统,其基本要素包括劳动资料、劳动对象和劳动者。

第一,劳动资料是人们在劳动过程中所运用的物质资料或物质条件,其中最重要的是生产工具。人们解决社会同自然矛盾的实际能力如何,主要取决于生产工具的质量和数量,生产工具是区分社会经济时代的客观依据。马克思指出:"各种经济时代的区别,不在于生产什么,而在于怎样生产,用什么劳动资料生产。"①因此,更高技术含量的劳动资料是新质生产力的动力源泉。尤其是生产工具的科技属性强弱是辨别新质生产力和传统生产力的显著标志。如今,新一代信息技术、先进制造技术、新材料技术等融合应用,孕育出一大批更智能、更高效、更低碳、更安全的新型生产工具,进一步解放了劳动者,削弱了自然条件对生产活动的限制,极大拓展了生产空间,为形成新质生产力提供了物质条件。

第二,劳动对象是指人们通过劳动对之进行加工,使之成为具有使用价值、以满足社会需要的那一部分物质资料。一切自然物质都是可能的劳动对象,其中引入生产过程的部分则是现实的劳动对象。现实的劳动对象还包括生产深度加工的对象。劳动对象是现实生产的必要前提。新质生产力以更广范围的劳动对象作为其物质基础。得益于科技创新的广度延伸、深度拓展、精度提高和速度加快,新质生产力的劳动对象种类和形态大大拓展。比如,数据作为新型生产要素成为重要劳动对象,既直接创造社会价值,又通过与其他生产要素的结合、融合,进一步放大价值创造效应。

第三,劳动者是具有一定生产经验、劳动技能和知识,能够运用一定劳动资料作用于劳动对象,从事生产实践活动的人。劳动者是生产力中

---

① 《马克思恩格斯文集》第5卷,人民出版社2009年版,第210页。

最活跃的因素,人类智慧和能力的发展决定着对物质资源开发的深度和广度。劳动者一般包括体力劳动者和脑力劳动者。案例中的新质生产力对劳动者的知识和技能提出更高要求,更高素质的劳动者是新质生产力的第一要素。因此,当前要按照发展新质生产力要求,畅通教育、科技、人才的良性循环,完善人才培养、引进、使用、合理流动的工作机制。要根据科技发展新趋势,优化高等学校学科设置、人才培养模式,为发展新质生产力、推动高质量发展培养急需人才。

劳动者、劳动资料、劳动对象和科学技术、管理等要素,都是生产力形成过程中不可或缺的。只有生产力诸要素实现高效协同,才能迸发出更强大的生产力。

其次,在唯物史观视野中,生产力和生产关系是社会生产不可分割的两个方面。在社会生产中,生产力是生产的物质内容,生产关系是生产的社会形式,二者的有机统一构成社会的生产方式。生产力与生产关系的相互关系是生产力决定生产关系,而生产关系又反作用于生产力。生产力与生产关系的相互作用是一个过程,表现为二者的矛盾运动。这种矛盾运动中内在的、本质的、必然的联系,就是生产关系一定要适合生产力状况的规律。马克思指出:"随着新生产力的获得,人们改变自己的生产方式,随着生产方式即谋生的方式的改变,人们也就会改变自己的一切社会关系。"①

新质生产力作为一种新的生产力质态的形成和发展,必然导致现代社会生产关系的变革。习近平总书记在中共中央政治局第十一次集体学习时强调:"发展新质生产力,必须进一步全面深化改革,形成与之相适应的新型生产关系。要深化经济体制、科技体制等改革,着力打通束缚新质生产力发展的堵点卡点,建立高标准市场体系,创新生产要素配置方式,让各类先进优质生产要素向发展新质生产力顺畅流动。同时,要扩大高水平对外开放,为发展新质生产力营造良好国际环境。"在科技作为第一生产力这样一个全新的复杂生产力和生产关系的系统中,传统社会的生产关系已经远远不能满足现代科技生产力与虚拟现实社会发展的急切需求,生产关系的变革因此已经是一个推动新时代高质量发展的紧迫命题。

最后,本案例还可以延伸到"科学技术是生产力中的重要因素"的理解和深化。科学技术是生产力中的重要因素。科学技术能够应用于生产过程,与生产力中的劳动资料、劳动对象和劳动者等因素相结合而转化为

---

① 《马克思恩格斯文集》第 1 卷,人民出版社 2009 年版,第 602 页。

实际生产能力。科学技术是先进生产力的集中体现和主要标志,是第一生产力。本案例体现了科技创新能够催生新产业、新模式、新动能,是发展新质生产力的核心要素。必须加强科技创新特别是原创性、颠覆性科技创新,加快实现高水平科技自立自强,打好关键核心技术攻坚战,使原创性、颠覆性科技创新成果竞相涌现,培育发展新质生产力的新动能。同时,本案例也体现出,作为社会动力因素,生产力是社会基本矛盾运动中最基本的动力因素,是人类社会发展和进步的最终决定力量。生产力是社会进步的根本内容,是衡量社会进步的根本尺度。

(二)社会意识的变迁:从"消费主义"到"消费理性"

1.案例呈现

消费主义时代,无孔不入的商业信息随时随地影响着我们的决策。很多时候,我们下单的那一刻,分不清到底是真实的需求,还是为了满足自己的购物欲望。当消费过度引发焦虑时,一些年轻人开始意识到生活里出现的异常,他们试图用自己的行动来抵制铺天盖地的购物狂欢,以及那些被煽动起来的焦虑情绪。

在豆瓣的"不要买|消费主义逆行者"小组里,超过30万人组成了"反消费主义"联盟。这群年轻人比别人更早注意到生活里出现的异常,他们想要用自己的行动来抵制铺天盖地的购物狂欢,以及那些被煽动起来的焦虑情绪。

与"抠门小组""攒钱小组"不同,"不要买|消费主义逆行者"小组并不代表不消费。几十万组员有着共同的目标:抵制智商税商品、伪需求,以及市场煽动起来的焦虑情绪。他们比别人更早意识到生活里次第出现的异常。有年轻的组员晒出50多万元的购物消费单;有人倾诉自己年近三十,一点儿存款也没有攒下;有人沉迷于过度消费之后,陷入物质带来的焦虑,反而加剧了躁郁症。

在互联网放大了消费主义的背景下,年轻一代的消费观念出现"撕裂":一方面,超前消费、借贷消费的情况依然存在;另一方面,同样有相当部分的年轻人,开始认识到消费主义的陷阱,走向"反消费主义"的道路。"不要买|消费主义逆行者"这类群组的出现,体现了在消费主义盛行之下,一部分年轻人消费观念的回归与成熟。

(资料来源:《30万年轻人在豆瓣小组反"消费主义"》,https://www.jiemian.com/article/6542158.html,访问日期:2024年8月30日。)

2.案例指向

本案例主要指向教材第三章第一部分内容"社会存在与社会意识"，主要通过从"消费主义"到"消费理性"这一消费观念的变化，反映社会意识的变迁，引导学生理解社会存在与社会意识的辩证关系。

3.案例解析

本案例描述了当代年轻人的消费观念从"消费主义"热潮转向"不要买|消费主义逆行者"的变化，回应了教材第三章第一部分内容"社会存在与社会意识"。

社会存在是指社会物质生活条件，是社会生活的物质方面。物质生产方式是社会存在和发展的基础及决定力量。社会意识是社会存在的反映，是社会生活的精神方面。社会存在和社会意识是辩证统一的。社会存在决定社会意识，社会意识是社会存在的反映，并反作用于社会存在。

首先，社会存在是社会意识内容的客观来源，社会意识是社会物质生活过程及其条件的主观反映。社会意识是人们进行社会物质交往的产物。社会意识是具体的、历史的。本案例中，从"消费主义"到"消费理性"的观念变化，体现了社会意识的变化。这种社会意识的变化，实际上是由于社会存在的变化。自 1978 年改革开放以来，中国经济社会经历了 40 多年的快速发展与高速增长，这样一种经济社会的发展节奏在一定程度上塑造了几代人对生活世界的确定性认知图式。这一时期的社会存在表现为经济繁荣、生产力的提高。在我国经济高速发展时期，人民生活水平快速提升，与之相伴的是在消费领域出现了从"从苦行者社会"到"消费者社会"的转型。这场转型过程不是停留在消费能力、消费欲望以及消费文化等层面，而是涉及消费主义在中国社会中的兴起与弥散。与此同时，在广告、媒体、电商平台的推动下，消费成为社会的主要驱动力。一些重要的西方节日或传统节日变成了"购物节"或"消费节"，成为消费主义的载体。

近年来，全球经济形态和消费市场状况都发生了深刻的变化。当代年轻人在生活方式与价值观念层面也发生了微妙变化。他们开始出现对过度消费的反思，更加注重理性消费，注重产品质量、可持续性和社会责任。一部分青年群体开始倡导和践行"反向消费""理性消费"，本案例中的"不要买|消费主义逆行者"就是这一消费观念的体现。同时，在思想观念上，社会价值逐渐转向更为理性、可持续的消费观念，"消费主义"逐渐让步于"消费理性"，社会意识变得更加理性，注重质量、可持续性、健康和

社会责任。因此,消费观念的变化实际上来自社会存在的变化。

其次,社会意识具有相对独立性。社会意识在从根本上受到社会存在决定的同时,还具有自身特有的发展形式和发展规律。社会意识对社会存在具有能动的反作用,这是社会意识相对独立性的突出表现。社会意识的能动作用是通过指导人们的实践活动实现的。

在本案例中,"反向消费"行为是抵制智商税商品、伪需求,以及市场煽动起来的焦虑情绪的一种方式。随着"反向消费"热潮的来临,青年群体消费意识发生转变,这对社会存在具有能动的反作用。"反向消费"的兴起不仅体现了新一代青年理性消费观念的形成,也为未来关于如何引导健康消费提供了启示。"反向消费""消费主义的逆行者""理性消费"等消费观念与当下社会发展趋势及时代精神相契合,已逐渐融入当代青年的生活方式。青年群体的消费偏好也会反过来影响商家与市场的发展方向。

最后,本案例还可以延伸到"意识对物质具有反作用"等相关知识点的理解和深化,如意识的能动作用体现在"意识具有指导实践改造客观世界的作用","意识具有调控人的行为和生理活动的作用"。

总体而言,通过社会存在决定社会意识的原理,可以理解消费观念的变化是人们进行社会物质交往的产物,是由社会物质生活等方面的变迁所驱动的。同时,社会意识的变化对社会存在也具有能动的反作用。人们的消费观念开始从过度追求物质享受到更加理性、可持续的方向发展。这个案例可以引导学生深入理解"社会存在决定社会意识"的原理,并通过具体的社会现象来分析不同时期社会意识的变迁,帮助他们更好地理解这一理论的实际运用。

(三)"零工经济"与物质生产方式

1.案例呈现

自2020年9月《人物》刊登《外卖骑手,困在系统里》,到北京大学社会学博士陈龙在半年骑手经历后写就的《"数字控制"下的劳动秩序——外卖骑手的劳动控制研究》,再到如今社会各界对"年轻人该不该去送外卖""怎么保障骑手权益"等话题的广泛讨论,将一个个曾经被平台企业技术创新的光芒所掩盖的真实个体带到了聚光灯前。在更广泛的意义上,这些个体都是"零工经济"的参与者。与"零工经济"相关的词语往往有"共享经济""平台经济""数字经济",而"零工经济"这一说法则着重强调了这类经济活动中的劳动供给问题。数字技术和互联网平台的崛起大大拓宽了零工经济的适用场景,催生了一大批新就业形态,使得灵活就业人员在劳动者中的比例大幅上升,并导致大量工作出现了从线下到线上、固定到灵活、单一到多元等方面的转变。

零工经济在中国的发展势头不容小觑。以滴滴顺风车、百度外卖和美团外卖等上线为标志,零工经济平台于2014年前后强势崛起。广义的零工经济形态包括了网约车、外卖、电商直播、内容付费、短视频制作以及其他灵活用工形式。网约车司机和外卖骑手无疑是其中的主力。自2020年新冠疫情暴发以来,全国从事零工经济的劳动者数量呈现高速增长的态势,国家统计局公布目前我国灵活就业规模达2亿人。阿里研究院估计,到2036年中国会有高达4亿的劳动力将通过网络自我雇佣和自由就业,相当于中国总劳动力的50%。诸多证据均表明,"零工经济"已是大势所趋。

相比于简单作出"零工经济的发展对社会究竟有利还是有弊""我们该不该支持发展零工经济"等判断,我们或许应当审慎地从各个侧面进行探讨和分析,以加深对"零工经济"的理解。在市场层面,"零工经济"是否会对不同行业产生不同方向和程度的影响?怎样的算法和市场设计能够提升社会福利?在企业层面,企业将如何定义自身与市场的边界,应当以何种程度参与到"零工经济"市场中?在个人层面,是哪些人参与到了"零工经济"中?参与"零工经济"对于他们有哪些短期和长期的影响?人们究竟有多重视工作的灵活性?传统雇员福利的缺失在多大程度上影响了参与者?……

无论是针对网约车司机、外卖骑手等"零工经济"的热烈辩论,还是远程办公、混合办公等工作模式的初步尝试,其背后都蕴含着我们对于传统工作性质和"雇主—雇员"关系的更深层次的反思。相信在未来,这些有益的反思也将帮助我们更好地迎接劳动力市场的变革。

(资料来源:《关于"零工经济",我们知道些什么?》,https://cer.gsm.pku.edu.cn/info/1020/1055.htm,访问日期:2024年3月16日。)

2.案例指向

本案例指向教材第三章"物质生产方式",主要从物质生产方式对社会存在与发展的决定性作用来分析"零工经济"的兴起与发展。

3.案例解析

本案例讨论了"零工经济"的兴起和发展,以及与之相关的一系列社会问题。从对以外卖骑手为代表的"零工经济"参与者的劳动控制研究,到对年轻人是否应该从事外卖等话题的广泛讨论,"零工经济"在中国迅猛发展。数字技术和互联网平台的崛起拓宽了零工经济的适用场景,使得灵活就业人员的比例大幅上升。"零工经济"的兴起与发展,需要借用马克思对"物质生产方式"的分析来加以解释。

物质生产方式,即马克思所说的"物质生活的生产方式",通常简称为生产方式,是指人们为获取物质生活资料而进行的生产活动的方式,是生产力和生产关系的统一体。

首先,物质生产活动及生产方式是人类社会赖以存在和发展的基础,是人类其他一切活动的首要前提。例如,在《德意志意识形态》中,马克思、恩格斯指出:"我们首先应当确定一切人类生存的第一个前提,也就是一切历史的第一个前提,这个前提是:人们为了能够'创造历史',必须能够生活。但是为了生活,首先就需要吃喝住穿以及其他一些东西。因此第一个历史活动就是生产满足这些需要的资料,即生产物质生活本身,而且,这是人们从几千年前直到今天单是为了维持生活就必须每日每时从事的历史活动,是一切历史的基本条件。"[①]在这里,马克思、恩格斯把物质资料的生产活动当作人的"第一个历史活动",当作人类最基本的活动。同时,马克思也指出:"任何一个民族,如果停止劳动,不用说一年,就是几个星期,也要灭亡。"[②]由此可见,物质生产活动及生产方式首先是人类社会赖以存在和发展的基础,是人类其他一切活动的首要前提。本案例中,数字技术和互联网平台的崛起大大拓宽了"零工经济"的适用场景,催生了一大批新就业形态,使得灵活就业人员在劳动者中的比例大幅上升,并导致大量工作出现了从线下到线上、固定到灵活、单一到多元等方面的转变。在这种经济模式中,个人通过数字平台或其他方式提供自己的劳务,不再依赖于传统的雇佣关系。这种变化反映了生产方式的演变,即从传统的集中式生产向更加分散、灵活的生产模式转变。

其次,物质生产活动及生产方式决定社会的结构、性质和面貌,制约着人们的经济生活、政治生活和精神生活等全部社会生活。本案例中的"零工经济"是数字时代催生的产物,对于劳动分工、社会组织形式和劳动者的精神面貌等方面都产生了影响。"零工经济"有其独特的劳动—生产资料关系,它植根于前所未有的生产要素及生产方式之中,是一种依托于

---

① 《马克思恩格斯文集》第 1 卷,人民出版社 2009 年版,第 531 页。
② 《马克思恩格斯文集》第 10 卷,人民出版社 2009 年版,第 289 页。

智能化数字平台提供即时劳务的生产组织模式。"零工经济"的产生,使得社会分工变得更加灵活和多样化。劳动者可以根据自己的技能和需求选择不同的零工,而不再受限于传统行业的划分。"零工经济"推动了个体和组织之间更加灵活的雇佣关系,人们更加注重自主性和灵活性,传统的雇佣形式受到了冲击。同时,在精神生活层面,"零工经济"反映了社会对于工作、职业和自身身份认同的变化。个体劳动者更加强调灵活性、创业精神,这对传统的工作观念和文化产生了深远的影响。但"零工经济"也带来了劳动力多样性的挑战,涉及对技能认证、社会保障和劳动权益的重新考虑,以确保"零工经济"的参与者能够享有合理的权益。

最后,物质生产活动及生产方式的变化发展决定整个社会历史的变化发展。物质生产方式对一个社会实行什么样的基本经济制度和政治制度、形成什么样的社会意识形态具有直接决定作用。从生产力的角度看,互联网的兴起使得信息传递更为迅速,全球范围内的劳动力得以更方便地连接和合作。这提高了"零工经济"的生产力,让人们更容易找到和提供零工服务。这也就导致了新型生产关系的形成。在"零工经济"中,数字平台作为中介,连接雇主和雇员,创造了新型的劳动关系。"零工经济"中的劳动者往往是独立工作者,通过平台完成雇佣关系,这改变了传统雇佣关系的模式。这种经济基础以数字化、在线化为特征,对传统劳动市场形成了补充和变革。与此相应,随着零工经济的兴起,上层建筑中的法律、社会保障体系等也需要调整以适应新型的劳动关系。"零工经济"中的劳动者通常没有传统雇佣关系中的福利保障,如劳动者权益保障和社会保障体系的不足等,这也引发了社会对劳动法和社会安全网的重新思考。

(四)"咖啡的全球化"与世界历史

1.案例呈现

咖啡的世界历史版图,无论在时间点还是地理分布上,都极其接近近代以来的世界历史地图。地理大发现、欧洲殖民者海外争抢美洲、跨大西洋贩奴贸易等都被咖啡统合起来,其隐藏的历史是对"西方中心论"本质最客观的揭露与破除。

15世纪末开启的全球物种大交流使咖啡在更广阔的地域流转,咖啡在西方的传播反映出西方在东方攫取财富的历程。咖啡是英国放眼海洋、走向海洋、统治海洋的"黑色载体"。17世纪20年代,英国大力从也门采购咖啡,并在阿拉伯海、地中海一带交易,咖啡贸易成为东印度公司控制印度洋水域的抓手。

欧洲殖民扩张推动咖啡种植向全世界传播。18世纪初,荷兰把咖啡引入爪哇培植,最先建立起殖民地咖啡种植业。爪哇岛民成为廉价劳动力。于是,巨额利益滚滚而来。咖啡产业在西半球的崛起更加迅猛。1730年,英国人将咖啡引种至牙买加;1748年,西班牙人把咖啡带到古巴;1752年,葡萄牙人把咖啡引入巴西。除了拥有适合咖啡生长的热带气候外,南美洲还拥有大量奴隶,能够以惊人之速建立起咖啡种植园。因此,种植园经济迅速改变了国际贸易格局。

在具有帝国属性的咖啡贸易体制中,欧洲和美国在西半球进行了世界上最大规模的土地掠夺,并倚仗远洋航行技术和武装暴力,建立起美欧非三大洲相连的资本主义贸易网络。咖啡调动了全世界的土地、劳动力和资本,跨大西洋贸易网络则对不同空间的土地、劳动力和资本进行了重组,塑造了资本主义全球咖啡市场,构建出一座具有全球规模的等级分明的咖啡帝国,咖啡经济变成名副其实的、彻底的资本主义经济。逐利无疑是咖啡帝国崛起的强劲动力。咖啡经济所依附的国家,对外采取野蛮方式、无视他人利益,对内则推行保护性经济秩序。这正是资本家暴力获取原始资本积累的途径,是资本主义得以发展的前提,也是西方国家得以顺利转型的基础和保障。

尽管西方资本主义将咖啡传播到全球,却没有将咖啡的福祉给予全世界人民。种植园主疯狂使用奴隶劳作,跨大西洋奴隶贸易异常频繁。英国依靠对海洋的控制,掌控着美洲一半的奴隶贸易,建立起让人类最为不齿的泛大西洋奴隶贸易网络。"咖啡贸易建立在奴隶的背上",西方逐利咖啡,加速了南美洲土著居民和非洲人的奴隶化;土地掠夺改变了赤道地区的植被,成片热带雨林变成咖啡种植区,对环境的毁灭性破坏至今犹存。

咖啡的世界历史版图既是资本主义所描制,又是列强争霸的结果。咖啡的世界历史版图呈现出资本主义的起源和发展脉络,为我们提供了解释现代世界的起源和构成等一系列问题的钥匙,帮助我们挖掘它所背负的巨大不平等的根源。可以说,咖啡的世界历史暗含着现代世界诞生的密码。

(资料来源:《从咖啡历史透视"西方中心论"的话语操纵》,https://www.cssn.cn/skgz/bwyc/202403/t20240311_5737636.shtml,访问日期:2024年4月11日。)

2.案例指向

本案例主要指向教材第三章"人类普遍交往与世界历史的形成发展"的内容。

3.案例解析

马克思、恩格斯关于人类普遍交往和世界历史形成的思想是唯物史观的重要内容。唯物史观视域中的"世界历史"是指各民族、国家通过普遍交往,打破孤立隔绝的状态,进入相互依存、相互联系的世界整体化的历史。在马克思、恩格斯看来,资本主义生产方式的发展和交往的普遍化推动了历史向世界历史的转变。人类历史向世界历史的转变是资本主义生产方式出现和向世界扩张的结果。

首先,生产方式的发展变革是世界历史形成和发展的基础。马克思、恩格斯在《德意志意识形态》中指出:"砂糖和咖啡是这样来表明自己在19世纪具有的世界历史意义的:拿破仑的大陆体系所引起的这两种产品的匮乏推动了德国人起来反抗拿破仑,从而就成为光荣的1813年解放战争的现实基础。由此可见,历史向世界历史的转变,不是'自我意识'、世界精神或者某个形而上学幽灵的某种纯粹的抽象行动,而是完全物质的、可以通过经验证明的行动,每一个过着实际生活的、需要吃、喝、穿的个人都可以证明这种行动。"①因此,"世界历史"的形成并不是观念上的运动,生产力、分工和交往的发展是世界历史产生、发展的物质基础和根源。15世纪后,随着地理大发现和资本主义生产关系的发展,特别是18、19世纪,社会生产力迅猛发展,生产社会化规模不断提高,世界各地区、各民族之间的普遍交往和相互依存不断加强,历史正在由民族的、国家的历史向世界的历史转变。尤其是大工业使竞争普遍化,创造了交通工具和现代化的世界市场,大工业到处造成了社会各阶级间大致相同的关系,从而消灭了各民族的特殊性。随着分工的发展、世界市场的形成,人与人的联系日益具有普遍性,过去那种地方的和民族的自给自足和闭关自守状态,被各民族的各方面的相互往来和各方面的相互依赖所代替。从此,世界日益成为一个整体,历史转变为世界历史。

其次,普遍交往是世界历史的基本特征。本案例中,咖啡调动了全世界的土地、劳动力和资本,跨大西洋贸易网络则对不同空间的土地、劳动力和资本进行了重组,塑造了资本主义全球咖啡市场,构建出一座具有全球

---

① 《马克思恩格斯文集》第1卷,人民出版社2009年版,第541页。

规模的等级分明的咖啡帝国。这表明咖啡作为世界商品在全世界流通、生产和消费,反映了世界市场的形成。在此过程中,世界各地在物质生产实践和交往实践上建立起普遍联系,人类社会逐渐进入世界历史,反映了世界历史中的普遍交往特征。尽管马克思当时并没有提出全球化的概念,但马克思的世界历史理论实际上就是对全球化的发生和发展的理论说明与概括。

最后,世界历史的形成与发展为共产主义的实现提供了条件和路径。尽管资本主义开创了世界历史,资本主义生产方式促进了生产力的空前发展,创造了巨大的物质财富,但是,资本主义生产方式由于其生产资料私人占有制,必然容纳不了不断发展的社会化的生产力,也加剧了劳动和资本之间的对立。本案例中,尽管西方资本主义将咖啡传播到全球,却没有将咖啡的福祉给予全世界人民。种植园主疯狂使用奴隶劳作,跨大西洋奴隶贸易异常频繁。英国依靠对海洋的控制,掌控着美洲一半的奴隶贸易,建立起让人类最为不齿的泛大西洋奴隶贸易网络。这表明咖啡不仅是一种商品,而且与殖民地建设、奴隶制度、经济变革以及战争产生紧密联系,成为世界历史中一个重要的时代标志。在马克思、恩格斯看来,资本主义在世界历史发展进程中发挥了重要作用,但随着人类社会的发展,普遍交往的充分展开必将推动世界历史走向共产主义。在世界历史的不断深化中,交往和竞争也不断扩大,生产力获得空前发展,为共产主义代替资本主义奠定了坚实的物质基础。同时,世界历史的深化也促使全世界无产阶级走向联合,在条件成熟的情况下,推动国际共产主义运动取得全球性胜利,迎来共产主义的实现。今天,人类交往比以往任何时候都更加深入、广泛,国家之间的相互联系和依存比以往任何时候都更加频繁、紧密。马克思的世界历史理论为我们观察、分析当今世界发展特别是经济全球化问题提供了科学的理论指导。

(五)亚洲文明对话大会与文明多样性

1.案例呈现

2019年5月15日,亚洲文明对话大会在北京开幕。中华人民共和国国家主席习近平出席亚洲文明对话大会开幕式、发表主旨演讲,并出席有关活动。柬埔寨、希腊、新加坡、斯里兰卡、亚美尼亚等国家元首和政府首脑,蒙古国领导人,联合国教科文组织等国际组织负责人将出席大会,亚洲47个国家以及域外其他国家的代表参加了相关活动。亚洲文明对话大会是2019年继第二届"一带一路"国际合作高峰论坛、北京世界园艺博览会之后,中国举办的又一场重要外交活动,是具有标志意义的国际盛会。大会的主题是"亚洲文明交流互鉴与文明共同体"。大会设有几个平行分论坛:"文化旅游与人民交往"分论坛;"维护亚洲文明多样性"分论坛;"亚洲文明全球影响力"分论坛;"亚洲文明互鉴与人类命运共同体构建"分论坛;"亚洲文明传承与发扬的青年责任"分论坛;"亚洲国家治国理政经验交流"分论坛。

在 5 月 15 日的开幕式上,国家主席习近平发表题为《深化文明交流互鉴 共建亚洲命运共同体》的主旨演讲。在演讲中,国家主席习近平指出:"当前,世界多极化、经济全球化、文化多样化、社会信息化深入发展,人类社会充满希望。同时,国际形势的不稳定性不确定性更加突出,人类面临的全球性挑战更加严峻,需要世界各国齐心协力、共同应对。应对共同挑战、迈向美好未来,既需要经济科技力量,也需要文化文明力量。亚洲文明对话大会,为促进亚洲及世界各国文明开展平等对话、交流互鉴、相互启迪提供了一个新的平台。"①

此前,2019 年 5 月 9 日,亚洲文明对话大会之亚洲文化嘉年华活动主题曲《我们的亚细亚》正式发布。《我们的亚细亚》由来自亚洲各国顶级乐手组成的"亚洲联合乐团"共同担纲演奏。2019 年 5 月 12 日开始,中央广播电视总台制作的三集高清主题纪录片《亚洲文明之光》(《文明华章》《传承创新》《交流互鉴》)在中央广播电视总台央视综合频道、中文国际频道和中国国际电视台英语频道、阿语频道以及总台所属多个融媒体平台陆续推出,献礼亚洲文明对话大会。

此外,2019 年 5 月 15 日晚,亚洲文化嘉年华在北京举行,国家主席习近平出席并发表致辞。嘉年华演出中,来自世界各国的 8000 多名演职人员献上各具特色的歌舞表演,生动展示了绚丽多姿的亚洲文化。2019 年 5 月 16 日至 23 日,亚洲影视周以"亚洲文明交流互鉴与命运共同体"为主题,在北京、上海、广州、成都、西安五个城市的 14 家影院举办 200 余场放映活动。2019 年 5 月 22 日,以"享亚洲美食·赏京城美景·品古都文化"为主题的北京亚洲美食节也圆满收官。

(资料来源:《习近平出席亚洲文明对话大会开幕式并发表主旨演讲》,http://www.2019cdac.com/2019-05/15/c_1210135092.htm,访问日期:2024 年 3 月 11 日。)

---

① 习近平:《深化文明交流互鉴 共建亚洲命运共同体:在亚洲文明对话大会开幕式上的主旨演讲》,人民出版社 2019 年版,第 2 页。

2.案例指向

本案例指向教材第三章中"文明及其多样性"相关内容。人类文明具有多样性。每一种文明都是在特定的自然环境、历史背景、民族传统中生长起来的,体现着独特的生产、生活、交往方式,代表着一方文化的沃土和绿洲,都是人类文明的重要组成部分。世界各国要尊重和保护文明多样性,推动不同文明交流对话、和平共处、和谐共生,以文明交流超越文明隔阂、文明互鉴超越文明冲突、文明共存超越文明优越,共同绘就人类文明美好画卷。

3.案例解析

亚洲文明对话大会聚焦亚洲文明交流互鉴与命运共同体的主题,是中国面向亚洲乃至面向世界所搭建的重要对话与合作机制。文明是人类创造的所有物质成果、精神成果和制度成果的总和,是标志社会进步程度的范畴,反映了人类社会实践活动的积极成果。亚洲文明对话大会深刻展现了中华民族在传承弘扬亚洲和世界各国璀璨辉煌的文明成果所作出的贡献。人类社会发展的过程也是人类文明发展进步的过程。与此同时,亚洲文明对话大会体现了中国特色社会主义对经典马克思主义的人类文明发展进步规律与文明多样性的遵循。

我们在强调每一种文明都是在特定的自然环境、历史背景、民族传统中生长起来的,体现着独特的生产、生活、交往方式,代表着一方文化的沃土和绿洲,也在强调文明的多样性的同时,应该看到这些多样性的文明如果拒斥交流互鉴,就会产生隔阂与冲突,甚至会出现一元的文明中心论。"人类社会是建立在不同的民族国家基础之上的,不同的民族国家有着其各自独特的历史传承、风俗习惯、宗教礼法、社会制度和价值观念,因此其必将呈现出不同的文明形态。这仅仅是意味着各个文明形态之间的'相对不可交流性',以及文化之间的'一定程度的不可渗透性',但绝不意味着'文明之间差异的绝对化':绝对的不可交流性和绝对的不可渗透性。"[1]文明差异的绝对化与一元的文明中心论最终都会导向文明冲突论。美国政治学者塞缪尔·亨廷顿在《文明的冲突与世界秩序的重建》中认为世界的冲突根源不再是东西方的意识形态对立,而是文化方面的差异和对立,全球的主要矛盾将是"文明的冲突"。"文明冲突论"否定了人类生存发展的价值观和人类社会普遍认同的历史观。

---

① 王庆丰:《文明的内涵及其意识形态》,《晋阳学刊》2023年第1期。

因此,文明的多样性是一种相对的多样性,也正是因为多样性,更需要加强各文明之间的交流互鉴。当前,仍然存在着以种族主义和殖民主义为依托的欧洲中心主义。欧洲中心主义承认文明之间的绝对性差异,并认为自己的人种和文明高人一等,执意改造甚至取代其他文明。在这个意义上,亚洲文明对话大会为亚洲命运共同体和人类命运共同体建设提供精神助力,为促进世界文明繁荣贡献着实践智慧。

亚洲在宗教、语言、民族文化等方面的多样性非常明显,与此同时亚洲具有山水相连的地理特征,亚洲文明长久以来相互交融,海上与陆上丝绸之路让不同文明源流碰撞出新的文明成果。因此,就亚洲的区域而言,亚洲各国各地区人民,经过几千年的社会实践,创造和积累了关于处理人与自然、物质与精神、认识与实践、人与社会等智慧的思想理念。这些理念虽然在具体的语言概念中表述不同,但是却共同带有鲜明的亚洲特色和东方印记。亚洲各国各地区所共有的亚洲价值、智慧是亚洲人民的思想财富,是与欧洲文明、西方文明等世界其他文明的智慧与价值相得益彰的。

对此,在亚洲文明对话大会的开幕式上,习近平总书记发表题为《深化文明交流互鉴　共建亚洲命运共同体》的主旨演讲。在演讲中,习近平总书记指出:"文明因多样而交流,因交流而互鉴,因互鉴而发展。我们要加强世界上不同国家、不同民族、不同文化的交流互鉴,夯实共建亚洲命运共同体、人类命运共同体的人文基础。"习近平总书记就如何遵循文明多样性的人类历史发展规律,提出四点主张:第一,"坚持相互尊重、平等相待。每一种文明都扎根于自己的生存土壤,凝聚着一个国家、一个民族的非凡智慧和精神追求,都有自己存在的价值。人类只有肤色语言之别,文明只有姹紫嫣红之别,但绝无高低优劣之分"。"我们应该秉持平等和尊重,摒弃傲慢和偏见,加深对自身文明和其他文明差异性的认知,推动不同文明交流对话、和谐共生。"第二,"坚持美人之美、美美与共。每一种文明都是美的结晶,都彰显着创造之美"。"我们既要让本国文明充满勃勃生机,又要为他国文明发展创造条件,让世界文明百花园群芳竞艳。"第三,"坚持开放包容、互学互鉴"。"交流互鉴是文明发展的本质要求。只有同其他文明交流互鉴、取长补短,才能保持旺盛生命活力。文明交流互鉴应该是对等的、平等的,应该是多元的、多向的,而不应该是强制的、强迫的,不应该是单一的、单向的。"第四,"坚持与时俱进、创新发展。文明永续发展,既需要薪火相传、代代守护,更需要顺时应势、推陈出新。世界文明历史揭示了一个规律:任何一种文明都要与时偕行,不断吸纳时代精华。我们应该用创新增添文明发展动力、激活文明进步的源头活水,不断创造出跨越时空、富有永恒魅力的文明成果"。①

2023年4月12日至5月17日,《环球时报》舆情中心通过问卷调查、电话调查等方式,对东亚、东南亚、西亚等地区的21个亚洲国家进行调查。调查对象为各国18~70岁的普通公民,调查项目包括亚洲认同、亚洲文明、亚洲团结、亚洲未来等话题。在收回的2.2万份有效问卷中,96.4%的受访者认为亚洲不同文明的交流互鉴有益于人类文明进步,超半数受访者赞同以学习他国语言/历史的形式促进亚洲文明交流互鉴,近七成受访者认为亚洲文明交流互鉴不会对其他地区的社会文明构成威胁。②

从人类社会发展的历史趋势看,多样性必然是人类文明的基本特征。马克思主义认为,没有普遍交往的发展,就没有现代文明的孕育和产生。"过去那种地方的和民族的自给自足和闭关自守状态,被各民族的各方面的互相往来和各方面的互相依赖所代替了。物质的生产是如此,精神的生产也是如此。各民族的精神产品成了公共的财产。民族的片面性和局限性日益成为不可能,于是由许多种民族的和地方的文学形成了一种世界的文学。"③世界各地、各民族和国家的普遍交往,实际上反映了人类历史和文明发展的内在要求和客观规律。据此,各国现代化的道路必然各具特色,这是人类文明多样性的历史发展规律。"中华文明是在中国大地上产生的文明,也是同其他文明不断交流互鉴而形成的文明。"④中国式现代化作为人类文明新形态,并非一枝独秀、孤芳自赏;它要与全球其他文明相互借鉴,并促进世界文明百花齐放。

(六)新越剧与"两创"方法论

1.案例呈现

2023年,一出全女班的新国风·环境式越剧《新龙门客栈》火爆全网。据悉,新国风·环境式越剧《新龙门客栈》是越剧表演艺术家茅威涛

---

① 习近平:《深化文明交流互鉴 共建亚洲命运共同体:在亚洲文明对话大会开幕式上的主旨演讲》,人民出版社2019年版,第5~8页。

② 参见《3/4受访者期待亚洲未来更团结》,《环球时报》2023年6月12日第7版。

③ 《马克思恩格斯文集》第2卷,人民出版社2009年版,第35页。

④ 《习近平著作选读》第1卷,外文出版社2023年版,第230页。

领衔浙江小百花越剧团等,在杭州打造的一台"环境式戏剧"模式驻场演出。之所以能够风靡全网,该剧有几大亮点。第一,《新龙门客栈》打破了传统观演模式。"环境式戏剧"是近年开始流行的一种小剧场演剧样式。整个剧场被制作成一间布满机关暗道的"龙门客栈",观众就位其中,灯光、音乐也配合营造出一种独特的氛围感。这种"环境式"贴合当下青年人"剧本杀""密室逃脱"等情景式娱乐审美。第二,此剧改编自同名经典武侠电影,以传统戏曲越剧的艺术形式演绎武侠故事。该剧由著名越剧艺术家茅威涛任艺术总监与总出品人。作为中国浙江小百花越剧团的团长,茅威涛是著名青年越剧表演艺术家、国家一级演员,先后五次荣获中华人民共和国文化部颁发的文华表演奖,三次荣获中国戏剧家协会颁发的戏剧梅花奖,两次荣获上海市白玉兰戏剧奖。剧团本身拥有国内戏曲界一流的编、导、音、舞等主创人员。这次创作是越剧剧种首次尝试"环境式戏剧"和"武侠题材",全面起用一批年轻的"85后""95后"主创团队,以青春化的理念重新诠释"武侠"。"90后"越剧演员陈丽君反串饰演的"玉面郎君"贾廷一角,凭女扮男装火遍全网。第三,同年8月,《新龙门客栈》首次在网络平台直播演出,产生了近千万人次的观看量。该剧早在今年3月就开始首演,目前该剧的驻场演出仍一票难求,官方数据显示,迄今演出的140多场中,非传统越剧观众占到了70%,基本都是年轻人。第一次尝试线上直播,就吸引了900多万人次观看,近4000名观众发布了超过1.4万条评论。同年11月初,陈丽君转圈视频频繁登上各大社交平台热搜,多维度传播让这部新编越剧正式进入大众的视野。

近些年来,传统戏曲曲艺表演正通过短视频、线上直播、创新内容形式等方式不断发展新的受众。网络视频平台为中华优秀传统文化提供了新的展演空间和演艺场所,在一定意义上成为传统戏剧戏曲等非物质文化遗产的"第二舞台"。类似备受关注的是2023年春节档大热电影《满江红》中"豫剧+摇滚"混搭的背景音乐。河南戏曲名家张晓英也因为电影配唱了《探阴山》《包公辞朝》《包青天》等7个唱段,受到年轻人追捧。网络平台观众成为民族舞剧《红楼梦》的一大推手。该舞剧背后同样是年轻的创作团队,打破常规叙事手法,将演绎十二金钗的十二位一线舞蹈演员创造性融入了一场现代舞。更有谢幕时宝玉回头望向十二金钗的片段火爆全网,继而成为2023年演艺界的现象级"顶流",开票即售罄成常态。

(资料来源:《"破圈"后传统戏曲如何更吸引年轻人》,http://www.chinanews.com.cn/cul/2024/09-09/10282626.shtml,访问日期:2024年9月15日。)

2.案例指向

本案例指向教材中第三章第二节社会历史发展的动力中"文化在社会发展中的作用"相关内容。文化是推动社会发展的重要力量。文化兴则国家兴,文化强则民族强。随着科学技术的快速发展和人类文明水平的不断提高,文化在社会发展中的作用日益突出,越来越成为民族复兴和社会发展的重要源泉,越来越成为综合国力竞争的重要因素。正确把握文化的前进方向,充分发挥文化的积极作用,对于引领社会发展至关重要。

3.案例解析

文化在广义概念上与文明相通。狭义的文化是指人类的精神生产活动及其结果,是与经济、政治相对应的观念形态,是对社会经济、政治的反映。文化蕴含着人类的思想智慧、价值追求和审美情趣,是一个国家、一个民族的灵魂。从文化的概念内涵来看,新国风·环境式越剧《新龙门客栈》作为狭义的文化,蕴含着中国人民的思想智慧、价值追求和审美情趣。《新龙门客栈》是越剧剧种首次尝试"环境式戏剧"和"武侠题材",以青春化的理念重新诠释"武侠"。因此,透过这一文化发展新样态,我们能够看到与传统越剧诞生、繁荣时相区别的当前社会经济、政治发展现状。以《新龙门客栈》等为代表的新文化样态满足了人民群众日益增长的美好文化生活需要。从《新龙门客栈》能够火爆全网的文化亮点来看,戏曲发展不能抱残守缺,需要与时俱进。《新龙门客栈》打破了传统观演模式,并充分利用网络平台扩展了展演空间和演艺场所,实现了中华优秀传统文化的创造性转化与创新性发展,以文化创新激活传统文化,体现了中国特色社会主义文化发展道路。习近平总书记在全国宣传思想工作会议上指出:"兴文化,就是要坚持中国特色社会主义文化发展道路,推动中华优秀传统文化创造性转化、创新性发展,继承革命文化,发展社会主义先进文化,激发全民族文化创新创造活力,建设社会主义文化强国。"①

文化是推动社会发展的重要力量,能够为社会发展提供思想指引,为社会发展提供精神动力,为社会发展提供凝聚力量。正确把握文化的前进方向,充分发挥文化的积极作用,对于引领社会发展至关重要。环境式越剧《新龙门客栈》是在"第二个结合"的意义上对推动中华优秀传统文化的创造性转化与创新性发展的生动实践。环境式越剧《新龙门客栈》线下

---

① 《习近平关于社会主义精神文明建设论述摘编》,中央文献出版社2022年版,第84页。

演出不仅能够充分满足人民群众的文化需要，而且为经济发展带来了新的增长活力。外地游客慕名而来，带动了当地的文化旅游产业的发展。与此同时，环境式越剧《新龙门客栈》的线上观剧模式有助于推动中华文化走向世界，让世界了解文化中的中国。见微知著，环境式越剧《新龙门客栈》的案例充分体现了文化作为上层建筑对于经济基础的反作用，体现了文化发展对于引领社会发展的作用。中华民族是一个文化共同体，无论是环境式越剧还是传统越剧，都是中国特色社会主义文化的一部分，都内含着中华民族的理想信念、风俗习惯、思维方式和价值取向等，积淀着中华民族最深层的精神追求，构成坚定文化认同、文化自信的重要根基。

"没有中华文化繁荣兴盛，就没有中华民族伟大复兴。"[①]党的十八大以来，以习近平同志为核心的党中央高度重视文化发展工作，并将"三个自信"拓展为道路自信、理论自信、制度自信、文化自信"四个自信"。习近平总书记指出："坚定文化自信，就是坚持走自己的路。坚定文化自信的首要任务，就是立足中华民族伟大历史实践和当代实践，用中国道理总结好中国经验，把中国经验提升为中国理论，既不盲从各种教条，也不照搬外国理论，实现精神上的独立自主。"[②]2023 年 10 月 7—8 日，全国宣传思想文化工作会议首次提出习近平文化思想。习近平文化思想既有文化理论观点维度的创新和突破，又对文化工作布局作了新部署、新要求。习近平文化思想内涵丰富，包括"九个坚持""两个结合""五个方面""十四个强调""七个着力"等重要内容，为做好新时代新征程宣传思想文化工作、担负起新的文化使命提供了强大思想武器和科学行动指南。习近平文化思想的形成并非历史的偶然，而是立足经济建设取得巨大成就，文化建设必须稳步跟进的民族复兴关键期。与此同时，这一思想必将在不断满足人民群众的文化需要、推动民族文化复兴、提高中华文化国际影响力，以及增强世界文明交流互鉴的过程中不断丰富、发展，走向更高层次的理论化与系统化。

习近平文化思想科学地回答了文化传承与文化发展之间的关系。"传承"与"发展"犹如文化繁荣的鸟之两翼，缺一不可。有发展而无传承则根基不稳，有传承无发展则墨守成规。只有妥善处理好"传承"与"发展"的关系，在传承中不断发展，在发展中实现传承，才能真正建成文化强

---

① 《习近平关于社会主义精神文明建设论述摘编》，中央文献出版社 2022 年版，第 19 页。
② 习近平：《在文化传承发展座谈会上的讲话》，人民出版社 2023 年版，第 10 页。

国,推动新时代文化繁荣。对此,习近平总书记高度重视社会主义文化建设,在坚持"两个结合"的基础上,以"第二个结合"明确了新时代文化发展的基本原则和方法路径,阐释了马克思主义基本原理与中华优秀传统文化之间的内在融会贯通。当前,中国式现代化进入高质量发展的关键时期,必须充分发挥习近平文化思想的精神动力和思想指引功能,发挥民族精神的强大感召力,将人们的思想与行为统一到中华民族伟大复兴的事业中,激励全体中华儿女积极构筑中华民族未来蓝图,并为之不懈奋斗。通过对传统文明的继承与创新,我们将在新时代新征程中实现文明的蜕变与升华,践行新文化使命,为强国建设、民族复兴贡献力量。

(七)智慧农业推动新一轮农业技术革命

1.案例呈现

2023 年 12 月 2 日上午,厦门市首个智慧农业科技装备专业园区——厦门市智慧农业产业园在厦门软件园三期正式揭牌启用。厦门市智慧农业产业园的正式揭牌,不仅是厦门市数字化技术的农业应用,更是对农业发展新模式的积极探索,让智慧和创新为农业注入新的活力与生机。目前,园区已形成集群发展,吸引包括智慧化养殖(农信互联、傲农生物)、基于物联网技术的农业解决方案(四信通讯、计讯科技)、智慧水处理平台(万宾科技、维尔利)、无人机及涉农数字化设备(奥谱天成)、遥感自然资源(天卫科技)、电商供应链(汇链通、农联产融)、农机机器人(新松研究院)等近百家企业。

近年来,随着物联网、大数据、移动互联网、智能控制、卫星定位等信息技术的发展,越来越多智能化的无人驾驶农机在田间大显身手。麦收时,在山东省济宁市嘉祥县的一块麦子地里,一辆红白相间的"雷沃谷神"收割机正在忙碌作业。走近一看,驾驶室里居然没有人。这是"雷沃重工"的工作人员在进行无人驾驶的示范作业。作业前设定好割幅、耕作面积等参数后,导航系统就引导农机进入自动作业模式。操作者只需要摁下遥控器启动开关,收割机就会按照设定好的作业模式及作业轨道进行作业,行距误差不超过 2.5 厘米。避障、紧急停车等操作也都是自动完成,一个人可以管理好几台收割机。在嘉祥县收割现场,无人驾驶收割机干完活,就该无人驾驶拖拉机出场了。"雷沃欧豹"拖拉机牵引着旋耕机对刚收割完的地块进行耕整作业。紧接着,安装了自动导航驾驶系统的阿波斯拖拉机在导航的指引下牵引播种机把玉米种子播下。就这样,从夏收到夏种,整个农田作业流程实现了智能化无人农机作业全程覆盖,收得快、种得好。

中国是农业大国。农业传统生产模式下,传统耕种只能凭经验施肥灌溉,不仅浪费大量的人力物力,也对环境保护与水土保持构成严重威胁,给农业可持续性发展带来严峻挑战。智慧农业推动新一轮农业技术革命。智慧农业就是充分应用现代信息技术成果,集成应用计算机与网络技术、物联网技术、音视频技术、3S技术、无线通信技术及专家智慧与知识,实现农业可视化远程诊断、远程控制、灾变预警等智能管理,为农业生产提供精准化种植、可视化管理、智能化决策,使传统农业更具有"智慧"。除了精准感知、控制与决策管理外,从广泛意义上讲,智慧农业还包括农业电子商务、食品溯源防伪、农业休闲旅游、农业信息服务等方面的内容。"智慧农业"能够实现更完备的信息化基础支撑、更透彻的农业信息感知、更集中的数据资源、更广泛的互联互通、更深入的智能控制、更贴心的公众服务。

(资料来源:《为现代农业装上"智慧大脑"》,《厦门日报》2023年12月4日第A07版。)

2.案例指向

本案例主要指向教材中"科学技术在社会发展中的作用"。智慧农业所推动的新一轮农业技术革命同样体现了"改革在社会发展中的作用"。在现代,科学技术发展日新月异,应用于生产过程的周期日趋缩短,对于生产发展的作用越来越大,日益成为生产发展的决定性因素。从这个意义上说,科学技术是先进生产力的集中体现和主要标志,是第一生产力。

3.案例解析

首先,科学技术能够应用于生产过程,与生产力中的劳动资料、劳动对象和劳动者等因素相结合而转化为实际生产能力。科学技术上的发明创造,会引起劳动资料、劳动对象和劳动者素质的深刻变革和巨大进步。例如,为了推广智慧农业的发展,农业生产领域必须培养具备现代信息技术和农业知识的新型农民。因此,相关部门从教育层面入手,通过与高校合作进行专业人才的培养,开展农业科技人才培训项目,提高农民的科技素养,加强职业农民培训,精准助力农业智慧化发展。其次,科学技术应用于生产的组织管理,能够大幅度提高管理效率。例如,农民可以利用电商平台和在线农产品交易平台直接将智慧农业的产品销售给消费者,打破了传统农产品流通渠道的限制,为农民销售农产品提供了更多的销售机会和渠道,增加了农民的收入。最后,科学技术为劳动者所掌握,可以极大地提高劳动生产率。例如,在种植业方面,传感器技术的广泛应用使得农作物的生长环境可以被精确监测和管控。农民可以通过田间传感器实时获取土壤湿度、温度、光照等数据,从而根据作物需求进行精准灌溉和施肥。智能化和自动化设备不仅能够精确控制施肥和灌溉,提高农业生产的效率和稳定性,无人机和卫星遥感技术还可以对大面积农田进行高效监测,及时发现病虫害等问题并采取措施,提高农作物的产量和质量。

智慧农业是乡村振兴的重要一环。智慧农业依靠物联网、互联网、大数据技术等形成完整的农业产业链,使粗放耕作的传统农业生产经营方式向精耕细作的现代化经营模式转变,促进农业精细化发展。智慧农业的新经济形态能够延长产业链。利用大数据平台和信息反馈机制有选择性地进行农业生产安排,提高农业生产精准化水平,促进产业振兴。智慧农业能够在提高农产品的价值,促进农民增收致富的同时,推动农业可持续发展,促进生态振兴。2018年1月,国家颁布《关于实施乡村振兴战略的意见》中提出:"深化农业科技成果转化和推广应用改革。加快发展现代农作物、畜禽、水产、林木种业,提升自主创新能力。高标准建设国家南繁育种基地。推进我国农机装备产业转型升级,加强科研机构、设备制造企业联合攻关,进一步提高大宗农作物机械国产化水平,加快研发经济作物、养殖业、丘陵山区农林机械,发展高端农机装备制造。优化农业从业者结构,加快建设知识型、技能型、创新型农业经营者队伍。大力发展数字农业,实施智慧农业林业水利工程,推进物联网试验示范和遥感技术应用。"[1]

智慧农业的发展必然推动新一轮农业技术革命。互联网、大数据、云计算、人工智能、无人机和机器人等新兴技术在农业中的应用与集成创新,正在彻底改变现代农业的总体图景,推动新一轮的农业新技术革命。智慧农业、数据农业和精准农业等新术语被用来概念化这场农业新技术革命的总体特征。"科学技术革命",简称科技革命,集中体现了科学技术在历史发展中的杠杆作用。每一次科技革命,都不同程度地引起了生产方式、生活方式和思维方式的深刻变化以及社会的巨大进步。科技发展使生产自动化程度提高,大大地改变了脑力劳动与体力劳动的比例,使劳动力结构向着智能化趋势发展。人们的劳动方式经历了由机械自动化走向智能自动化、由局部自动化走向大系统管理和控制自动化的根本性变

---

① 《中共中央 国务院关于实施乡村振兴战略的意见》,《人民日报》2018年2月5日。

革。可以说,现代科技革命不仅使科学技术成为第一生产力,也给人类社会和人与自然、人与人的关系带来根本性的变革,深刻地影响着社会的进程和人类的未来。

农业科学技术的突破与发展,给农业生产带来新的发展动力,极大地推进了农业生产的进步。与此同时,现代农业科技革命的基本特点表现为不以单纯的农业产量的提高作为衡量农业科技进步的唯一标准,以兼顾社会经济及生态效益的协调发展为原则。因此,推动新一轮农业科技革命有利于应对当前中国农村不平衡不充分发展的矛盾问题,深化农村改革,处理好农民和土地关系、人与自然、人与人之间的关系。

农业技术革命是推动社会主义改革走深走实的关键一环。社会革命不仅包括阶级社会中社会形态更替意义上的革命,而且包括每一个社会形态中具有革命性意义的改革。改革是一定社会为了解决社会基本矛盾而对生产关系和上层建筑进行的深刻的改变与革新,它是社会制度的自我调整和完善,是同一种社会形态发展过程中的量变和部分质变,是推动社会发展的又一重要动力。2022 年 12 月 23 日,习近平总书记在中央农村工作会议上的讲话强调要依靠科技和改革双轮驱动加快建设农业强国。"建设农业强国,利器在科技,关键靠改革。必须协同推进科技创新和制度创新,开辟新领域新赛道,塑造新动能新优势,加快实现量的突破和质的跃升。当前,我国农业科技创新整体迈进了世界第一方阵,但农业科技进步贡献率同世界先进水平相比还有不小的差距。我们的资源就那么多,超大规模市场对农产品的需求又不断增长,现在比以往任何时候都更加需要重视和依靠农业科技创新,不仅要立志补上短板弱项,还要立志发挥后发优势、实现'弯道超车'。要紧盯世界农业科技前沿,大力提升我国农业科技水平,加快实现高水平农业科技自立自强。"[①]

现代农业科技革命对我国社会的发展产生的巨大推动力是毋庸置疑的,农业生产力的提高主要依靠科学技术的进步。科学技术能够通过促进经济和社会发展造福于人类。科学技术的发展标志着人类改造自然能力的增强,意味着人们能够创造出更多的物质财富,对社会发展有巨大的推动作用。但是,科学技术是一把"双刃剑"。科学技术的作用既受到一定客观条件如社会制度、利益关系的影响,也受到一定主观条件如人们的观念和认识水平的影响,如果不能正确处理就可能会带来负面的影响,应

---

① 习近平:《加快建设农业强国 推进农业农村现代化》,《求是》2023 年第 6 期。

该正确把握科学技术的作用。正确认识和运用科学技术,首要的就是有合理的社会制度保障科学技术的正确运用,始终坚持使科学技术为人类社会的健康发展服务。为了促进我国农业与社会的良好发展,智慧农业应当遵循"趋利避害,转害为利"的原则,让智慧农业为乡村振兴插上"数字翅膀",让科学技术为人民造福。

(八)《流浪地球》与群众史观

1.案例呈现

2019年2月5日,电影《流浪地球》正式在上映,首日以11.4%的排片,获得1.89亿人民币票房(包括午夜场票房1280万人民币),单日票房第四名;2月7日,以24.2%的排片,票房获得3.38亿人民币,登顶单日票房榜冠军;3月3日,累计票房已突破45亿人民币。《流浪地球》首轮档期为2月5日—3月5日,后来密钥延长2个月,继续从3月6日上映至5月5日,累计上映90天,最终中国内地累计票房为46.55亿元人民币,全球累计票房为6.998亿美元。2022年7月1日,20部国产优秀电影重映,其中就包括了《流浪地球》。

该影片根据刘慈欣的同名小说改编,故事背景设定在2075年,讲述了太阳急速衰老膨胀,短时间内包括地球在内的整个太阳系都将被吞没。毁灭之后的太阳系已经不适合人类生存,为了自救,人类将开启"流浪地球"计划,即倾全球之力在地球表面建造上万座发动机和转向发动机,推动地球离开太阳系,用2500年的时间奔往新家园。

这部被称为中国首部"硬科幻电影"的《流浪地球》不仅在国内连创票房新高,在国外上映时影院也频频爆满。在电影故事线的全球发动机停摆的事件中,为了修好发动机,阻止地球与木星相撞,全球开始展开饱和式营救,在与时间赛跑的过程中,无数人前仆后继,奋不顾身,只为延续百代子孙生存的希望。这一情节使得"饱和式救援"一词获得全网广泛讨论。"饱和式救援"是一种救援方式,指救援方派出的救援物资或人员的数量远超目标所需。救援物资和人力是"饱和"的,只要有一个救援方完成救援任务即可,也即"不计代价的救援"。《流浪地球》突破了好莱坞科幻电影的套路叙事,"以多维的影视刻录实现了对大国担当的影像重构和写意表达,即中国在参与全球治理过程中无私贡献中国智慧和中国方案,积极传播世界认同的价值观念"。"在全球灾难面前,全人类是一个可以超越利益鸿沟的命运共同体,跨越国界合作、摒弃个人得失、携手共建家园、一同展望未来是构建人类命运共同体的价值意蕴和永恒追求。"①

实际上,电影界不乏灾难类电影。值得注意的是,与"流浪地球"中人类共同改变自己的命运的叙事逻辑与内在的价值观念相区别的是西方电影中的"英雄拯救世界"。最典型的要数漫威系列《复仇者联盟》。该系列电影主要讲述的是超级英雄集结,各显神通,团结一心,终于打倒邪恶势力,保证了地球的安全的故事。其中,2019 年 4 月 24 日在中国内地上映,2019 年 4 月 26 日在美国上映的第四部《复仇者联盟 4:终局之战》,曾以全球票房 27 亿美元的成绩,位列全球影史票房成绩第一名(截至 2020 年 12 月 31 日)。

(资料来源:《〈流浪地球〉折射源自现实的未来感》,http://theory.people.com.cn/n1/2019/0214/c40531-30670694.html,访问日期:2024 年 3 月 11 日。)

2.案例指向

本案例指向教材中第三章第三节社会历史发展的动力中"人民群众在历史发展中的作用"相关内容。与英雄史观相反,群众史观认为历史的创造者不是个别英雄,而是人民群众。人民群众是社会历史的主体,是历史的创造者。这是马克思主义最基本的观点之一。唯物史观关于人民群众是历史创造者的原理,既明确了人民群众是历史的创造者,也不否认个人在历史上的作用。这一原理要求我们坚持马克思主义群众观点,贯彻党的群众路线。

3.案例解析

虽然《流浪地球》与《复仇者联盟》演绎的都是虚构的拯救世界的故事,却分别表达了群众史观和英雄史观的内在价值指向。除了漫威系列的复仇者联盟超级英雄团队,还有美国 DC 漫画旗下的美国正义联盟超级英雄团队,其衍生电影《钢铁侠》《美国队长》《蝙蝠侠》《惊奇队长》《神奇女侠》等演绎的大多是超级英雄拯救地球的故事。这类以英雄史观为内核的西方文学作品或影视作品并不罕见,甚至极具普遍性,收获了众多读者或观众粉丝。正是因为这种普遍性,这些超级英雄拯救世界的文学影视作品成为经典系列,被持续推送到读者或观众面前。英雄史观把活跃在历史前台的少数英雄人物的作用尤其是他们的意识的作用加以夸大并绝对化,而无视广大人民群众及其历史活动的作用。从英雄史观的社会

① 崔美花、杨冬梅:《〈流浪地球〉:构建人类命运共同体的影像表达》,《齐齐哈尔大学学报(哲学社会科学版)》2020 年第 12 期。

土壤来看,在资本主义社会中,广大人民群众在私有制社会处于被支配的地位,受剥削、受压迫,其历史创造性得不到充分发挥和社会应有的承认,而少数剥削阶级则掌握经济、政治权力,垄断精神文化生活。从阶级根源看,剥削阶级的思想家为了维护本阶级的利益,需要宣扬唯心史观,抹杀广大人民群众的历史作用。这是英雄史观得以产生并长期占据统治地位的重要原因。

与英雄史观相反,群众史观认为历史的创造者不是个别英雄,而是人民群众。之所以得出这样的结论,是因为有着深刻的理论依据,体现了唯物史观在考察历史创造者问题上的方法论原则。马克思主义唯物史观立足于现实的人及其本质来把握历史的创造者。历史当然是人创造的,不能脱离人去探索历史的创造者,唯物史观立足于整体的社会历史过程来探究谁是历史的创造者。社会历史发展过程虽然离不开个体的人的活动,但整体的社会历史并非个体的历史的简单堆砌,唯物史观从社会历史发展的必然性入手来考察和说明谁是历史的创造者。顺应历史发展趋势、符合历史发展必然性的历史主体是创造历史的决定力量,唯物史观从人与历史关系的不同层次上考察谁是历史的创造者。它不是对历史表象的经验描述,而是对历史本质的逻辑把握。

马克思、恩格斯在《神圣家族》中对英雄史观进行了非常尖锐的批判。在鲍威尔等人看来,历史是"由威严的'笔'预先规定了的"[①],整个历史都是批判精神的异化,"改造社会的事业被归结为批判的批判的大脑活动"[②],历史活动仅仅是寓于群众和社会生活之中的批判的"观念"。历史是精神创造的,具体来说是批判精神创造的,而批判精神是批判哲学家即"神圣家族"创造的,因此,作为批判精神的人格化身的批判哲学家就是历史创造者。基于此,鲍威尔等人断言,历史的创造者只是一小撮思辨哲学家,群众在历史当中的作用无足轻重,因为广大群众"所创造的仅仅是'单一的东西',即可以感触到的、非精神的和非批判的对象"[③]。为批判和驳斥鲍威尔的英雄史观,马克思直言指出思想本身并不具有现实力量,要实现思想,就要诉诸现实的、从事实践活动的人。历史绝对不是"自我意识"的产物,更不是少数英雄人物的任性。恰恰相反,马克思用现实的群众的

---

① 《马克思恩格斯全集》第 2 卷,人民出版社 1957 年版,第 128 页。
② 《马克思恩格斯文集》第 1 卷,人民出版社 2009 年版,第 293 页。
③ 《马克思恩格斯全集》第 2 卷,人民出版社 1957 年版,第 21 页。

历史代替了批判的历史,他强调,"历史活动是群众的活动,随着历史活动的深入,必将是群众队伍的扩大"①。以现实的人民群众取代了"批判"的"精神",并强调了历史是由人民群众创造的。"并不是'历史'把人当做手段来达到自己——仿佛历史是一个独具魅力的人——的目的。历史不过是追求着自己目的的人的活动而已。"②

《流浪地球》演绎的虽然是虚幻世界中的故事,但是其所贯穿的人物群像以及"饱和式救援"却深刻体现了马克思主义的群众史观。传统的好莱坞科幻片、灾难片,仍然强调个人英雄主义,强调英雄史观,强调没有主角团队就没有人类和地球的明天的时候,《流浪地球》告诉我们人类的历史不是由某个英雄推动的,而是由人民推动的。"主角"之所以作为主角,仅仅因为他是一个亲历者、见证者。科幻电影《流浪地球》创造了热词——"饱和式救援"。但饱和式救援并不是科幻,而是在中国真实发生的事情。无论是 2021 年的郑州洪水还是 2022 年的重庆山火,都见证了"人民群众是社会历史的主体,是历史的创造者"。毛泽东同志曾对人民群众的历史作用做了一个生动形象的比喻:"真正的铜墙铁壁是什么? 是群众,是千百万真心实意地拥护革命的群众。"③

"在我党的一切实际工作中,凡属正确的领导,必须是从群众中来,到群众中去。"④唯物史观关于人民群众是历史创造者的原理,要求我们坚持马克思主义群众观点,贯彻党的群众路线。中国共产党自成立之日起,就始终坚持马克思主义群众史观的原理,结合中国实际,不断创新并逐步确立中国特色的马克思主义群众史观。在这一过程中,根据中国革命和社会主义建设具体实践,毛泽东同志形成了以全心全意为人民服务为根本宗旨的群众观点、群众路线。马克思主义群众观点的主要内容包括:坚信人民群众自己解放自己的观点,全心全意为人民服务的观点,一切向人民群众负责的观点,虚心向人民群众学习的观点。群众路线是我们党的生命线和根本工作路线,也是我们党的优良传统。群众路线是群众观点的具体应用,即一切为了群众,一切依靠群众,从群众中来,到群众中去。群众路线的实质,就在于充分相信群众,坚决依靠群众,密切联系群众,全

① 《马克思恩格斯文集》第 1 卷,人民出版社 2009 年版,第 287 页。
② 《马克思恩格斯文集》第 1 卷,人民出版社 2009 年版,第 295 页。
③ 《毛泽东选集》第 1 卷,人民出版社 1991 年版,第 139 页。
④ 《毛泽东选集》第 3 卷,人民出版社 1991 年版,第 899 页。

心全意为人民群众服务。习近平总书记从时代和历史的高度总结和概括了人民群众在中国特色社会主义实践中的主体地位和伟大创造作用,提出以人民为中心的发展思想,充分反映和顺应了人民群众的根本利益诉求,鲜明地体现了马克思主义政党的政治立场和执政理念,体现了共产党人的价值取向和工作导向,创造性地运用和发展了唯物史观关于人民群众创造历史的基本原理。

四、延伸阅读

1.《马克思恩格斯文集》第 1—10 卷,人民出版社 2009 年版。

2.《马克思恩格斯选集》第 1—4 卷,人民出版社 2012 年版。

3.习近平:《在文化传承发展座谈会上的讲话》,人民出版社 2023 年版。

4.《习近平著作选读》第 1—4 卷,人民出版社 2023 年版。

五、拓展研学

建议学生组成学习小组,结合以下选题,通过搜集文献、案例、展开辩论等形式,进行进一步深入探讨,并形成研学报告。

1.新质生产力与劳动者

(1)研究内容:新质生产力的内涵和主要特征,如何培育新型劳动者队伍。

(2)讨论方向:新质生产力相对于传统生产力的优越性;如何推动教育、科技、人才有效贯通、融合发展,打造与新质生产力发展相匹配的新型劳动者队伍,激发劳动者的创造力和能动性。

2.消费观念变迁的社会根源

(1)研究内容:从社会存在与社会意识的辩证关系出发,探讨消费观念变迁背后的社会经济因素。

(2)讨论方向:设计辩论课题,让学生分组探讨"消费主义 vs 消费理性"的优劣势,鼓励他们从经济、环境、个体幸福感等角度进行深入分析。引导学生思考不同社会群体对消费观念的态度,比如 Z 时代与老年一代、城市居民、小镇居民与农村居民等。

3."零工经济"对劳动市场和社会的影响

(1)研究内容:了解"零工经济"的概念、特点和发展趋势,探讨"零工经济"背后的社会、经济和政治因素。

（2）讨论方向：通过一些典型的"零工经济"平台和个案，探讨"零工经济"产生的根源，分析其对劳动者、企业和整个社会的影响。

4.世界历史与"人类命运共同体"

（1）研究内容：如何理解马克思的"世界历史"理论？如何用马克思的世界历史理论来理解"人类命运共同体"的提出？

（2）讨论方向：阅读文献，了解马克思"世界历史"理论的内涵、"人类命运共同体"的内涵与价值；结合阅读的文献，探讨"世界历史"与"人类命运共同体"的内在关联。

5.文明多样性视域下中华民族现代文明的主体性叙事

（1）研究内容：实地考察福建泉州的世界级、国家级非物质文化遗产，并进一步思考如何在世界文明交流互鉴中书写中华民族现代文明的主体性叙事。

（2）讨论方向：探讨福建泉州如何在文明多样性中保持平等、开放、多元的发展策略，既实现文明的永续发展又能够顺应时代推陈出新。

6.新时代充分发挥文化在社会发展中的积极作用

（1）研究内容：围绕文化在社会发展中的作用，探讨中国式现代化如何更好地满足人民群众日益增长的文化需要。

（2）讨论方向：认真研究学习习近平总书记在全国宣传思想文化工作会议上的讲话，围绕"第二个结合"分析近年来网络视频平台成为中华优秀传统文化新的展演空间和演艺场所的原因。

7.让科学技术为人类造福

（1）研究内容：正确认识科学技术及其在社会发展中所起到的作用。

（2）讨论方向：具体列举科学技术通过促进经济和社会发展以造福于人类的案例，同时反思其在一定条件下是否会对人类生存和发展带来消极后果。

8.坚持马克思主义群众观点，贯彻党的群众路线

（1）研究内容：坚持马克思主义群众史观的原理，并结合中国实际树立中国特色的马克思主义群众史观。

（2）讨论方向：通过实地调研考察福建宁德霞浦县委党校，深入了解习近平同志在宁德市任地委书记期间的"四下基层"工作制度，分析群众路线与群众观点的具体应用。

第四章　资本主义的本质及规律

一、教学主要目标

　　本章涉及了马克思主义政治经济学的一些核心概念和理论,包括劳动价值论、剩余价值论、资本积累理论、经济危机理论以及资本主义政治制度、意识形态及其本质等。马克思劳动价值论是马克思主义政治经济学的基石,它是一个包括价值的本质、价值量、价值形式和价值规律的完整体系。剩余价值论是马克思主义政治经济学的核心,阐述资本家如何通过剥削工人的剩余劳动来获取剩余价值,涉及剩余价值的生产、实现和分配过程。资本积累理论分析了资本主义经济中资本积累的动力、趋势和对社会经济结构的影响。经济危机理论探讨了资本主义经济的基本矛盾以及这些矛盾如何导致经济危机和社会问题。资本主义政治制度、意识形态及其本质帮助学生了解资本主义的历史地位、发展趋势以及社会主义制度的优越性。

　　本章的教学目标是运用马克思主义的世界观和方法论,深入剖析资本主义社会,揭示资本主义社会发展的特殊规律,进而揭示人类社会走向社会主义的一般规律。通过学习,学生不仅能够掌握马克思主义政治经济学的基本理论,还能够提高自己分析问题和解决问题的能力。

二、教学重难点

　　根据上述线索,本章内容教学尤其要注重引导学生深入学习把握以下重难点问题:

　　(一)在智能革命驱动下产生的"无人经济"能否推翻马克思劳动价值论?

　　(二)现代经济生活中货币是如何发挥各项职能的?

　　(三)价值规律在经济生活中如何发挥巨大作用?

（四）伴随人工智能在各个领域的广泛应用，人类劳动是否依然是剩余价值的唯一源泉？

（五）如何理解资本的循环和周转问题？

（六）当代资本主义经济危机多在金融领域爆发，资本主义经济危机是否还是生产领域生产过剩的危机？

（七）如何理解资本主义民主尤其是"美式民主"的现实弊病？

围绕以上重难点问题，笔者有针对性地选取了相应教学案例，希望结合案例分析，使学生理解资本主义生产方式的本质和资本主义剥削的秘密，透视资本主义政治制度的本质、把握资本主义的历史命运。

三、教学案例

（一）"无人经济"与劳动价值论的"悖论"

1.案例呈现

随着人工智能技术的快速发展和普及，人们日常生活各个领域都发生了深刻的改变。其中，人工智能技术在生产领域的运用更是极大地提高了生产效率，促进了"无人经济"的蓬勃发展。调查报告显示，企业人工智能应用近年来高速增长，全球采纳人工智能技术的企业从2015年的10%增长至2019年的37%，增长率高达270%。在这一背景下，我国也有不少以"无人经济"为核心的新产业在新零售、工业生产等场景下加速落地。

无人便利店。在上海虹桥机场内，自带"高科技基因"的云拿无人便利店为消费者准备了一场"拿了就走"的购物体验。与传统便利店不同，消费者只需提前扫码绑定支付方式便可进店选购，店内购物系统基于计算机视觉、深度学习、传感器融合等一系列AI（人工智能）技术对消费者的购买行为及商品进行精准识别。在离店时，消费者直接走出闸机就可以完成结算，之后会在手机端收到消费账单，整个结算环节只需3～5秒，订单准确率高达99.9%。

无人外卖。在武汉，京东无人配送车也曾在第一时间被送到抗疫一线，承担武汉第九医院和附近小区70%的订单配送工作。快递员只需将货物放进货箱，京东无人配送车即可根据货品的配送地点自动规划出最优路线，依次配送。用户可通过输入验证码、扫二维码和人脸识别三种方式完成取货。所有任务都完成后,无人配送车还可自动返回出发配送站。据了解,阿里巴巴、苏宁等科技巨头近年来也纷纷展开无人配送车的研究和部署工作。

无人工厂。近年来,贵州天义技术有限公司聚焦发展柔性制造等新制造模式,通过以机器视觉等人工智能技术和装备升级关键工位,完成生产线智能化改造,从而实现数字化控制的无人工厂模式。无人工厂可以根据实际加工需求将多台机床设备集合起来,在最少的人工干预下生产范围内的所有产品,实现"多样化、小规模、周期可控"的生产效率,在降低人力成本的同时提高生产线的产能和适用范围。此外,无人工厂还对原有软件算法进行升级,加强生产计划的智能排产和生产过程数据信息的监控,使制造设备数据与信息平台之间实现数据实时联通。工人只需在生产车间内查询智能数据采集系统,当天的生产计划便一目了然,为建立无人化监管模式打下基础。

总体而言,在智能革命的驱动下,"无人经济"取得了快速增长,发展态势良好。然而,"无人经济"在满足消费者对安全、便利和多元生活的旺盛需求的同时,也产生了大量人力被人工智能替代的现象,由此不禁使人产生对马克思劳动价值论的质疑:商品生产需要的活劳动大大减少,商品价值中的主体部分是由机器人所创造的吗?

(资料来源:《各类无接触应用场景不断涌现 "无人产业"大显神通》,《人民日报》(海外版)2020年7月10日第8版。)

2.案例指向

本案例指向教材第四章第一节第一目"商品经济的形成和发展"中的"商品的二因素和生产商品的劳动的二重性""商品的价值量决定"相关内容。商品的使用价值和价值之间是对立统一的关系。作为劳动产品,商品的二因素是由生产商品的劳动具有的二重性,即具体劳动和抽象劳动所决定的。具体劳动和抽象劳动也是对立统一的关系。商品的价值包括质的规定与量的规定两个方面,前者指的是凝结在商品中的无差别的一般人类劳动,回答的是价值的实体问题,后者是由劳动者生产商品所耗费的劳动量即劳动时间决定的,回答的是价值的量的规定问题。

3.案例解析

本案例呈现了人工智能时代各个领域所发生的新变化,其最大的特征便是大量人力被人工智能所替代。基于这一现实,人们不禁对马克思劳动价值论产生怀疑。从一般意义上讲,人类劳动是价值的实体,因此,如果人力大量被人工智能所替代,那么由人工智能所生产的商品,其价值是否仍由人类劳动所决定？这些来自现实的困惑是普遍的,因而也是我们亟须从理论上加以回应的。大体说来,关于"无人经济"与马克思劳动价值论的"悖论"问题,主要可以从以下三个方面来理解:

第一,从商品的二因素来看,使用价值不同于价值。商品的使用价值是指商品能满足人的某种需要的有用性,是一切劳动产品所共有的属性;商品的价值是指凝结在商品中的无差别的一般人类劳动,即人的脑力和体力的耗费,这是商品所特有的社会属性。结合这一原理反观当下的"无人经济"能够得出结论:人工智能在各个领域对人力的替代,尽管也能制造出满足人的某种需要的产品,但从理论上讲,这些产品仅具有使用价值的内容,而不具有价值的维度。这是因为人工智能直接产出产品这一过程并不存在传统生产过程中新的人力的使用问题,所以也就不存在新的价值的生产问题。可见,认为"无人经济"对马克思劳动价值论构成挑战的观点,显然混淆了商品的使用价值和价值。使用价值虽是价值的物质承担者,但并非有使用价值的东西必然就具有价值。这是需要我们首先加以明确的。

第二,从劳动的二重性来看,具体劳动和抽象劳动在商品生产中的作用大不相同。具体劳动是指生产一定使用价值的具体形式的劳动;抽象劳动是指撇开一切具体形式的、无差别的一般人类劳动,即人的脑力和体力的耗费。生产商品的具体劳动创造商品的使用价值,抽象劳动形成商品的价值。马克思在《资本论》第一卷中还强调过:"生产力当然始终是有用的、具体的劳动的生产力,它事实上只决定有目的的生产活动在一定时间内的效率。因此,有用劳动成为较富或较贫的产品源泉与有用劳动的生产力的提高或降低成正比。相反地,生产力的变化本身丝毫也不会影响表现为价值的劳动。既然生产力属于劳动的具体有用形式,它自然不再能同抽去了具体有用形式的劳动有关。"[①]这就是说,生产力的发展虽然能够影响直接的具体劳动和直接的劳动时间,但是不会对抽去了具体有用形式的劳动即无差别的一般人类劳动产生直接的影响。除非生产力的这种发展成为整个社会的普遍的生产力并影响大部分的直接劳动时,生产力的这种发展才会间接影响生产商品的社会平均必要劳动时间,进而影响商品的价值量。因此,人工智能对人力的广泛替代,其实只能对具

---

① 《马克思恩格斯文集》第 5 卷,人民出版社 2009 年版,第 59～60 页。

体劳动产生直接的影响,而对抽象劳动的影响则是需要我们根据具体情况加以辨析的。更进一步,既然无差别的一般人类劳动是价值的实体和唯一源泉,那么基于人工智能产出的产品由于没有新的人类劳动的追加,便自然不会有新的价值的生产问题。由此我们也就能够理解:认为"无人经济"对马克思劳动价值论构成冲击的观点,其实是混淆了具体劳动和抽象劳动的差别,进而混淆了使用价值和价值的差别。

第三,从"无人经济"在当下的发展现实看,所谓的"零劳动"并没有得到完全的实现。实际上,现代社会生产对自动化和信息化技术的应用是以科技人员的劳动为前提的,机器人本身并不创造价值。只有以科技人员的劳动为前提,自动化生产所需要的研发、材料研制、维护保养、编程、生产控制等一系列科技劳动才参与了价值创造过程。自动化生产创造出来的价值,在实体上仍然是凝结在科技产品中的科技劳动者的抽象劳动。从根本上说,它是由于劳动者掌握了先进科学技术而创造出来的更大的价值。

马克思的劳动价值论是对英国古典经济学劳动价值论的扬弃。古典经济学家亚当·斯密虽然已经认识到了商品的二因素,提出劳动创造价值的观点,大卫李嘉图甚至已经认识到决定商品价值量的是社会必要劳动量,而不是生产商品实际耗费的劳动量。但因为他们无法区分劳动的二重性,所以始终无法回答什么劳动创造价值;不能明确区分劳动的二重性,不是通过生产商品所耗费的劳动来解释价值,而是通过该商品所换来的另一种商品包含的劳动量来解释商品的价值;不理解社会必要劳动量是如何决定商品价值量的。结果,他们在价值形式、价值的本质、价值的源泉与价值量等重大理论问题的认识上出现了混乱和错误。马克思的科学劳动价值论建立在对劳动二重性的科学理解上,这为我们理解价值形成,从而揭示剩余价值的真正来源、创立剩余价值理论奠定了重要的基础。面对人工智能时代物质生产领域发生的一系列新的现象,尤为需要我们回到理论原点重新学习和理解马克思劳动价值论,而不是因为某些新的现象的出现,便轻易地否定马克思劳动价值论的理论意义和时代价值。

(二)现代经济生活中货币职能面面观

1.案例呈现

材料1:数字人民币闪亮登场

数字人民币是由中国人民银行发行的数字形式的法定货币,也被称为电子人民币(e-CNY),是一种以广义账户体系为基础、支持银行账户耦合功能、与纸钞和硬币等价并具有价值特征和法偿性的可控匿名的支付工具。目前,数字人民币正在进行试点推广,一些城市和地区已经开始在特定场景下推广数字人民币的使用。法定数字货币的应用,有利于高效地满足公众在数字经济条件下对法定货币的需求,提高零售支付的便捷性、安全性和防伪水平,助推数字经济加快发展。与微信、支付宝等移动支付工具相比,数字人民币具有以下优势:具有法偿性,有国家信用背书;满足消费者匿名支付的需求;实现离线转账;无须绑定银行卡;使用双离线技术,在没有手机信号的情况下,仍然可以使用。

(资料来源:《数字人民币　支付新选择》,《人民日报》2021 年 1 月 18 日第 18 版。)

材料 2:黄金需求持续旺盛

当遇到政治动荡、经济金融危机时,各国对黄金货币属性的认同度开始恢复。2023 年全球购金需求持续旺盛,各国央行积极增配黄金储备迹象明显,并有进一步增持黄金储备的计划。截至 2023 年 12 月末,我国黄金储备规模为 7187 万盎司,环比增加 29 万盎司,这是我国黄金储备连续第 14 个月增加。在全球多国央行购金、美联储降息预期升温等多重因素影响下,黄金价格表现亮眼。纽约商品交易所黄金期货价格在 2023 年全年累计涨幅超 13%。由此可见,黄金会继续在国际货币体系中为信用货币背书,各国央行也将继续持有黄金储备以防范信用货币可能带来的风险,黄金的战略重要性越发凸显。

(资料来源:《我国黄金储备连续第 14 个月增加,央行囤金为哪般?》,《经济日报》2024 年 1 月 12 日第 6 版。)

材料 3:人民币国际化新进展

近年来,人民币的跨境支付、投融资、储备等国际货币功能稳步增强,人民币国际使用取得积极进展。中国人民银行发布的数据显示,跨境人民币业务服务实体经济能力不断提升。2023 年 1—9 月,我国银行代客人民币跨境收付金额为 39 万亿元,同比增长 23%,其中货物贸易人民币跨境收付金额占同期货物贸易本外币跨境收付金额的比重为 24.4%,同比上升 6.9 个百分点,为近年来最高水平。

随着金融市场高水平对外开放的深化,人民币投融资功能逐步增强。2023 年 9 月末,境外机构持有境内股票、债券等人民币金融资产规模合计 9.3 万亿元。2023 年 9 月,人民币在全球贸易融资中的占比为 5.8%,排名升至第二位。

顺应国际储备资产多元化需求,人民币储备货币功能提升。目前已有80多个境外央行或货币当局将人民币纳入外汇储备。根据国际货币基金组织（IMF）数据,截至2023年二季度末,人民币储备规模占比为2.45%,较2016年人民币刚加入SDR时提升1.38个百分点。2022年5月,IMF将人民币在SDR中的权重由10.92%上调至12.28%,排名第三。

（资料来源:《人民币国际货币功能稳步增强》,《光明日报》2023年11月13日第10版。）

2.案例指向

本案例指向教材第四章第一节第一目"商品经济的形成和发展"中"价值形式的发展与货币的产生"。这三个案例材料主要涉及货币的五种职能,通过案例了解货币的价值尺度、流通手段、贮藏手段、支付手段和世界货币这五种职能。

3.案例解析

价值尺度是指以货币为尺度来衡量计算商品价值量大小。执行价值尺度职能的货币只需要观念上的货币。用货币来表现商品的价值或商品价值的货币表现就是价格,商品价值是价格的基础,价格是商品价值的表现形式。

流通手段是指货币在商品交换中起媒介作用。执行流通手段职能的货币必须是现实的货币。流通手段职能作用的双重性:一方面促进了商品交换,推动了社会生产力的发展;另一方面可能造成买卖脱节、产生经济危机的可能性。

贮藏手段指货币退出流通领域,被人们当作独立的价值形态和社会财富的一般代表而保存起来的职能。货币贮藏能够自发调节流通中的货币量,起到货币"储水池"的作用。

支付手段指用货币来清偿债务或欠款的职能,实际上是一种信用交易的媒介。支付手段作用的双重性:一方面方便商品交换;另一方面会造成债务关系破坏,产生经济危机形式上的可能性。

世界货币指的是货币越出国界,在世界市场上起一般等价物的作用。世界货币的作用:平衡国际贸易差额、购买别国商品、作为社会一般财富的代表支付赔款等。

材料1表明数字人民币的功能和属性跟纸钞完全一样,只不过数字人民币的发行和流通都基于区块链技术。数字人民币同样具有价值尺度、流通手段、贮藏手段、支付手段和世界货币五大职能。其一,价值尺度的职能:数字人民币可以用来衡量和表现商品价值。其二,流通手段的职能:数字人民币具有充当商品交换媒介的职能。在商品交换过程中,商品出卖者可以把商品转化为数字人民币,然后再用数字人民币去购买商品。在这里,数字人民币发挥了交换媒介的作用,执行流通手段的职能。当然数字人民币同样可以承担贮藏手段、支付手段和世界货币等职能。比如在我国政府和央行的大力推动下,数字人民币的海外支付和结算将会更加便捷可靠。未来随着数字人民币国际化进程的推进,除了金银以及主要世界货币外,法定形式的数字货币也将发挥着重要的世界货币职能。

材料2显示,在地缘冲突风险不断、发达经济体逐步向降息周期过渡以及全球储备货币体系趋于多极化等多重因素的影响下,我国央行增加购买黄金的趋势可能会持续多年甚至几十年,并有望进一步支撑黄金的表现。[①] 同时,黄金具有投资工具和奢侈饰品的双重属性,作为外汇储备的重要组成部分,央行无论出于投资还是消费目的,都有助于推动黄金的需求上升。目前我国央行储备资产中黄金占比明显偏低,仅有4%左右,与美国、德国、意大利、法国等国外汇储备中黄金占比动辄60%~70%相去甚远,以上种种因素都将推动央行继续增加对黄金的需求,黄金作为贮藏手段的职能将日益凸显。

材料3介绍了人民币国际化的最新进展。人民币国际化是指人民币能够跨越国界,在境外流通,成为国际上普遍认可的计价、结算及储备货币的过程。

人民币国际化进程这些年不断加速,2016年10月1日,人民币正式被纳入SDR货币篮子,是人民币国际化进程中的一个里程碑,增加了其国际储备资产的吸引力;2018年3月,以人民币计价的石油期货在上海国际能源交易中心开展交易,并迅速与纽约商品交易所、伦敦洲际交易所等齐名,成为全球知名的石油交易所之一。此外,2013年提出的"一带一路"倡议,涉及60多个国家和地区,人口占世界总人口的六成左右。这些国家和地区是全球经济发展快、国际贸易规模大的地区,基础设施建设等长期需求旺盛,对国际货币需求强烈,这为人民币在该地区率先实现区域化提供了有利机会。我们输出人民币、技术和产能以换取各个国家不同的资源,把消费、生产、资源三个要素相结合,人民币在大宗商品交易、基础设施建设、跨境电子商务等环节都有可能得到很好的使用。

党的二十大报告明确提出有序推进人民币国际化。从防范风险和促

---

① 《央行囤金为哪般》,《经济日报》2024年1月12日。

进发展的角度看,人民币国际化是中国经济转型升级的必然选择。首先,目前我国外部环境更加复杂严峻,大国竞争与博弈加剧,地缘政治风险抬升,金融波动显著上升,国际货币体系系统性的问题深度暴露,有序推进人民币国际化可以降低对美元的依赖,降低这种风险。其次,人民币国际化有利于我国高效利用境内外市场,配置全球金融资源。过去在国际贸易中,大家只认美元,现在可以直接使用人民币,从而可以增加更多的自主权,提升宏观政策的影响力和控制力,促进贸易和投资的便利化。

人民币国际化是我国从金融大国迈向金融强国的必经之路,未来机遇与挑战并存。人民币国际化要顺势而为,聚焦贸易投资便利化,不断优化人民币跨境投融资、交易结算等基础性制度安排,增强跨境人民币业务服务实体经济和推动高质量发展的能力,为经济主体提供多元化的币种选择,扎实推进人民币国际使用。

(三)华为成长历程中的价值规律

1.案例呈现

从 1987 年创立至今,华为这家民营通信企业,一路与中国改革发展的脉搏同行,从 2 万到千亿的创业史,绝不只是一个励志故事,更因为它的战略定力与精神气质,使它不仅是中国人的骄傲,更成长为了"世界的华为"。

战略选择:最难走的路

对于一家企业而言,道路的选择关乎生死。2003 年开始,华为手机一直专注运营商定制机,直到 2011 年年底,华为决定做自有品牌手机,并尝试发力中高端手机市场。2011 年,苹果、三星两家独大,90%的利润都交给了苹果和三星。当时,华为面临三大挑战和转型:从低端到高端,从运营商渠道到公开渠道,从贴牌到自有品牌。于是,华为制定了铁三角战略来应对,即精品、品牌、渠道零售。

2013 年,华为手机更是一战成名,华为 Ascend P6 发布,采用超薄全金属机身设计,厚度仅 6.18 毫米,并配备华为自研处理器,成为华为手机第一款销量过 600 万的旗舰产品。

此后,在手机行业整体遭遇增长天花板,创新乏力的几年中,华为手机一路狂奔,持续在技术上实现突破。Mate 8 系列取得长续航与高性能的再次突破;P9 系列引领手机双摄风潮;Mate 9 系列聚焦安卓卡顿顽疾;Mate10 系列首次搭载独立人工智能芯片;P20 系列开创性采用徕卡三摄设计;Mate 20 系列更是实现 7 纳米芯片、超广角徕卡三摄、续航快充能力的全方位革新。华为手机的创新点无不紧紧抓住手机行业发展的前沿潮流,紧贴消费者需求,这使得华为手机在高端市场站稳脚跟。

技术创新:始终以消费者为中心

华为从 2017 年开始规定每年研发经费的 20%～30% 要投入基础研究,对于如此巨大的研发投入,如何选择创新的方向和路线,让研发投入发挥出最大的效应成为最为关键的课题。

以华为手机与徕卡的合作为例,双方主要的工作方向是光学设计和图像质量,然而,合作遇到不少困难。比如,手机拍照结构的每个部分都和数码相机相对应,但手机的光学设计有着天然的限制,塑料镜头的光学素质与光学镜片有差距。由于尺寸的限制,传统光学镜头的设计经验可能无法完全继承。镜头模组的加工难度较大,必须考虑生产的良率、量产和成本。一开始的试制良率结果不超过 10%。经过专家团队夜以继日的努力,镜头良率最终达到了量产的标准。2016 年,华为手机和徕卡联合设计的首款产品——华为 P9 正式发布,徕卡双摄一举成为华为手机全新的品牌和技术标签,也成为"华为手机拍照好"这一最具普遍性用户口碑的原点。

作为另一核心竞争力,芯片同样是华为多年来持续深耕的领域,华为从 1991 年就成立了集成电路设计中心。2014 年 6 月,华为正式发布麒麟(Kirin)SoC 芯片,并迅速成为智能手机芯片中的一匹黑马,经过数年的迭代演进,麒麟芯片已经从半导体行业的追赶者逐步变为行业引领者。

(资料来源:谭璐:《华为式创新启示录》,《21 世纪商业评论》2019 年第 1 期。)

2.案例指向

本案例指向教材第四章第一节第二目"价值规律及其作用"中"价值规律在市场配置资源过程中的作用"。价值规律是商品经济的基本经济规律,它的基本内容和客观要求:商品的价值量由生产商品的社会必要劳动时间决定,商品交换以价值量为基础,按照等价交换的原则进行。价值规律的表现形式是商品的价格围绕价值自发波动。价值规律的作用表现在以下方面:第一,自发地调节生产资料和劳动力在社会各生产部门之间的分配比例;第二,自发地刺激社会生产力的发展;第三,自发地调节社会收入分配。

3.案例解析

通过华为几十年来的成长历程我们可以发现,价值规律在其中发挥的三个巨大作用:市场引导着资源的配置;市场瞬息万变,但创新为本、技术为王的铁律不变;市场不会亏待进取者,更不会包容懈怠者。

首先,提到华为,大家第一时间想到的只有两个字:通信。从创立那天起,这就是它的主航道。无论体量怎样成长、变化,它从未"偏航"。这无疑是一条正确的航道:30年前,人类移动通信的普及率不足1%,30年后全球移动终端拥有量超过了100%。无论是中国的经济建设,还是全球消除数字鸿沟,大规模发展通信基础设施,都是大势所趋。在多元化的"诱惑"面前,华为一直保持着战略定力。

华为的终端战略,是从过去的网络通讯业务延伸到消费终端业务。B2B业务理论上其客户在全球只有600多家,而B2C业务则要面对全球65亿消费者,两者需求各异。B2B+B2C这样的商业模式,在整个通信历史上都鲜有成功的案例。然而,华为却只用了7年时间,在B2B与B2C两个赛道上都取得成功。[①] 华为公司的手机业务从无到有,从小做大,同样离不开根据市场需要配置资源。这是价值规律第一个作用,自发地调节生产资料和劳动力在社会各生产部门之间的分配比例。

其次,价值规律第二个作用,自发地刺激社会生产力的发展,鞭策企业不断地改进技术和改善管理。

与大部分中国企业一样,华为也是从"追随别人"的技术起步的。但它用不到30年时间,就实现了弯道超车。在世界通信技术的谈判桌上,2G时代,根本没有中国的公司,华为只能凭借价格便宜,在市场上分一杯羹;3G时代,华为挤到了谈判桌旁,但只能在旁边站着看;4G时代,华为终于坐上了谈判桌;5G时代,华为坐到了谈判桌的主位。华为手机业务也一样,华为对自己未来将要面对的挑战有着非常清晰的认知,华为既不想只做手机硬件组装厂,也不想单纯依靠低价来获取市场份额,最终华为手机选择大力投入基础研发和技术创新,通过创新为消费者带来价值。

华为创业初期,在上海一间旧民居里,任正非对10多位年轻的研发工程师说:"20年后,我们要在上海建一座能容纳1万人的研发大楼。"如今,诺言不仅实现,而且远远超出预期:全球16个研究所,28个能力中心,它的17万名员工中,有近一半从事研发。华为的理念:颠覆不变,创新永恒。华为在2022年的研发投入总额为1615亿元人民币,占销售收入的25.1%,是历史新高。近十年累计研发投入超过9773亿元人民币。

---

① 谭璐:《华为式创新启示录》,《21世纪商业评论》2019年第1期。

华为手机从多摄像头到智慧内芯,树立手机新标杆,离不开创新。华为是第一个发布双摄像头手机的厂家,华为也是第一个把 AI 引入手机的厂家,让手机变成一个以"使用者"为中心,打造出懂你的手机,把手机从"智能"推向"智慧"。火爆的华为折叠手机 Mate X,一个转轴,是数学、材料、机械、设计等多学科的创新,历时 3 年攻关,历经几十次迭代,最终实现可 20 万次稳定工作,从而保证整部手机的平整状态。

华为能够在 B2B 和 B2C 方面同时收获硕果,得益于 30 年来一直坚持的创新理念。华为的创新背后一以贯之的是以客户为中心的主线,紧紧围绕着客户的显性需求和隐性需求,让每项技术投入都给消费者带来更好的体验。

最后,价值规律自发地调节社会收入的分配,实现生产者的优胜劣汰。唯创新者胜,正如对技术创新的强攻成就了今天的华为,手机市场的生死存亡再一次表明,市场既不会亏待进取者,也不会包容懈怠者。任正非在创建华为并决定进军通信行业的时候,是被逼着不断地往前冲。通信行业是一个竞争极其残酷的行业,强者不断发展做大,弱者会逐渐被市场淘汰,没有第三条路可走。

而回顾这些年手机市场的风云变幻,以华为为首的中国手机发展到今天,是多么不容易。当年的国内市场是摩托罗拉、诺基亚、西门子等老牌厂商的天下,在缺乏经验和技术积累的情况下,国产手机靠贴牌起家,硬生生从实力雄厚的手机大鳄手中抢下半壁江山。进入智能手机时代,手机的功能五花八门,更新换代越来越快,消费者的期望值越来越高,竞争必然也更趋白热化。智能手机俨然成了高端芯片和潮流设计的集合体,厂商如果没赶不上市场的节奏,很可能就被市场无情抛弃。摩托罗拉、诺基亚、索尼乃至三星等都曾辉煌一时,如今在中国市场却"泯然众人矣"。[①]

从华为的故事里可以再总结一下价值规律的三个作用:第一,自发调节生产资料和劳动力的配置,就是要培育企业的市场竞争意识。第二,刺激生产者改进技术,改善管理,提高劳动生产率,它培育的是企业的科技意识。第三,培育企业的竞争意识,实现优胜劣汰,从而实现资源在整个社会,不同部门之间进行优化配置,提高经济效益。

---

① 《从华为看中国制造如何证明自己》,《北京日报》2018 年 10 月 31 日。

(四)人工智能时代剩余价值源泉的学术论争

1.案例呈现

近年来,随着人工智能在工业制造、农业生产、医疗卫生、市场营销、银行金融、太空探索、物流运输等各个领域实现广泛应用,不仅传统机器得到了重大的技术升级,而且整个社会生产体系也实现了根本性的重塑。观察某些行业的生产线,传统雇佣工人在生产过程中的实际地位已经遭到明显削弱。人工智能似乎已经成为物质生产的主要承担者,其不仅可以独立完成生产任务,还能够通过深度学习和算法来应对各种突发情况。这导致人类劳动者在物质生产中的地位逐渐被边缘化,大量工人面临下岗失业的困境。这一现实引发了学术界对马克思关于剩余价值来源的论断重新思考和讨论,在此过程中也产生了两种冲击和解构马克思剩余价值理论的观点。

一是"人工智能替人论"。这一观点主张,人工智能自被发明创造出来后就脱离于人而存在,进入生产过程后成为独立的要素。其中,劳动过程中的智力因素和物化劳动力中的科技含量是剩余价值的源泉。在这一过程中,尽管企业雇佣的工人数量越来越少,但生产的产品数量却持续增加。因此,有学者认为,这些新增的价值并不是由个别工人创造,而是由人工智能产生的。还有学者预测,人工智能有朝一日将发展到无须人类的协助而独立运转的阶段,不再服从于任何人类的指令。社会中的绝大多数人将变成"无用阶级",这些人没有任何经济价值、政治价值或艺术价值,对于国家和社会的发展也不会提供任何帮助。

二是"剩余价值无用论"。这一观点认为,人工智能虽然没有替代活劳动,但是使活劳动变得无足轻重,从而导致剩余价值在当今的资本主义生产方式中不再重要。随着人工智能的发展,绝大部分工人被排挤出劳动力市场,但是资本家并没有停止对财富的收集和占有。这种现象的背后逻辑在于企业的利润来源已经从依赖无偿占有剩余劳动转向对固定资本的持续再利用。还有学者认为,由于人工智能的广泛应用,工人劳动模式已经经历了显著的转变,"非物质劳动"成为主导的劳动形态。在这一新的劳动范式中,资本从对工人的剩余劳动的无偿占有转变为对工人的"生命政治剥削"。这种转变进一步强化了在当今的资本主义生产中传统意义上剩余价值的边缘化趋势。

由此可见,人工智能不仅引领了新一轮的科技革命和产业变革,而且也给学术界带来了关于剩余价值来源问题的理论迷思。剩余价值理论是马克思主义政治经济学的基石,是马克思最具代表性和划时代意义的伟大发现之一。它揭示了资本主义生产方式的本质和矛盾,为社会主义革命和建设提供了理论指导。因此,在人工智能时代产生的这些理论迷思,就成为我们需要正视并加以回应的重点问题。

（资料来源:王文泽:《人工智能条件下的剩余价值来源是什么?》,《政治经济学评论》2024 年第 1 期。）

2.案例指向

本案例指向教材第四章第二节第三目"生产剩余价值是资本主义生产方式的绝对规律"中的"剩余价值的生产过程和资本的不同部分在剩余价值生产中的作用""工资与剩余价值的分配"相关内容。资本主义的生产过程是劳动过程和价值增值过程的统一。其中价值增殖过程即剩余价值的生产过程,是资本主义生产过程的主要方面。所谓价值增殖过程,是超过劳动力价值的补偿这个一定点而延长了的价值形成过程。根据资本在剩余价值生产中所起的不同作用,可将以生产资料形态存在的资本称之为不变资本,将用来购买劳动力的那部分资本称之为可变资本。前者在生产过程中转移自身价值,不发生增殖;后者在生产过程中创造的新价值不仅包括相当于劳动力价值的价值,而且包括一定量的剩余价值。当剩余价值被资本家视作全部预付资本的产物或增加额时,它便取得了利润的形态。资本主义生产的目的是获得利润。为了得到尽可能高的利润率和尽可能多的利润,不同生产部门的资本家之间展开了激烈的竞争,由此导致了资本在不同生产部门之间的辗转腾挪,以及利润率的平均化。利润的平均化过程意味着每个资本家所得利润多少不仅取决于他对本企业工人的剥削程度,而且取决于整个资产阶级对整个工人阶级的剥削程度。

3.案例解析

本案例重点呈现了人工智能的快速发展给学术界带来的理论迷思,其最主要的表现是对马克思剩余价值理论产生多种质疑。毋庸赘言,此类理论迷思自然是对现实困惑的理论表达,因而更需要我们从学理逻辑上予以澄清和回应。大体说来,关于人工智能时代剩余价值源泉的学术论争,主要可以从以下五个方面来理解:

第一,人工智能并没有改变劳动是价值的唯一源泉。从劳动的二重性看,具体劳动和抽象劳动在商品生产中的作用大不相同,具体劳动生产商品的使用价值,抽象劳动生产商品的价值。但具体劳动和抽象劳动的此种对立并不意味着具体劳动和抽象劳动是各自独立存在的两种劳动或两次劳动。具体劳动和抽象劳动是对立统一的关系。因此,抽象劳动虽是价值的实体,但实质上,这种抽象劳动却是为社会所中介过的具体劳动。正因为如此,劳动始终是商品价值的唯一源泉。由此可见,人工智能的出现虽然极大地改变了传统的物质生产过程,但通过人工智能生产出的产品,因为在产品的直接生产过程中没有新的活劳动的增加,所以也就不会有新的价值的生产。学术界在人工智能的出现后而在剩余价值来源问题上产生的诸多理论迷思,正是没有把握住劳动是价值的唯一源泉这一理论质点,才会把人工智能当作能够脱离人而独自存在的生产要素,并进而解释为人工智能时代剩余价值的源泉。这显然是一种错误的见解。

第二,人工智能是社会生产力进步的表现。资本主义生产的唯一动机和直接目的就是追求剩余价值。为了达到这一目的,资本家便尽可能改变技术,提高劳动生产率,加快资本积累,通过资本积聚和资本集中扩大生产规模。资本对剩余价值的追逐,决定了资本有机构成的提高是一种一般趋势。所谓的资本有机构成,指的是由资本的技术构成决定并反映技术构成变化的资本价值构成。资本有机构成通常用 C∶V 表示,C 代表不变资本(机器、厂房、原料等生产资料的价值),V 代表可变资本(劳动力的价值)。因此,无论人工智能在实际的生产生活中表现出何种"智能化""自动化"特性,都无法根本性改变它作为物的劳动条件的本质。所不同的是,人工智能作为机器高度发展的结果,它在资本主义生产方式中的出现和广泛应用,意味着每个劳动力所推动的生产资料越来越多,意味着不变资本的增多,可变资本的减少,意味着资本有机构成的提高,意味着社会生产力的巨大进步。然而,正如马克思在《资本论》第一卷中所强调的,"生产力当然始终是有用的、具体的劳动的生产力"[①],因而生产力的发展只是对具体劳动产生直接影响。学术界之所以有不少人在剩余价值来源上产生诸多理论迷思,也是因为无法正确理解人工智能的发展所代表的生产力的进步及其在价值决定上的影响的问题。

第三,人工智能的应用为资本家带来超额剩余价值。相对剩余价值是指在工作日长度不变的条件下,通过缩短必要劳动时间而相对延长剩余劳动时间所生产的剩余价值。而缩短必要劳动时间是通过全社会劳动

---

① 《马克思恩格斯文集》第 5 卷,人民出版社 2009 年版,第 59 页。

生产率的提高实现的。全社会劳动生产率的提高则是资本家追逐超额剩余价值的结果。所谓超额剩余价值是指单个资本家通过改进技术、改善经营管理、提高劳动生产率,使其生产的商品个别劳动时间少于社会必要劳动时间,个别价值低于社会价值所获得的剩余价值。认为"人工智能替人论"的学术观点,实际上,只是看到资本家通过人工智能获得剩余价值,而不理解这种剩余价值的实质,其实是单个资本家因技术发展而在一定时期内获得的超额剩余价值。这种现象并不是对马克思剩余价值理论的证伪。

第四,人工智能行业获得平均利润。在实际的生产生活中,由于资本家把剩余价值看作全部预付资本的产物或增加额,剩余价值便取得了利润形态。在获取利润动机的驱动下,不同生产部门的资本家之间必然会展开激烈的竞争,由此便推动利润向平均利润的转化。利润的平均化体现着不同部门的资本家集团要求按照等量资本获取等量利润的原则来瓜分剩余价值的关系。在利润平均化的过程中,产业资本家得到产业利润,商业资本家得到商业利润,银行资本家得到银行利润,农业资本家得到农业利润,这些不同部门资本家瓜分到的只是平均利润。由此可见,人工智能行业的资本家虽然在自己的产品生产过程中可以取消对传统人力的使用,并依然获得利润,但这种利润的源泉决非人工智能本身,而实际上是其凭借自身资本数量,根据平均利润率所获得平均利润。凡是基于人工智能行业能够获得利润这一表象而误以为剩余价值来源出现改变的观点,盖因为无法理解人工智能行业获得利润乃是全社会剩余价值总额在各个资本之间平均分配的结果。

第五,人工智能的普遍化加剧资本主义的危机。人工智能行业虽然能够获得平均利润,但人工智能的普遍化意味着必要劳动时间的不断缩减,资本有机构成的不断提高,而这一逻辑的极化必然会导致一边是使用价值即物质财富的充分涌流,另一边却是工人阶级自身价值的极端贫困化,如此资本主义便会逼近自身发展的界限。因此,环顾当下的人工智能现实,即便最发达的资本主义国家,人工智能目前也只是在某些生产领域代替了人类劳动。其之所以没有将人工智能推向普遍化,从剩余价值理论的角度看,根本原因就在于这种极化的发展既无助于其获取剩余价值的唯一动机和直接目的,也无助于其维系自身的长久存续。强调"剩余价值无用论"的学术观点,究其实,是没有理解雇佣劳动制度之于资本主义生产方式的决定性意义。从政治统治的角度看,资本主义生产方式自然需要对雇佣工人的"生命政治剥削",但从资本主义生产方式的本质看,如果只是寄希望于对雇佣工人的"生命政治剥削",而将雇佣工人排除出资本的生产体系,无异于"自废武功"。因为如果没有劳动价值论、如果没有雇佣工人的劳动,那么无论是人工智能在特定时期内为资本家带来的超额剩余价值,还是人工智能获得的平均利润,便都会成为无源之水、无本之木,而这实际上也意味着资本主义生产方式的最终灭亡。很显然,资本家是不乐意见到这一结果的。所以人工智能的资本主义应用,决不是对剩余价值来源的证伪,而恰恰是对其最为现实的证成。

(五)恒大集团暴雷的始末与资本的循环周转

1.案例呈现

2023年9月,涉嫌严重违法的恒大创始人许家印被调查,拉开了这场"地震"的序幕。作为中国乃至全球知名的房地产业巨头,恒大集团的创始人落马,不仅彻底击碎了许家印"传奇"的个人形象,也将中国房地产业推向前所未有的深渊。这场"地震",无疑对中国整个房地产行业产生了深远影响。

回顾恒大集团暴雷的始末可以发现,自1997年成立以来,恒大集团其实就已经背负上巨额债务。因为它采取的是一种不断加杠杆的方式来支持公司的增长。简单来讲,作为地产开发商,恒大集团遵循地产开发商的一般运作逻辑。首先,地产开发商会通过金融机构和国外投资者进行融资,以购买土地,取得土地的使用权。其次,开发商会将购买来的土地,通过施工方以在建工程抵押的方式向银行贷款,以便于偿还此前购买土地的融资。再次,为了使在建工程得以推进,开发商往往会提前开启预售,而购房者的购房款在汇入开发商名下之后,要么被开发商用于偿还银行贷款,要么被开发商用于支付施工方的施工款。但无论如何选择,开发商都只剩下一个空壳。作为房地产业巨头,恒大的发展不仅遵循上述运作逻辑,而且还通过上述杠杆方式不断地购买新的土地。于是,在资金链断裂之后,恒大集团最终走向崩盘。

恒大集团在危机爆发前采取了多项自救措施,以延迟债务偿还和增加资金流入。其中包括:第一,恒大物业(06666.HK)分拆上市,2020年9月底向港交所提交招股书,11月完成上市并募资69亿港元,耗时不到2个月。第二,恒大汽车再引战投,恒大汽车在2020年完成40亿元引战,阿里、腾讯入局,而2021年1月再引进战投方260亿港元。第三,组建房车宝并引战投。2020 年 8 月上市的贝壳,市值 3000 亿元人民币,极大震动了包括恒大在内的各大房企巨头。受此启发的恒大在 2020 年年底联手 152 家中介成立房车宝集团,通过年成交额 1.2 万亿的规模效应,在 2021 年 3 月引入战投 163.5 亿港元,整体估值 1635 亿港元。

然而,这些措施最终无法扭转恒大的财务状况,因为政策调控和疫情对房地产市场造成了不小的冲击。时间来到 2020 年,当中国政府颁布了许多政策来阻止房地产市场泡沫时,这种杠杆机制遇到了巨大的问题,比如禁止中国的银行向房地产公司贷款。恒大无法偿还外国投资者的利息。恒大开始通过出售自己的金融产品来借钱,但他们的投资只是为了弥补他们的融资缺口。2021 年,恒大的融资缺口巨大,资产负债率约为 200%。2023 年 7 月 17 日,恒大集团发布了震惊世人的 2021 年、2022 年两年财报。财报显示,集团两年净亏 8000 亿,总负债达 2.4 万亿,仅比 2022 年中央财政赤字的 2.6 万亿少不到 10%,让人们见识到什么叫"负"可敌国。因此,有不少人将恒大爆雷事件同美国 2008 年雷曼兄弟破产事件相提并论。

(资料来源:《债务难自救 恒大被清盘》,《北京商报》2024 年 1 月 30 日第 3 版。)

2.案例指向

本案例指向教材第四章第二节第三目"生产剩余价值是资本主义生产方式的绝对规律"中的"资本的循环周转与再生产"相关内容。价值和剩余价值要通过资本流通来实现,而资本的流通包括个别资本的流通和社会资本的流通两大部分。其中个别资本的流通又分为资本的循环和资本的周转。同时,个别资本的循环和周转不是孤立进行的,而是相互交错、互为条件的。这种相互联系、相互依存而又相互制约的个别资本运动的总和就是社会总资本运动。

3.案例解析

本案例清楚地呈现了资本的运动特性,以及资本循环与周转对于个别资本流通的重大意义。因此,结合马克思关于资本的循环和周转理论,有助于我们更加精准地把握恒大集团暴雷事件的原因,同时也对我国社会经济的健康运转和发展提供重要的启发。

第一,恒大集团内部的资本循环。所谓的资本循环,指的是资本从一种形式出发,经过一系列形式的变化,又回到原来出发点的运动。在产业资本循环过程中,要经过购买、生产、售卖三个不同阶段,与此相联系,依次执行货币资本、生产资本、商品资本三种不同的职能形式,在运动中得到增殖并回到原来资本的出发点。恒大集团作为个别资本,其价值和剩余价值也需要通过个别资本的流通即资本的循环和周转来加以实现。纵览恒大集团的基本运作逻辑,其内部的资本经历了从货币资本向生产资本再向商品资本的不同职能形式的转化过程。作为起点,恒大集团通过各种融资手段获取货币资本,购买土地,获取土地使用权。然后,恒大集团将地产开发项目外包给施工方,使资本转入到生产资本环节,执行生产资本职能。施工方完成房地产建设项目,完成生产资本向商品资本的转化。最后,恒大集团将建好的商品房投入市场,出售给购房者,完成商品资本向货币资本的转化,从而实现向原点的复归。这一过程能否顺利进行下去,决定了恒大集团能否在这一过程中实现其价值和剩余价值。

第二,恒大集团资本循环的断裂。资本的循环包含了三种不同的职能形式,但这三种职能形式不是彼此独立的关系,而是内在统一的关系。在《资本论》第二卷中,马克思针对资本的循环特别强调道:"资本作为整体是同时地、在空间上并列地处在它的各个不同阶段上。但是,每一个部分都不断地依次由一个阶段过渡到另一个阶段,由一种职能形式过渡到另一种职能形式,从而依次在一切阶段和一切职能形式中执行职能。"①这就是说,货币资本、生产资本、商品资本这三种职能形式在空间上是并存的,在时间上是继起的,它们的统一关系同产业资本的连续循环是流通过程的统一是一致的。结合这一原理能够得出结论:恒大集团长期采取高杠杆的方式维持公司的增长,在一定时期内或许可以通过不断融资和提前预售等方法解决资本循环的问题,但其高额的债务决定了一旦情况变得严峻起来,比如突如其来的疫情,以及日益严格的银行贷款条件,其内部的资本循环必然会面临资金链断裂的风险。就此而言,恒大集团的爆雷不过是其长期存在的潜在风险的外化与现实化。

第三,恒大集团对社会总资本再生产和流通的影响与启示。许多相互联系、相互依存的个别资本的总和,构成社会总资本。正如个别资本会通过自身的循环和周转完成个别资本的流通一样,社会总资本也因内部相互联系、相互依存而又相互制约的个别资本运动而形成社会总资本的运动。社会总资本的再生产和流通要得以顺利进行,社会生产中的不同部类(主要分为生产生产资料的第一部类和生产消费资料的第二部类)在规模上和结构上要保持一定的比例关系。基于此,反思恒大爆雷事件可

---

① 《马克思恩格斯文集》第6卷,人民出版社2009年版,第121页。

以发现,恒大集团暴雷事件看似个别资本的问题,实则不然。因为个别资本的循环和周转不是孤立进行的,而是相互交错、互为条件的。也由此,恒大集团爆雷会被称为一场"地震",它不仅会对整个中国的房地产行业产生深远影响,甚至会对整个中国经济的健康发展产生严重危害。因此,以恒大集团暴雷为教训,为确保中国经济的可持续发展以及高质量发展,在顶层设计上必须对社会总资本的再生产与流通进行提前的谋划和布局,同时也要通过银行监管,引导和规范单个资本的无序扩张。总而言之,我们应积极总结恒大集团的经验教训,以确保中国经济的健康发展,从而为中华民族伟大复兴提供坚实的经济基础。

(六)2008 年金融危机

1.案例呈现

最近半个世纪各种形式的金融危机频频爆发,20 世纪 80 年代,拉美国家普遍陷入债务危机,日本出现经济泡沫破灭。进入 90 年代,金融危机更是一浪高过一浪。当然,2008 年由美国次贷危机引发的全球金融危机后果最为严重、影响最为深远。

在 2000 年初,美国房地产业由于利率的下降,房价升高,人们对房子的需求也逐渐增加。银行决定开放次级贷款,并且把贷款的债券卖给投资银行,投行也把债券转手卖给投资客,把收回来的贷款拆成小份,最大化地规避风险。并且投行和风险评级机构合作,将自己的产品打造成几乎无风险来吸引更多的投资客。一切看起来很顺利,但是不管是投行还是银行,都在默认房价是呈上升趋势。因为对贷款的审核极其放松,所有人都在买房,房价不断升高,当房价达到一定高度时候,人们发现就算贷款也买不起了,再加上此时美联储升高利率,房价开始不断走低。原先买房的人发现自己的房子越来越不值钱了,也就把房子抵押给了银行,最终由购买债券的投资客买单。

2008 年 8 月,美国房贷两大巨头——房利美和房地美股价暴跌,持有"两房"债券的金融机构大面积亏损。美国财政部和美联储被迫接管"两房",以表明政府应对危机的决心。美国国内出现债务危机,于是开始大量从世界各地回收资金,再加上原先世界各国都购买了房产的债券,最终这次美国的金融危机在短时间内变成了世界金融危机。此次金融危机重创了全球经济,引发了高失业率、高通胀、贫富分化加剧、经济衰退等严重后果。

2008 年的金融危机是资本主义经济危机在当代的主要表现形式。

首先，经济发展虚拟化激化了资本主义经济结构的内在矛盾。种类繁多的金融衍生品是虚拟经济的主要载体。金融资本家通过不断延长的证券化链条，创造了住房抵押贷款支持债券、担保债务权证和信用违约互换等衍生品。由于这些金融衍生品的疯狂生长，2008 年次贷危机爆发以前美国的虚拟经济规模已远远超过实体经济。2007 年全球衍生金融产品市值达 681 万亿美元，是全球 GDP 的 13 倍，全球实体经济的 60 多倍。而美国的金融衍生品市值则高达 340 万亿美元，是美国 GDP 的 25 倍，形成了大量的"有毒资产"。

其次，分配差距悬殊化激化了生产无限扩大与有效需求相对缩小之间的矛盾。金融危机前的 1991—2007 年，美国收入分配的基尼系数从 37.58% 逐渐上升至 41.64%。而最低收入组（10%）的收入份额从 1.79% 下降至 1.24%，最高收入组（10%）的收入份额则从 26.68% 上升至 30.55%。显然，占人口少数的收入份额占有比例不断上升，而占人口绝大多数劳动者及其家庭成员所拥有的收入占比日趋缩小，相应地会导致全社会的有支付能力的需求进一步萎缩。

（资料来源：程恩富、侯为民：《西方金融危机的根源在于资本主义基本矛盾的激化》，《红旗文稿》2018 年第 7 期。）

2.案例指向

本案例指向教材第四章第二节第四目"资本主义的基本矛盾与经济危机"。对金融危机的分析，要遵循马克思从抽象上升到具体的方法，从经济危机发生的一般可能性、经济危机发生的根本原因等进行分析。

3.案例解析

经济危机的一般可能性，是由货币作为流通手段和支付手段引起的。流通手段出现以后，以货币为媒介的商品买卖在时间上和空间上都可以分开了，如果有一些商品生产者在出卖了自己的商品后，并不马上购买他人生产的商品，就可能导致一些商品生产者的商品卖不出去，产生了经济危机的可能性。而货币的支付手段常常表现为赊购赊销，形成债权债务关系，如果有某些债务人在债务到期时不能支付，就会使整个信用关系遭到破坏，这又加剧了经济危机的可能性。可见，马克思所论述的货币危机理论的核心，是支付链条的断裂、信用的破坏。

经济危机的可能性是怎样发展为现实性的呢？促使经济危机必然爆发的根本原因是什么呢？在资本主义生产方式中，一方面，社会的生产力获得了巨大的发展,生产达到了高度社会化的水平;另一方面,社会的生产资料和生产成果却被少数资本家私人占有。正是这种生产的社会性同生产资料和生产成果的私人资本主义占有形式之间的矛盾,即资本主义生产方式的基本矛盾,构成了生产过剩的经济危机的真正原因。生产过剩是资本主义经济危机的本质特征,但是这种过剩是相对于劳动人民有支付能力的需求来说社会生产的商品显得过剩,而不是与劳动人民的实际需要相比的绝对过剩。

资本主义经济危机爆发的根本原因是资本主义的基本矛盾,这一基本矛盾具体表现在以下两个方面:

其一,生产无限扩大的趋势与劳动人民有支付能力的需求相对缩小的矛盾。在生产领域,2000年美国工业资本的闲置率是29%,2001年就上升到36%,2002年后期已达37%,2008年9月为34%。在房产行业,美国2008年有1400万套房屋空置,比起1985年的740万套,差不多翻了1倍。这些房屋足够安置4000万以上的人居住。① 因此,在这次金融危机中,依然存在着生产过剩的问题,这与传统经济危机的特征相符。在消费方面,对于低收入人群而言,他们采取了透支消费的方式,即靠"寅吃卯粮"来满足当前的消费需求。换句话说,这些低收入人群当前的收入水平并没有能力购买房产,也就是说,当前有支付能力的需求是不足的。因此,次贷危机表现为过度消费以及负债消费,导致一种虚假的支付能力和经济繁荣的错觉,掩盖了消费者实际支付能力不足的实际情况。

其二,单个企业内部生产的有组织性和整个社会生产的无政府状态之间的矛盾。个别企业生产的组织性,不仅不能限制社会生产的无政府状态,而且还会加剧这种无政府状态。资本主义企业内部组织越趋有序,资本主义社会的竞争和生产无政府状态将变得更为激烈和尖锐。随着竞争和生产无政府状态的加剧,资本主义各生产部门之间的比例失调现象将日益严重。一旦达到一定程度,社会总产品中某些重要产品的实现条件就会受到破坏,从而不可避免地引发普遍性的买卖脱节,导致生产过剩的经济危机。

在2008年金融危机中,房地产市场的繁荣和金融衍生品的投机导致了次贷危机,进而引发了全球金融系统的崩溃和经济危机。虽然当代金

---

① 《美国金融危机的实质、走向及其对中国的影响——对话美国马克思主义经济学家瓦迪·哈拉比》,《中国社会科学院报》2009年3月3日。

融危机在生成路径和结果方面体现出新特点,但并没有根本改变资本主义危机生成和演变的基本逻辑。

首先,资本主义社会的再生产过程通常会出现生产和消费之间的不平衡,这种不平衡在资本主义社会再生产中是一种常见现象。然而,虚拟经济的过度发展表现为隐蔽的相对生产过剩,进而掩盖了全面生产过剩的本质。在虚拟经济背景下,金融产品日新月异,又往往远离实体经济的生产和创造价值。当实体经济中的商品难以销售,资本出现坏账,且资本急剧贬值时,依赖于信用和债务链条构建的虚拟经济也将迅速崩溃。虚拟经济过度发展超前于实体经济是当代资本主义基本矛盾在经济结构领域的具体表现,也是经济运行风险不断积累并导致金融危机的现实原因之一。[1]

其次,分配差距的悬殊使中下层劳动者更加依赖消费信贷。劳动者收入的相对下降加剧了住房的过剩,虽然贷款在一定程度上能够促进房屋销售并缓解生产过剩,但分配差距的扩大会使劳动者更容易陷入困境。在危机爆发之后,人们曾尝试通过金融衍生品和债务经济模式来缓解矛盾。金融衍生品的使用可能会在一定程度上转移风险,却无法消除金融市场的不稳定因素。同样,债务经济模式的推动可能会暂时刺激消费,却无法根本性地解决生产和消费不平衡的问题。这些措施只是暂时性的解决方案,无法从根本上解决资本主义体系中的结构性问题。

综上所述,根据马克思主义危机理论的分析逻辑,2008 年的金融危机发生的原因如下:生产的社会化与生产资料私人占有之间存在矛盾,即资本主义基本制度内在的矛盾,必然导致资本和劳动收入分配的极端不均,从而引发劳动者购买力不足,即存在支付能力的需求不足,形成相对的生产过剩。为了解决这一问题,现代资本家并非像以前那样将牛奶倒掉,而是创造了借贷消费及一系列复杂的金融衍生工具。这样一来,表面上强劲的需求维持了危机前经济的持续增长,推迟了生产过剩危机的爆发。然而,金融创新等手段只能在一定时期内对经济停滞起到刺激作用,只要资本主义私有制存在,经济危机的爆发就是不可避免的。

---

[1]　程恩富、侯为民:《西方金融危机的根源在于资本主义基本矛盾的激化》,《红旗文稿》2018 年第 7 期。

(七)暴力冲击国会山事件

1.案例呈现

2021年1月6日,特朗普的支持者们暴力攻入国会大厦。距离2020年11月3日的大选已过去2个多月,美国发生了最混乱的一幕:大量抗议者冲破了路障,部分抗议者称警察为"叛徒",推着金属围栏穿越防线冲上国会大厦。挥舞着旗帜的抗议者们高呼"USA",在国会大厦内不断穿行,甚至有人在美众议院议长佩洛西办公室的座椅上摆拍。

为避免抗议者冲破防线,警察使用了胡椒喷雾,现场还有人使用了催泪瓦斯。由于大楼的圆形大厅有催泪瓦斯,议员们都吓坏了,纷纷戴上防毒面具躲到衣帽间避难。抗议者们攻破了国会大厦,众议院不得不进行人员紧急撤离。当时,美国国会正在进行本次美国总统大选结果确认的最后一个环节——由美国国会的参众两院联席会清点确认由各州选举人团投下的选举人票,并正式确认民主党籍候选人拜登当选。

据报道,计票开启后,由于部分共和党籍参议员和众议员对亚利桑那州的选举人投票结果表示异议,并以书面方式呈现,美国国会两院开始就亚利桑那州的选举结果进行辩论。然而,就在参众议员们展开激烈辩论之际,示威者闯入,辩论因此中断,会议陷入一片混乱。主持计票环节并兼参议院议长的美国副总统彭斯随即被警卫保护离场,国会议员们也被疏散和撤离到国会大厦内的安全地带。

这是在美国总统大选国会清点选票环节,首次因为发生暴力冲突而被迫中断。事件导致美总统权力过渡进程中断并造成5人死亡,140多人受伤。

针对这一事件,即将上任的当选总统拜登发表了讲话,并将抗议者的行为直接定性为了"叛乱"(insurrection),并向特朗普喊话,呼吁他"履行誓言,捍卫宪法,要求(支持者)结束这场围攻"。在拜登发表讲话后不久,特朗普在推特上发布了一段视频,在讲话中,他称赞这些人"非常特别",并指责2020年总统选举是有欺诈的选举,但呼吁示威者"和平回家"。

英国首相鲍里斯称国会山目前发生的场景是"可耻的"。加拿大总理特鲁多称,加拿大政府正密切关注事态,"一分钟不落"。挪威首相索尔贝格发表推特,对美国局势表示"难以置信"。他写道:"华盛顿特区的场面令人难以置信,这是对民主完全不可接受的攻击。现在,制止这一情况的重任落在了特朗普总统身上。"

此次事件是自 1814 年白宫遭英军纵火焚烧以来华盛顿最严重的暴力事件,200 余年来国会大厦首次被占领。

(资料来源:柴雅欣、李云舒:《国会山之乱》,https://www.ccdi.gov.cn/toutiao/202101/t20210108_233471.html,访问日期:2024 年 11 月 8 日。)

2.案例指向

本案例指向教材第四章第三节"资本主义上层建筑"中第一目"资本主义政治制度及其本质"。资本主义国家的政治统治是通过具体的政治制度实现的,主要有资本主义法律制度、政权组织形式、选举制度、政党制度等。所有这些,也就是资产阶级所标榜的资本主义民主制度。

3.案例解析

美式民主的产生及发展在历史上显示出其进步性,然而,随着时间的推移,美国的民主体制已经逐渐偏离最初的制度设计初衷。近年来,美国民主制度逐渐异化和蜕变,暴力冲击国会山事件给美国的国家形象和民主声望带来了十分恶劣的影响,戳破了"美式民主"的神话,体现在以下几个方面:

首先,国会山是美国国会所在地,是美国民主的象征,此次事件表明"美式民主"无法确保权力的和平交接。国会山事件是特朗普动员其支持者冲击国会造成骚乱,表现为美国国家权力的两大分支即执法机构与立法机构的冲突。美国宣扬"美式民主"定期和平更换政府的优越性,并要求其他国家效仿。然而,很多追随的国家在政权更替的时候经常发生冲突和内战。如今,这场煽动抗议者冲击国会的事件向世人证明,选举未必能够保证政治权力的和平交接。[1]

其次,国会山事件揭示了"美式民主"未能实现政治稳定和有效治理。美国曾声称选举为现代国家提供了最稳定的合法性基础,然而,2020 年总统选举未能带来政治稳定,反而引发了更大规模的政治动荡。此外,定期选举未能实现有效治理,任期制和分权制衡也未能防止出现重大决策错误。例如,新冠疫情暴发期间,美国政府出现协调不力、信息混乱和缺乏一致性等种种乱象,面对频繁的枪击事件和枪支暴力问题,美国政府也束手无策。

最后,国会山事件还揭示了社会阶层之间的对立,表明"美式民主"未能确保公民平等的政治权利。该制度声称一人一票的民主是依据多数人

---

[1] 《"美式民主"神话的终结》,《人民日报》2021 年 1 月 13 日。

的意愿来治理国家。然而,美国各类选举的投票率普遍较低,选举人团制度使得未能取得多数选民支持的候选人也可能当选总统,21世纪以来已有两届美国总统是由获得普选票较少的候选人当选。此次国会山事件涉及了总统支持者与国会支持者的对立,进一步加剧了问题的复杂性。

总之,国会山事件让世人更加看清"美式民主"的本质。进一步剖析"美式民主"存在的现实弊病,具体表现为金钱政治、政党对立、政治极化、社会撕裂、种族矛盾等一系列问题:

其一,"美式民主"在金钱的操纵影响下,实际演变成了精英阶级统治下的民主。选举逐渐演变为富裕阶层的游戏,普通民众对民主的诉求往往被忽视,公平与正义无法得到充分体现,庞大的竞选资金也因此难以转化为有效的国家治理。

2020年美国大选创下一项历史纪录,拜登在大选期间共获得10.6亿美元竞选资助。2022年选举累计花费逾167亿美元,刷新了2018年140亿美元的纪录,超过全球70多个国家2021年全年的国民生产总值,成为美国史上"最贵"中期选举。[①] 民主制度本应依赖选民的投票,竞选却需大量资金支持。竞选者不得不依赖军火集团、能源集团、犹太财团等利益集团获取庞大的竞选经费。这些利益集团通过政治献金左右选举走势,同时在具体问题上对国会议员和政府官员进行游说,从而影响政府的决策。政治的操纵权掌握在富人和政客手中,为追求自身私利而服务。尽管民众享有投票权,却无法实际影响政治决策,这种无奈感以及对传统政党、政府失去信心的沮丧感催生了民粹主义。

其二,美国的两党制实质是维护资产阶级统治的政治制度。资产阶级政党只是在维护资产阶级的私利,民主党和共和党通过竞选赢得总统选举而轮流坐庄,不论哪个党派上台执政,都不能代表人民的利益。美剧《纸牌屋》讲述了众议院多数党"党鞭"安德伍德在白宫运作权力的故事,剧情围绕众议院和华盛顿的其他权力机构展开,描绘了大量不为人知的权力博弈。

在美国政治生活中,真实版的"纸牌屋"经常上演。在选举中,国会议员往往基于党派和地方利益,而非国家整体和长远利益做决策,选民在选举时得到的承诺在选后往往化为乌有。党派之争导致只讨论党派问题而忽视是非问题,形成了所谓的"政治极化"现象,为争取选票和政治献金,

①　《虚妄的美式民主给世界带来灾难》,《光明日报》2023年4月19日。

美国两党倾向于采纳极端主张以满足选民需求。因此,成熟的判断、公正的主张未能得到应有的认可,而激进的观点、极端的立场反而能够吸引选民。

其三,政党恶斗,相互掣肘,决策效率低下,激化社会矛盾。美国国会如今已经沦为两党"恶斗"的竞技场,两党掣肘对立,针对债务上限、移民政策、控制枪支等问题相互否决。党派恶斗的后果,就是导致整个社会在种族、堕胎权、持枪权、气候等一系列问题上严重对立,引起了美国民众的极大不满。美国的民主体系并未充分吸取 2021 年国会山事件的教训,政治暴力的发展趋势愈发恶化,该事件充分暴露了美国政治对立以及社会分裂。

总之,"美式民主"的现实暴露出其种种局限和弊病,绝非现代民主政治的典范。民主是全人类的共同价值,不是哪个国家的专利,民主的表现形态也不尽相同,用单一的眼光审视人类多样的政治文明,本身就是不民主的。每个国家的政治制度应由这个国家的人民自主决定。

四、延伸阅读

1.马克思、恩格斯:《共产党宣言》,人民出版社 2014 年版。

2.马克思:《资本论》第 1 卷,人民出版社 2004 年版。

3.大卫·哈维:《资本社会的 17 个矛盾》,中信出版社 2016 年版。

4.孙乐强:《自动化生产与劳动价值论的"悖论":马克思的解决路径》,《山东社会科学》2023 年第 11 期。

5.董小英、晏梦灵、胡燕妮:《华为启示录:从追赶到领先》,北京大学出版社 2018 年版。

6.冒天启:《社会主义条件下的价值规律》,《经济研究》2022 年第 2 期。

7.国务院发展研究中心经济形势分析小组:《2008 年全球金融危机追踪研究实录》,中国发展出版社 2019 年版。

8.张伯军:《从中西比对看民主》,《求是》2023 年第 9 期。

五、拓展研学

1.数字劳动是马克思劳动价值论的新范畴吗

(1)研究内容:探究数字劳动概念的形成及其内涵、理解马克思劳动价值论中具体劳动和抽象劳动的深层含义。

（2）讨论方向：分析数字劳动概念形成的历史背景及现实意义，审视数字劳动概念同马克思劳动价值论中具体劳动和抽象劳动的关联性，及其存在的不足。

2.人民币国际化的前景及其意义

（1）研究内容：人民币国际化的内涵、途径和成效，在新时代背景下的发展前景和战略意义。

（2）讨论方向：人民币国际化在促进多边贸易、国际投资、金融市场稳定等方面的积极作用。人民币国际化进程中面临的风险与挑战及其对策。

3.从企业和国家层面分别探讨价值规律作用的启示

（1）研究内容：探讨价值规律如何影响企业的生产决策和经营策略，以及国家宏观调控和政策制定，挖掘价值规律的积极作用和负面影响。

（2）讨论方向：从企业层面，探讨如何更好地遵循价值规律来提升企业的竞争力和市场的反应速度。从国家层面，政策制定者如何在复杂多变的市场环境中利用价值规律为经济可持续发展提供支撑。

4.人工智能时代的剩余价值理论挑战

（1）研究内容：梳理人工智能的蓬勃发展对马克思剩余价值理论造成的主要理论挑战，对这些挑战本身作出客观、准确的评判。

（2）研讨方向：分析人工智能蓬勃发展的实质，以及它在价值创造、形成、分配过程中的具体作用。

5.结合理论与现实分析资本是一种运动的过程

（1）研究内容：深入理解资本的本质规定性、资本的循环周转与再生产。

（2）研讨方向：结合经典理论，从资本的不同规定性中把握其本质特征；结合现实案例，详细探究资本的循环周转和再生产之于资本自身的重要意义。

6.运用历史和现实的事实说明资本主义经济危机爆发的根本原因

（1）研究内容：通过历史和现实，理解资本主义的基本矛盾是资本主义经济危机爆发的根本原因，资本主义经济危机的本质特征是生产相对过剩。

（2）讨论方向：从历史的角度，挖掘与列举出从工业革命以来数次典型的资本主义经济危机。从现实的角度，探讨在全球化和技术进步的背景下，资本主义经济中生产相对过剩的现象为何更为明显。

7.探索分析以美国为代表的西方选举制度的实质

（1）研究内容：分析美国及其他西方国家的选举制度及其背后的机制和动力，探索这些制度的实质。

（2）讨论方向：研究美国的政治选举制度，包括选举过程、资金筹集、利益集团的影响以及媒体的作用等方面。通过对比不同国家的民主实践和挑战，加深对"美式民主"虚伪性的理解。

第五章　资本主义的发展及其趋势

一、教学主要目标

　　本章的主要内容在于讲清垄断资本主义的形成与发展,尤其是国家垄断资本主义的特点和实质,阐明经济全球化的表现及其影响,分析第二次世界大战后资本主义变化的主要表现、原因和实质,以及 21 世纪以来资本主义变化的新特征,讲好为何资本主义必然为社会主义所替代。

　　本章的教学目标是引导学生了解资本主义从自由竞争到垄断的发展,把握垄断利润及其来源,帮助学生科学认识国家垄断资本主义、经济全球化,学会分析资本主义的变化及其特征。

二、教学重难点

　　根据上述线索,本章教学尤其要注重引导学生深入学习把握以下重难点问题:

　　(一)垄断资本是如何形成的? 垄断利润从何处来?

　　(二)国家垄断资本主义的形成、表现形式及其发生作用的实质是什么?

　　(三)经济全球化是怎样形成的? 有什么样的内涵和表现?

　　(四)经济全球化有什么样的积极作用和消极作用? 特别是对发展中国家有什么样的影响?

　　(五)当代资本主义有什么新特点?

　　(六)国际金融资本是如何进行掠夺的?

　　(七)世界大变局下资本主义的矛盾与冲突及其本质是什么?

　　围绕以上重难点问题,本章针对性地选取了相应的教学案例,希望结合案例分析,可以帮助学生从总体上把握垄断资本主义的本质与当代资本主义的新变化。

三、教学案例

（一）美国垄断公司的变迁

1.案例呈现

垄断在美国从 19 世纪 60 年代开始出现，至 19 世纪末 20 世纪初得以广泛形成，第二次世界大战以后更是大规模发展。越来越多超大型公司的出现，对美国经济生活产生了深刻的影响。

在 100 年前，即 20 世纪 20 年代，美国 200 家最大的非金融公司所拥有的行业财富占有了很高的比例，他们控制着大约 50％的行业财富和 25％的国家财富。1919—1928 年，150 家最大的公司每年以 7％的平均增长率在发展，总资产从 387 亿美元上升到 634 亿美元，它们的增长率大大超过了小公司的增长率。与此同时，股票持有人的数量也在急剧攀升。AT&T 公司的股票持有人规模上升了 5 倍多，宾夕法尼亚铁路公司上升了 2 倍，美国钢铁公司也上升了 2 倍多。但事实上，每个公司都很大程度上受到摩根集团的影响：AT&T 公司长期是摩根投资银行的客户，而美国钢铁公司是摩根创建的。这些垄断公司的影响力是巨大的，如美国钢铁公司和洛克菲勒所创建的标准石油公司，有能力左右 20 世纪 30 年代走势良好的资产价格。因为它们规模庞大，供应商和分销商网络宽广，它们为自己行业产品设定的价格就成了标准的价格，较小的公司只有自己冒险才能闯出路子。

垄断在整个 20 世纪都延续着，并在 20 世纪末涉及互联网行业，其中最为典型的是微软公司。微软公司从默默无闻到成为美国最大的公司只花了 20 年时间，在此期间，它的主要产品成为世界范围内个人电脑操作系统的标准，全球超过 90％的个人电脑上都安装着它的视窗操作系统。而比尔·盖茨本人也被称作世界首富，他所拥有的全部财富在 90 年代就接近 700 亿美元。在这一时期，最能体现微软垄断影响的是其与网景公司的纠纷。在 90 年代，浏览器技术方兴未艾，但比尔·盖茨认为决定未来计算机行业命运的依然是操作系统行业而非浏览器技术，因此他仅仅在 Windows 95 系统中添加了一个网络浏览功能，而并没有启动浏览器技术开发计划，这让很多小公司看到了突破微软帝国的一丝曙光。1994 年 5 月成立的网景，依靠 Navigator 浏览器成为当时增长最快的软件公司。1995 年网景上市,随着用户数量的上涨,Navigator 成为 90 年代世界上最流行的 PC 应用程序。微软提出购买网景,被拒绝。接着微软又提出与网景合作,形成一种合作的战略伙伴关系。为了达成合作微软甚至承诺在操作系统几乎所有方面作出让步,但谈判同样破裂。于是比尔·盖茨通知所有工程师立即停掉手里的工作,全力投入微软浏览器 IE 的开发工作中来。在 Spyglass Mosaic 的源代码和授权基础上,通过短短的几个月,微软就推出 IE 1.0 和 2.0。为了更好地跟网景竞争,微软将 IE 和刚发布不久的 Windows 95 捆绑,并免费提供给用户,这一策略立刻起到了效果。1997 年第四季度网景出现 8800 万美元的亏损,股价滑落,低于 20 美元。1998 年,网景公司被美国在线以 42 亿美元收购,从此退出了历史舞台。但一年以后,网景公司以垄断的名义将微软告上法庭,微软也为此付出了巨大代价,还险些被拆分。被打击的微软给了亚马逊、谷歌等初创公司重要的发展空间,但充满讽刺意味的是,亚马逊、谷歌连同苹果、Meta 公司一起,在 20 年后同样集体坐上了被告席。美国众议院司法委员会在 2020 年 10 月,公布了一份长达 449 页的调查报告,认定这四家公司利用其垄断地位打压竞争者、压制行业创新,美国垄断问题的严重性可见一斑。

　　(资料来源:吉斯特:《美国垄断史:帝国的缔造者和他们的敌人》,傅浩等译,经济科学出版社 2004 年版,第 67～153 页。)

　　2.案例指向

　　本案例涉及的知识点有关于垄断资本的形成、垄断利润的来源等。

　　3.案例解析

　　从美国垄断公司的发展来看,垄断的确是资本主义市场经济发展的必然趋势。在资本主义还未进入垄断阶段之前,马克思就揭示了资本主义由竞争走向垄断的规律,他认为:"竞争迫使他不断扩大自己的资本来维持自己的资本,而他扩大资本只能靠累进的积累。"[①]也就是说,资本家对于剩余价值的狂热与竞争带来的外在压力,促使他们不得不努力扩大自己的生产规模,并把大量剩余价值转化为资本。因为"竞争的结果总是许多较小的资本家垮台,他们的资本一部分转入胜利者手中,一部分归于消灭"[②],如果资本家无法通过资本积累扩大自己的实力,就会被竞争对

①　《马克思恩格斯文集》第 5 卷,人民出版社 2009 年版,第 683 页。

②　《马克思恩格斯文集》第 5 卷,人民出版社 2009 年版,第 722 页。

手击败和吞并。于是,激烈的企业竞争推动着资本家不断扩大资本积累的规模,从而促使市场越来越向垄断趋势发展。19世纪末期,马克思所揭示的规律变为了现实。因此,列宁也将19世纪末期之后的资本主义定义为帝国主义,而帝国主义也就是资本主义的垄断阶段。

当资本主义社会进入数字经济时代后,垄断现象更加容易出现,因为相较于传统资本,数字资本具有更强的扩张性。一方面,这是因为数字化领域存在显著的"赢家通吃"趋势。无论是生产者、消费者还是零工工人,都倾向于向大的数字平台集中,以获得更加庞大的商品市场与更多的经营或就业机会,造成"数字圈地"现象,这使得大型数字企业可以快速膨胀并会加剧对小企业的并购行为。另一方面,因为数字化领域存在着一个相互影响的多边市场,在基础技术相关市场中获得优势的企业,很容易向依附于其运行的其他产品市场延伸这种优势。如很多原本从事硬件或软件开发的公司,常常在云服务、数字金融、无人驾驶、智能家居等领域也有着可观的市场份额。因为这些大型数字公司会凭借着自身在技术市场中的支配地位扶持合作公司或子公司发展,而大型数字公司的技术优势是这些传统行业公司所不具备的,这会帮助其逐渐拓展自身业务范围并占有这些传统行业的市场。所以与更多的是进行同行业或上下游扩张的传统资本不同,数字大资本往往不会止步于跨城市、跨地域、跨国界的空间拓展,而是极易催生横跨不同行业领域的巨型数字寡头公司。

垄断公司往往集中了大量的财富,因为它们会在市场中获得垄断利润。对于处在自由竞争中的企业来说,即便它们可能由于种种因素在短期内获得较高的利润,这种高利润也会由于利润率平均化的规律而不会长期维持。因为资本家之间为了争夺较高的利润率会展开竞争,而竞争的手段多为通过资本转移争夺更加有利的投资场所。当更多的资本都投入利润率较高的部门之中,该部门的供给就会大于需求,使得商品价格下跌,这样原有部门的利润率就会下降,而其他部门的利润率则会上升。资本会追随着较高的利润率而不断流动,只有在部门之间利润大致相等的时候,这种流动才会暂时停止下来。当然,平均利润的一个前提是自由竞争市场。当垄断企业存在时,即便它在获得了较高的利润率,其他行业领域的资本也难以通过资本转移与其竞争投资场所,这就限制了利润平均化的趋势。于是,垄断资本家就有可能长期获得大大超过平均利润的垄断利润。从现实情况来看的确如此,当前很多跨国垄断公司富可敌国,譬如苹果公司市值一度突破2万亿甚至3万亿美元,超过了绝大多数国家的 GDP,可以排入全球前十位。

　　垄断的危害是十分明显的,典型的危害包括以下方面:第一,限制创新。当市场中只有少数几家大型公司甚至只有一家巨型公司时,消费者没有其他商品可以选择,垄断公司就失去了因为竞争压力而产生的创新动力。有些公司为了凭借原有技术持续性地获得垄断利润,宁愿将新开发出的技术雪藏也不愿意将其推向市场。第二,损害消费者福利。消费者在支付更高昂的价格的同时,福利却没有提升,缺乏竞争的压力会使得产品质量和用户体验优化缓慢。典型的就是近年来平台企业的"大数据杀熟",平台企业在利用大数据技术对用户的购物行为、使用设备、消费能力等进行分析后,会采取差别定价机制。由于大数据杀熟举证较为困难,消费者又在垄断的局面下别无选择,可以采取的反抗手段并不多。第三,更严重的贫富分化和失业现象。垄断导致了财富向垄断寡头的集中,使更多的价值向少数人手中流动。与此同时,由于缺乏竞争对手,垄断条件下市场中的就业机会也会减少,而垄断大企业也不会像竞争市场中那样积极地进行生产和扩张,无法提供充足的就业岗位。即便是资产阶级政府,也曾推出过反垄断政策,以遏制垄断大企业对整体社会发展的危害。

　　当然,在更多的情况下,资产阶级并不会采取严格的反垄断措施。譬如案例中提到的始于 2019 年声势浩大的谷歌、苹果、脸书、亚马逊四大寡头的反垄断案,也很难逃出"高高举起、轻轻落下"的结局。一方面,这是寡头们对资本主义国家经济和政治生活的重要影响,很容易通过利益游说捆绑国家政策。另一方面,大型垄断公司已经成为发达资本主义国家进行海外掠夺和阶级统治的工具,统治者希望寡头可以在世界市场中保持技术和规模优势。只要寡头之间的业务交叉可以推动各个企业形成持续性的创新动力,且垄断不会对宏观经济造成显著的不良影响,政府通常不会对市场格局进行大规模的介入与调整。因此很多反垄断措施都不痛不痒,多是以企业自我改正和双方和解终结案件。

(二)美日贸易战

1.案例呈现

　　美日贸易战发生于 20 世纪 50 年代中后期至 90 年代初期,其高峰时期在 70—80 年代。二战后,由于冷战爆发等因素,美国对日本的态度由削弱变为扶持,日本经济在 50 年代后期开始实现了高速发展,产业结构逐渐升级为技术密集型,这给美国经济发展带来了威胁。特别是美国经济在 70 年代后出现"滞涨"危机,致使在这一时期日本经济平均增速高于美国,美日贸易逆差增大,贸易战愈演愈烈。

美日贸易战集中在六大行业:纺织行业、钢铁行业、彩电行业、汽车行业、通信行业、半导体行业。美国对日本采取的措施层层递进,从要求日本自主限制出口到要求其扩大进口、开放市场、取消关税、对出口美国的产品进行价格管制、设定美国的产品在日本的市场占有率指标等条件。拿其中最为激烈的半导体行业来说,日本半导体行业在 70 年代后迅猛发展,在世界市场上的占有率一度超过美国。1985 年 6 月,美国启动"301调查",9 月美国半导体厂商以日本半导体出口倾销问题向美国国际贸易委员会提出诉讼。1986 年美国国际贸易委员会作出裁决:提高从日本进口的半导体关税并征收反倾销税。1986 年 7 月达成了《美日半导体贸易协定》,主要内容包括:日本半导体厂商应按美国商务部确定的价格销售;日本应增加对美国半导体进口,使美国和其他国家半导体产品在日本市场上的占有率从 8.5% 提高到 20% 以上。随后,美国还举国家之力制裁日本半导体龙头东芝公司,禁止日本东芝公司的产品对美出口长达三年。1993 年,美国半导体全球市场占有率重回世界第一。

从 80 年代中后期开始,美日贸易战开始升级为经济战、金融战。因为在六大产业的贸易战后,日本产业总体竞争力的受损有限,美日贸易逆差情况并未改善,甚至一度扩大。美国认为美日间的贸易失衡在于利率、汇率管制和金融抑制导致日元被低估,于是联手五大国于 1985 年 9 月签订《广场协议》,要求日元升值。协议签订前,美元对日元汇率是 1 美元兑换 239 日元,签订后贬值为 2 美元兑换 159 日元。这使得部分出口企业利润受到影响,以日元计价的出口增速下降。随后,美国又逼迫日本开放金融市场,1995 年,《美日金融服务协定》签订,日本在金融服务领域进一步放松外资市场准入限制,在年金、信托、证券市场等领域进一步推动金融自由化。与此同时,美国还认为日本国内存在着一系列结构性障碍,这些障碍导致美国产品难以进入日本。于是美国强行干涉日本的经济政策,要求日本解决储蓄大于投资的现状、土地利用、排他性交易习惯等问题。日本出于对美国经济、军事和政治方面的依赖,步步退让,失去宏观政策独立性,国内经济调控难度不断上升。在美国的步步紧逼下,外资大量涌入,日本股价、地价不断上涨,日本当局作出了紧急加息和抑制地价等措施,随后泡沫迅速破裂。90 年代后,日本经济陷入长期低迷,产业竞争力下降,出现大量产能过剩、拥有不良债权的企业,劳动力过剩、金融机构倒闭、失业率上升等问题严重,进入了"失去的二十年",与经济快速发展的追赶时期形成了鲜明的对比,美国成功压制了日本的崛起。

（资料来源:任泽平、罗志恒:《全球贸易摩擦与大国兴衰》,人民出版社 2019 年版,第 34~72 页。）

2.案例指向

本案例涉及的知识点有关于国家垄断资本主义的形成、表现形式、作用与实质等。

3.案例解析

美日间的贸易战表明,自二战以来,美国就由以往的私人垄断资本主义阶段进入国家垄断资本主义阶段。所谓国家垄断资本主义,就是国家政权和私人垄断资本融合在一起的垄断资本主义。因为垄断企业在经济政治生活中起决定作用,其有能力借助国家政权的力量为垄断大资本服务。

国家垄断资本主义的表现形式有多种,包括国家直接经营企业、国家与私人合营企业、对私人企业进行扶持、宏观调节和微观规制等。而在不同时期采取什么样的方式、每种方式施展力度如何,要视当时资本主义国家资本积累的需要而定。如果资本主义国家在某一领域优势显著,就会大力推行自由政策,要求发展中国家对自己敞开经济与金融市场,这样就可以便利自身的掠夺行为。如在 20 世纪 70 年代后的新自由主义思潮,就是美国等发达国家在自身占据技术和货币优势的情况下推行的。其主要思想可以概括为"三化",即自由化、私有化和市场化。所谓自由化,就是主张推行自由贸易,放松甚至取消金融管制。私有化,就是主张一切财产应属于私人,对国有企业及公共服务实行普遍私有化。市场化,就是反对政府干预,主张让市场机制自发调节包括生产要素、私人产品和公共产品在内的一切社会资源。但事实上,从美国的发家史来看,其技术与经济领先地位并非诞生于自由市场。譬如第三次科技革命中的大量技术,是由于国家的需求（譬如冷战）,在政府部门的牵头和组织下,通过集体攻关的"大科技"模式实现的。很多技术在后来转向民用和商用,由政府承担的人力和财力成为沉没成本,极大地降低了中小企业的创新创业难度,方才出现了私人引领创新的假象。联邦政府和军方非常注重为初创的科技公司提供政策扶持,譬如苹果公司就曾在美国政府长期的股权投资、采购订单、技术资助和税收政策下获益。尽管如此,新自由主义的政策主张借助所谓的"普世价值"对外输出,培养出了一大批信奉该学说的经济学家和媒体人,其所造成的影响是极为恶劣,给发展中国家造成了极大的危害。譬如 20 世纪 90 年代的泰国,由于听任新自由主义的发展,放松了金融管制,撤销了保护屏障,令其在亚洲金融危机中被洗劫一空,很多人积累几十年的财富一夜间被发达资本主义国家掠夺走。

当然,当发达国家在某一领域的优势受到威胁或内部经济状况亟待调整时,其就会动用国家力量对后发国家进行打压或是对自身政策进行调控。世界上有不少国家都遭受过美国的制裁打压,即使是通常被公众视为美国盟友的国家也不例外。譬如在 20 世纪末的法国,诞生了一家著名的独角兽公司普金斯。其每年可以生产超过 10 亿张芯片卡,并一度在 37 个国家和地区运营。但随之而来的是情报机构的调查、金融监管部门的审查、美国政治施压等,在这些精心设计的行动中,金普斯创始团队相继被迫离职,美国中情局使德太投资集团实际控制了这家企业。错过了互联网浪潮的法国至今仍未再次出现具有重要技术影响力的独角兽公司。而在自身出现危机期间,国家垄断资本主义的表现同样活跃。譬如在 2008 年金融危机后,美国在财政政策与货币政策方面就作出了诸多调整。在财政政策方面,美国推出了逾万亿美元的经济刺激计划。在货币政策方面,联邦基金利率经多次下调,几近于零,通过公开市场操作逾万亿美元,并推出了短期贴现窗口项目、短期证券借贷工具等创新货币政策措施,加大市场的信贷规模,增强流动性,正是这样的积极应对才让美国逐步走出了危机。

国家垄断资本主义的出现是有一定积极作用的,它部分克服了资本主义制度的内在矛盾。马克思主义认为,生产力与生产关系的矛盾是人类社会的基本矛盾。在资本主义社会,这个基本矛盾表现为生产社会化与资本主义私人占有之间的冲突。这会使得在资本主义社会之中,个别企业中生产是有组织性的,但整个社会生产依然处于无政府状态。因此各个资本家都会盲目地扩大再生产,而底层需要却由于剩余价值的剥削而不能满足资本主义扩大再生产的要求,久而久之就会造成社会再生产难以进行和经济危机的出现。但当国家力量介入时,国家可以基于整个资产阶级的利益导向,对经济过程进行适当的干预和调整。同时,发达资本主义国家还会对他国进行财富掠夺,将低利润、高污染的行业都迁向发展中国家,以维系整个资本主义经济体系的运转,这样就会部分克服社会化大生产与私人垄断资本之间的矛盾。

但同时也要看到,国家垄断资本主义的出现只会延缓危机,而不能消除资本主义的基本矛盾。因为其在本质上是资产阶级国家力量同垄断组织力量结合在一起的垄断资本主义,是为私人垄断资本家们服务的。在进行经济政策调整后,受益最大的还是私人垄断资本家。即便为了缓和阶级矛盾,在工资和社会福利等方面作出一定让步,也只会是短期的、有限的。因为对于无产阶级而言最重要的所有制问题没有发生变化,而分配问题终究是取决于所有制的。无产阶级不具备生产资料的所有权,因此也无法在利润分配中获得应有的权利。两极分化和失业问题会一直存在,生产和需求的矛盾终究无法在资本主义制度内部被克服。从现实来看,无论资本主义国家如何调节,周期性的经济危机的发生依然不能避免。

(三)从半导体产业看生产和贸易的全球化

1.案例呈现

半导体对现代生活至关重要,改变了农业、运输、医疗保健、电信、互联网等大部分领域,几乎被用于所有的技术产品,并成为最先进的军事系统的基础。新冠疫情凸显了半导体的重要性,例如,在寻找治疗方法、照顾病人、在家工作和学习、订购杂货等方面的技术应用中都需要半导体。

根据世界500强公司埃森哲的统计,芯片(芯片是半导体的主要组成部分,也被称为集成电路)组件被安装到电视机、移动电话、汽车、电脑以及无数依靠芯片运行的产品之前,需要穿行2.5万英里以上的距离,经历了芯片设计、晶片制造、包装制造等一系列环节。全球半导体联盟(GSA)与埃森哲合作调查得出,全球协作是半导体产业获得成功的关键所在。半导体产业链上的每个环节,平均有25个国家直接参与其供应链的运作,以及23个国家为其提供市场支持。事实上,半导体产品在到达终端用户手中以前,会在各国之间辗转超过70次。

从具体的晶片制造来看,晶片制造是全球分工最广的产业,有39个国家直接参与其供应链环节,34个国家为其提供市场支持,包括光刻设备、蚀刻和清洁工具、镀膜设备和生产制造装置。此外,还有12个国家直接参与晶片设计,25个国家从事产品测试和包装制造。

全球化为半导体产业的发展带来的益处包括:(1)推动产品优化;(2)满足本土无法实现的业务需求,例如通过跨区域研发来解决人才储备不足的问题;(3)降低风险,例如全球协作能够帮助半导体生态系统将自然灾害带来的影响降到最低,在必要时,行业参与者可以从灾区转移,从而保证整个生态系统的正常运转,并使灾害带来的全球影响最小化;(4)使企业更加有效地应对复杂事件。值得注意的是,断电等灾害对半导体产业的破坏性非常大。例如,2020年12月,台湾地区的一个内存工厂发生长达一个小时的停电,影响了全球10%的DRAM(一种存储芯片)的供给;2021年得克萨斯州与寒冷天气有关的停电导致奥斯汀的三个芯片制造厂短期关闭。

然而,这种全球化的生存方式面临日益严峻的挑战。随着国际竞争愈演愈烈,半导体的全球战争加剧,以美国为首的多国持续出台歧视性产业政策,加码巨额补贴,打响了全球半导体"军备竞赛"。例如,拜登政府于2022年8月出台"芯片法案",承诺将在未来5年内为美国半导体的研究和生产提供527亿美元的政府补贴,并对接受补贴的企业与中国的交往进行限制。美国还运用"实体清单""芯片禁令"等手段制裁中国的半导体企业,为全球经济复苏和创新增长带来"负能量"。清华大学集成电路学院魏少军指出:"如果每个国家和地区都自己搞一套,最终的结果一定会使经济全球化停滞,也一定会使半导体全球供应链出现碎片化,这是必然现象。"美国奉行的"美国优先"策略和在全球芯片紧缺时采取的一系列压迫措施与手段,也让半导体产业的主要国家和地区忧心忡忡,纷纷推出各自的"芯片法案",事实上推动了半导体领域的"军备竞赛"。

(资料来源:《美日合谋"围堵"中国半导体意欲何为》,《中国青年报》2023年6月2日第6版。)

2.案例指向

本案例涉及的知识点有经济全球化的内涵、表现等。

3.案例解析

经济全球化是指在生产不断发展、科技加速进步、社会分工和国际分工不断深化、生产的社会化和国际化不断提高的情况下,世界各国、各地区的经济活动越来越超出某一国家和地区的范围而互相联系、互相依存的过程。经济全球化不是资本主义国家人为造出来的,而是社会生产力发展尤其是科技进步的客观要求和必然结果。习近平总书记在世界经济论坛2017年年会开幕式上的主旨演讲中指出:"历史地看,经济全球化是社会生产力发展的客观要求和科技进步的必然结果,不是哪些人、哪些国家人为造出来的。"经济全球化体现了社会化大生产的要求,社会分工得以在更大的范围内进行,资金、技术等生产要素可以在国际社会流动和优化配置,由此带来巨大的分工利益,推动生产力发展。

　　经济全球化表现在生产全球化、贸易全球化、金融全球化三个方面。首先,生产全球化是指随着国际分工进一步深化,生产某些高技术产品不再由某个国家单独完成,而是由多个国家协作完成。本案例中就体现了半导体产业中的生产全球化。例如,半导体产业链上的每个环节,平均有25个国家直接参与其供应链的运作,半导体产品在到达终端用户手中以前,在各国之间辗转超过70次。半导体的生产跨越了国界,使各国成为商品生产链中的一个环节。

　　其次,贸易全球化是指商品和劳务在全球范围内的自由流动。这依赖于便捷的通信和运输条件、日益先进的贸易手段以及各国政府采取更为开放的贸易政策。本案例也体现了半导体产业中的贸易全球化。以半导体产业中晶片制造为例,一国晶片制造依赖他国提供的光刻设备、蚀刻和清洁工具、镀膜设备和生产制造装置等,需要经由贸易完成。同时,一国晶片制造也销往其他国家。换言之,晶片制造既依赖于从全球化的贸易中获取设备和原料等,也依赖于在全球化的贸易中销售商品。

　　最后,金融全球化指的是世界各国、各地区在金融业务、金融政策等方面相互协调、相互渗透、相互竞争,是全球金融市场更加开放、金融体系更加融合、金融交易更加自由的过程。

　　值得警惕的是,随着国际竞争的加剧,美国奉行"美国优先"策略,出台歧视性产业政策,运用"实体清单""芯片禁令"等手段制裁中国半导体企业。例如,美国曾说服荷兰的阿斯麦(这一企业掌握了全球最先进的光刻机技术)暂停向中国出口光刻机,影响了我国半导体产业的发展。这是对半导体产业全球化产业链供应链的打击,加速了逆全球化。

　　逆全球化是经济全球化进程中的逆流,是贸易保护主义以新的表现形式向全球蔓延的趋势,阻碍了国家间的分工与合作,提高了国际贸易的交易成本。逆全球化表现为经济上的贸易保护主义、政治上的极端保护主义和社会政策上的排外主义。本案例中美国的行为主要体现了经济上的贸易保护主义。从中可以看到资本的逐利性和盲目性,发达资本主义国家主导的全球化模式不会真正考虑其他国家和民族的利益,他们采取了一种"反资本扩张"的形式,想要解决本国发展中出现的问题,在科技创新中占据主导地位,反而有可能会激化问题,带来知识、劳动、技术在全球内的流通困难。总体而言,逆全球化是资本主义国家维护不平等的世界格局的一种途径。资本主义国家已经构建和期待构建的是不平等的结构,试图凭借资金、技术、管理、军事、国际地位等优势,来获取巨额的利润。

(四)"一带一路"带动共建国家的发展

1.案例呈现

2013 年,习近平主席先后提出共建"丝绸之路经济带"和"21 世纪海上丝绸之路"重大倡议。10 年来,已有 150 多个国家和 30 多个国际组织加入共建"一带一路"大家庭。

总体来看,2013—2022 年,中国在共建国家的承包工程年均完成营业额大约为 1300 亿美元,建设了中老铁路、雅万高铁等一系列标志性项目。中欧班列已经通达欧洲 20 多个国家 200 多个城市,累计开行超过 7 万列,运送货物超过 700 万标箱。"丝路海运"航线通达 40 多个国家的 100 多个港口。截至 2022 年,中国与共建国家进出口总额累计 19.1 万亿美元,与共建国家双向投资累计超过 3800 亿美元。130 多个共建国家的 1700 多万家商户开通银联卡业务,70 多个共建国家开通银联移动支付业务。中国与共建国家农产品贸易额达 1300 多亿美元,向 70 多个国家和地区派出 2000 多名农业专家、技术人员。中国与 40 多个共建国家和地区签署高等教育学历学位互认协议,与 140 多个共建国家签署文化和旅游领域合作文件。

从共建国家的发展情况来看,共建"一带一路"倡议提出 10 周年来,各国在陆、海、空设施联通方面取得了沉甸甸、实打实的成就。

第一,陆上钢铁巨龙奔流不息。2017 年 5 月 31 日,肯尼亚蒙内铁路正式建成通车。这是肯尼亚独立以来建设的首条铁路,是一条采用中国标准、中国技术、中国装备建造的现代化铁路。该条铁路的建设为肯尼亚直接和间接创造超过 7.4 万个就业岗位,培养 2800 余名高素质铁路专业技术和管理人才,促进肯尼亚 GDP 增长至少 2%。截至 2023 年 9 月 30 日,该铁路累计运输 240.5 万个标准集装箱,发送货物 2860.9 万吨,累计发送旅客 1115.5 万人次,平均上座率达 95.8%,单日旅客最高发送量突破 1 万人次。

2023 年 10 月 17 日,印度尼西亚雅万高铁正式开通运营,是东南亚首条高铁,全长 142 公里,设计时速 350 公里,也是中国高铁全系统、全要素、全产业链走出国门的第一单。雅加达与万隆两城市间的旅行时间从之前的 3 个多小时缩短至 40 多分钟。雅万高铁累计为印度尼西亚当地带来 5.1 万人次的就业。

2021 年 12 月 3 日,中老铁路正式通车运行,截至 2023 年 10 月 3 日,累计发送旅客 2190 多万人次,开行货运列车超过 2.6 万列,运输货物 2680 万吨。货物品类从开通初期的 10 余种增加至 2700 多种。2022 年,中国与东盟通过铁路运输的货物中,经过中老铁路运输的比重跃升到 44.7%,对中国与东盟之间以铁路运输方式进出口增长的贡献率超过 60%。

2016 年 10 月 5 日,亚吉铁路正式建成通车,2018 年 1 月 1 日正式投入商业运营。开通运营 5 年来,亚吉铁路累计旅客流量近 53 万人次,累计发运货物 743 万吨。在项目建设和运营期间,亚吉铁路为当地创造 5 万多个就业岗位,培养了 3000 多名铁路方面专业技术人才,累计培训当地火车司机 107 名。

2016 年 6 月 8 日,中国铁路正式启用中欧班列统一品牌。中欧班列累计开行已达 8.1 万列,行程超过 7 亿公里,运输货物超过 760 万标箱,货值超过 3400 亿美元。目前,中欧班列已通达欧洲 25 个国家 217 个城市。

第二,跨海大桥连接友谊。2018 年 8 月 30 日,马尔代夫中马友谊大桥正式建成通车。这是马尔代夫首座现代化桥梁,也是印度洋上第一座跨海大桥。至今,大桥通行量已达上亿人次,环马累生活和居住圈得以形成。当地百姓和赴马游客可通过大桥 5 分钟内往返马累岛和机场岛之间。2022 年 6 月 25 日,孟加拉国帕德玛大桥正式建成通车,被孟加拉国人民称为"梦想之桥"。孟加拉国西南部 21 个区与首都达卡之间被联通,原本七八个小时的过河通行时间缩短至 10 分钟。大桥为孟加拉国带来每年 1.5% 左右的 GDP 增长,受益人口超过 8000 万。

第三,"空中丝路"越织越密。2014 年 6 月 15 日,郑州至卢森堡国际货运航线开通,架起横贯中欧的货运"空中丝绸之路"。郑州—卢森堡"空中丝绸之路"货物贸易已覆盖欧洲 24 个国家 200 多个城市,辐射中国 90 多个城市。截至 2023 年 9 月 20 日,卢森堡货航郑州航线已累计执飞航班 6062 班,贡献货运量超过 100 万吨。

(资料来源:中华人民共和国国务院新闻办公室:《共建"一带一路":构建人类命运共同体的重大实践》,https://www.yidaiyilu.gov.cn/p/0JIIKD6C.html,访问日期:2023 年 11 月 2 日。)

2.案例指向

本案例涉及的知识点是经济全球化的正面影响。

3.案例解析

总体而言,经济全球化对发展中国家的积极影响主要表现在四个方面：一是经济全球化为发展中国家提供先进技术和管理经验。经济全球化使技术、管理等生产要素在全球范围内自由流动和优化配置，发展中国家可以利用这一机会引进先进技术和管理经验，提升企业竞争力，推动产业结构合理优化，缩小与发达国家的差距。二是经济全球化为发展中国家提供更多就业机会。发展中国家在经济全球化的过程中通过吸引外资在本国投资，为本国创造更多的就业机会，发挥发展中国家劳动力资源优势。三是经济全球化推动发展中国家国际贸易的发展。经济全球化推动了世界市场的深化扩张，发展中国家可以利用不断扩大的国际市场解决国内产品的销售问题，以对外贸易带动本国经济的发展。四是经济全球化促进发展中国家跨国公司的发展。发展中国家借助投资自由化和比较优势组建大型跨国公司，积极参与经济全球化的进程，增强经济竞争力。

本案例充分体现了共建"一带一路"在推进经济全球化过程中带来的正面作用。第一，共建"一带一路"为发展中国家提供了先进技术和管理经验。例如，130多个共建国家的1700多万家商户开通银联卡业务，向70多个共建国家和地区派出2000多名专家、技术人员。具体来看，肯尼亚蒙内铁路的建设采用了中国标准、中国技术和中国装备，为肯尼亚培养2800余名高素质铁路专业技术和管理人才。亚吉铁路培养了3000多名铁路方面专业技术人才，累计培训当地火车司机107名。

第二，共建"一带一路"为发展中国家提供了更多的就业机会。例如，肯尼亚蒙内铁路的建设为肯尼亚直接和间接创造了超过7.4万个就业岗位，印度尼西亚雅万高铁累计为印度尼西亚当地带来5.1万人次的就业，亚吉铁路为当地创造5万多个就业岗位。

第三，共建"一带一路"推动了发展中国家国际贸易的发展。例如，截至2022年，中国与共建国家进出口总额累计19.1万亿美元，与共建国家双向投资累计超过3800亿美元。具体来看，肯尼亚蒙内铁路从2017年5月正式通车至2023年9月，累计运输240.5万个标准集装箱，发送货物2860.9万吨，累计发送旅客1115.5万人次，平均上座率达95.8%，单日旅客最高发送量突破1万人次。印度尼西亚雅万高铁使得雅加达与万隆两城市间的旅行时间从之前的3个多小时缩短至40多分钟。中老铁路于2021年12月3日正式通车运行，截至2023年10月3日，累计发送旅客2190多万人次，开行货运列车超过2.6万列，运输货物2680万吨。货物品类从开通初期的10余种增加至2700多种。2022年，中国与东盟通过铁路运输的货物中，经过中老铁路运输的比重跃升到44.7%，对中国与东盟之间以铁路运输方式进出口增长的贡献率超过 60%。亚吉铁路开通运营 5 年来，累计旅客流量近 53 万人次，累计发运货物 743 万吨。中欧班列累计开行已达 8.1 万列，行程超过 7 亿公里，运输货物超过 760 万标箱，货值超过 3400 亿美元。目前，中欧班列已通达欧洲 25 个国家 217 个城市。郑州－卢森堡"空中丝绸之路"货物贸易已覆盖欧洲 24 个国家 200 多个城市，辐射中国 90 多个城市。截至 2023 年 9 月 20 日，卢森堡货航郑州航线已累计执飞航班 6062 班，贡献货运量超过 100 万吨。

第四，共建"一带一路"促进发展中国家跨国公司的发展。新建的基础设施使共建国家企业进入了中国、欧盟、东南亚等全球市场，为这些企业以及国家全面参与经济全球化提供了基础设施网络通道。

"一带一路"倡议以共商、共建、共享为原则。其中，"共商"是基础，只有得到广泛的支持，才能保证"共建"项目的顺利开展。"共建"是国际合作的具体体现，"共建"项目的选择、建设和运营涉及大量技术、标准和资金问题，只有进行国际合作，才能实现"共享"。"共享"是"一带一路"国际合作可持续发展的基础，能够有效促进共建国家的经济发展。例如，孟加拉国帕德玛大桥为孟加拉国带来每年 1.5% 左右的 GDP 增长，肯尼亚蒙内铁路促进肯尼亚 GDP 增长至少 2%。

（五）2014—2016 年西非埃博拉病毒肆虐的真正原因

1.案例呈现

1976 年，苏丹南部及刚果（金）（旧称扎伊尔）北部几乎同时暴发了一种传染性出血热，病死率分别为 53% 和 88%。WHO 医学专家从病人标本中分离到一种新的丝状病毒，以疫源地刚果（金）的埃博拉河命名为埃博拉病毒，称由该病毒引发的疾病为埃博拉出血热。埃博拉病毒一旦感染人体，就会分泌出一种糖蛋白，让免疫系统发生混乱从而躲避免疫系统的攻击，溶解身体里的所有组织细胞，使红细胞凝集，阻塞血管，导致出血和器官坏死，最终导致死亡。

埃博拉出血热虽然早在 1976 年就出现在苏丹和刚果（金），但之后长期处于间歇偶发状态。直到 2013 年 12 月，埃博拉疫情突然在西非国家几内亚东南部农村地区暴发，又迅速蔓延到邻国利比里亚和塞拉利昂，并波及刚果（金）、尼日利亚、塞内加尔、马里等国，英国、美国、西班牙、意大利等欧美地区也有零星病例报道。2013—2016 年间，这场埃博拉疫情创纪录地造成至少 1.1 万人死亡，超过此前近 40 年死于埃博拉的总人数，平均病死率高达 50％,经济损失共计 43 亿美元。

证据表明,此次埃博拉疫情暴发地点的跳跃(从中非到西非)以及传播模式的改变(从小范围偶发到大范围流行)在很大程度上是人为因素导致的。世界卫生组织在疫情暴发 6 个月时就推断,埃博拉疫情出现在几内亚可能与过去几年森林资源遭到严重破坏密切相关:过度森林砍伐将埃博拉病毒最可能的自然宿主(果蝠)驱赶出其自然栖息地,拉近它们与人类聚居地的距离,使得寄生于果蝠身上的埃博拉病毒有机会接触到人或家养畜禽。基于卫星遥感技术的研究也显示,埃博拉疫区往往是在近期经历了严重森林碎片化和森林流失的地区。

究竟是什么推动了西非林地资源的碎片化和流失? 早在 1984 年几内亚军政府上台后,世界银行、国际货币基金组织等国际金融资本的代言人就开始在几内亚推行一系列新自由主义结构性改革,并以此获得大量几内亚林地的处置权。例如,1987 年,世界银行与联合国开发计划署、联合国粮农组织、欧共体等共同设立"热带林业行动计划"(Tropical Forestry Action Plan,TFAP),宣称要在五年内投资数十亿美元,用于管理全球热带地区林地的使用,以缓解森林流失给环境和生态带来的压力。首批"热带林业行动计划"专门为几内亚设立了一个 230 万美元的项目,但该项目的主要投资方是联邦德国,出资目的是在几内亚热带雨林及周边开辟 45 公里公路,方便对 10.6 万公顷原始森林进行开发。2008 年后,刚刚经历国际粮食、能源与金融危机的跨国农业综合企业和金融资本来到非洲,在撒哈拉以南地区掀起了一轮以租购方式瓜分土地的狂潮,加速将非洲国家廉价的土地与自然资源纳入全球生产体系中。

跨国资本在几内亚及其他西非国家攫取土地的重要目的之一是种植油棕。从油棕果实中榨取的棕榈油不含反式脂肪酸、价格低廉,供给宝洁、高露洁、强生、联合利华、沃尔玛、麦当劳、雀巢、好时、百事、欧莱雅、宜家等一众跨国零售业巨头。

大规模种植油棕带来了森林流失。美国马里兰大学地球科学系的全球土地分析与发现(Global and Analysis and Discovery,GLAD)实验室的数据显示,2010—2019 年间,几内亚的林木覆盖面积减少了约 133 万公顷。其中,2013 年,即埃博拉疫情集中暴发的前一年,该国林木面积出现明显下降。位于几内亚南部边境的盖凯杜森林区是几内亚重要的油棕种植区,也是进入 21 世纪以来严重遭受系统性原始森林流失的地区,而这里恰好就是此次埃博拉疫情"零号病人"居住村庄所在区域。

近年来,学者为油棕种植和疫情之间可能存在的因果关联提供了解释和旁证。例如,油棕比次生林更容易吸引果蝠,这是因为油棕羽状叶的物理形态可以为果蝠提供良好遮蔽,而且油棕种植园的地理位置常常靠近河床,便于果蝠获取食物和水。由于果蝠是多种病毒(包括埃博拉)的宿主,证据显示,生活在油棕种植园内或附近的居民感染人畜共患病的风险为其他人群的 3 倍。此外,有定量研究发现,1990—2016 年,全球人畜共患病以及传媒疾病(由蚊蝇等虫媒传播的疾病)的发生频率与油棕种植面积的扩张之间存在显著正相关。

虽然油棕种植引致埃博拉疫情的假说仍需更为严格的流行病学证据支持,但过度森林砍伐和埃博拉疫情之间的因果关系是较为明确的。这就是说,应当对夺去上万条生命的西非埃博拉疫情负主要责任的是主导了西非毁林开垦、发展包括油棕在内的工业化种植的国际金融资本和跨国农业企业。

(资料来源:张维:《跨国资本、生态掠夺与传染病疫情的政治经济学——以西非埃博拉(2014—2016)的兴起为例》,《政治经济学评论》2023 年第 6 期。)

2.案例指向

本案例涉及的知识点有关于经济全球化的表现、动因和经济全球化的负面影响等。

3.案例解析

经济全球化是一把"双刃剑"。习近平总书记在世界经济论坛 2017 年年会开幕式上的主旨演讲中强调:"当世界经济处于下行期的时候,全球经济'蛋糕'不容易做大,甚至变小了,增长和分配、资本和劳动、效率和公平的矛盾就会更加突出,发达国家和发展中国家都会感受到压力和冲击。反全球化的呼声,反映了经济全球化进程的不足,值得我们重视和深思。"如果不能重视经济全球化的负面作用,并采取相应措施,世界范围内的危机将不可避免。

经济全球化对发展中国家的负面影响主要体现在三个方面:一是发达国家和发展中国家在经济全球化进程中的地位和收益不平等、不平衡。二是加剧了发展中国家资源短缺和环境污染。三是一定程度上增加了经济风险。

本案例体现了生产全球化、贸易全球化和金融全球化,例如,首批"热带林业行动计划"专门为几内亚设立了一个 230 万美元的项目,但该项目的主要投资方是联邦德国,出资目的是在几内亚热带雨林及周边开辟 45

公里公路,方便对 10.6 万公顷原始森林进行开发。跨国企业在几内亚及其他西非国家攫取土地种植油棕,并使用油棕果实榨取的棕榈油为一众跨国零售业巨头服务。

不过,最为主要的是,本案例体现了经济全球化对发展中国家的负面影响。在经济全球化的过程中,发达国家主导了经济全球化的进程,控制了包括世界银行、国际货币基金组织等在内的国际组织,成为经济全球化的主要受益者,体现了发达国家与发展中国家在全球化进程中地位、收益的不平等和不平衡,加剧了发展中国家的资源短缺和环境污染。

在这个案例中,以从全球生产链和价值链中攫取利润为目标的金融资本和跨国企业,借助世界银行和国际货币基金组织等国际经济组织,在几内亚推行一系列新自由主义结构性改革,获取几内亚林地的处置权,并打着有效管理全球热带林地的幌子,将大量资金用于开辟公路以便于开发森林。在 2008 年经济危机中遭受打击的跨国农业综合企业和金融资本来到非洲,掀起以租购方式瓜分土地的狂潮,加速将非洲国家廉价的土地与自然资源纳入全球生产体系中。

特别地,为了大量榨取市场需求量巨大的棕榈油,金融资本和跨国企业推进了大规模的油棕种植,满足了包括宝洁、高露洁、强生、联合利华等大量大家耳熟能详的跨国企业的需求。棕榈油价格低廉的特点为这些跨国企业节约了成本,给这些跨国企业带来了利润,而种植油棕可能带来的生态危机被转嫁给了西非。西非林地资源的碎片化和流失,导致了严重的埃博拉疫情,损害了西非地区人民的身体健康,带来了巨大且难以逆转的损失。正如案例中提到的,埃博拉疫情至少造成 1.1 万人死亡,平均病死率高达 50%,经济损失高达 43 亿美元。

值得注意的是,经济全球化加深了世界各国的联系和相互依存,世界范围内一国爆发的经济危机可能会迅速传导至其他国家,增加了风险。换言之,发达国家的金融资本和跨国企业以牺牲他国生态安全为代价谋求发展,给欠发达国家带来的生态问题很可能波及自身。在这个案例中,发达国家的金融资本和跨国企业以利润为目的,大量开发森林,加速了西非地区的林地流失,给西非带来了严重的疫情。同时,疫情也不可避免地扩散到英国、美国、西班牙、意大利等欧美地区。

案例表明,经济全球化会给发展中国家带来严重的生态问题,甚至带来全球范围内的疫情。具体的传导过程是,发达国家由于产业链优化升级,把带来严重生态问题的产业安置在发展中国家或转移到发展中国家,加剧了发展中国家的环境问题,而这些环境问题可能会进一步带来世界范围内的公共健康问题。

虽然经济全球化确实具有负面影响,但值得深思的是,许多问题并不能简单归咎于经济全球化。例如,上述案例中提到的西非埃博拉疫情,本质上是国际金融资本和跨国企业追逐利润的产物。马克思在《资本论》第一卷中引用托·约·邓宁的《工联和罢工》对资本痴迷利润进行了说明,"资本害怕没有利润或利润太少,就像自然界害怕真空一样。一旦有适当的利润,资本就胆大起来。如果有10%的利润,它就保证到处被使用;有20%的利润,它就活跃起来;有50%的利润,它就铤而走险;为了100%的利润,它就敢践踏一切人间法律;有300%的利润,它就敢犯任何罪行,甚至冒绞首的危险。如果动乱和纷争能带来利润,它就会鼓励动乱和纷争。走私和贩卖奴隶就是证明。"[1]

在应对经济全球化的负面影响时,各国应该团结起来,突破资本寻求利润这一框架,以共同构建人类命运共同体的理念引领经济全球化。我国一直以来都"倡导平等有序的世界多极化和普惠包容的经济全球化。平等有序的世界多极化,就是坚持大小国家一律平等,反对霸权主义和强权政治,切实推进国际关系民主化。……普惠包容的经济全球化,就是顺应各国尤其是发展中国家的普遍要求,解决好资源全球配置造成的国家间和各国内部发展失衡问题"[2]。

(六)布雷顿森林体系与美元霸权的形成

1.案例呈现

1944年,参加筹建联合国的44个国家在美国东北部新罕布什尔州的布雷顿森林开会,决定建立世界银行和国际货币基金组织,并通过了相应的协定。协定之一是《国际货币基金协定》,也就是"布雷顿森林体系",即战后国际货币关系的协定。按照其规定,美元与黄金挂钩,即美元按黄金定价,在美元与黄金之间规定一个固定的价格,同时其他各国货币与美元挂钩,即这些国家的货币按美元定价。在布雷顿森林体系之前,英镑曾经有过与美元平起平坐的地位。但由于英国国力一落千丈,二战后不久英镑就失去了这种地位,不得不向美国俯首帖耳,其在会议上提出的"凯

① 《马克思恩格斯文集》第5卷,人民出版社2009年版,第871页。
② 《中央外事工作会议在北京举行》,《人民日报》2023年12月29日第1版。

恩斯方案"也未能在与美国"怀特方案"的竞争中胜出。由于布雷顿森林体系的形成,美元成为新一代的国际货币。

布雷顿森林体系本身就存在着天然的设计缺陷。一方面,随着经济发展,国际社会对美元的需求会越来越多,需要美国保持国际收支逆差不断地向国际社会输出美元;另一方面,作为国际货币,需要美元保持币值稳定,这又要求国际上的美元流动性不能太多,否则美元币值必然无法保持稳定。上述两个相互矛盾的方面被称为"特里芬难题"。由于朝鲜战争与越南战争,美国国际收支严重恶化,到1971年,美国的黄金储备仅102.1亿美元,而对外流动负债达到678亿美元,此时美国已完全丧失了美元兑换黄金的能力,于是尼克松总统不得不于1971年8月15日宣布停止承担美元兑换黄金义务,这意味着美元与黄金脱钩,"布雷顿森林体系"解体。1973年3月,西欧出现抛售美元与抢购黄金和马克的风潮。但美国的反应也很迅速,当时中东局势危机、风波不断,1972年尼克松向沙特国王抛出橄榄枝,表示美国愿意保护沙特油田不受任何入侵者侵犯,作为回报他要求沙特出售石油坚持只用美元结算,并用石油收入购买美国国债和债券,还要求所有欧佩克国家一一效法。1973—1974年,尼克松多次派遣财政部部长威廉·西蒙和国务卿基辛格赴沙特举行秘密会谈,最终欧佩克国家同意了这一协议。而1976年,美国又通过国际货币基金组织召集西方主要国家在牙买加开会,会议达成了《牙买加协议》。随后,第二个国际货币体系,也就是牙买加体系正式形成。牙买加协议规定,各国货币都要与黄金脱钩,做了几千年硬通货的黄金,在牙买加体系下,被踢出货币之列,商品货币的时代结束,法币时代来临,美元也可以彻底摆脱黄金约束而发行。

为了维系美元霸权的地位,美国所采用的手段可谓无所不用其极,通过各种方式强化"石油—美元"体系的绑定程度就是其中之一。2000年9月25日,萨达姆公开宣布,伊拉克不久将用1999年1月诞生的欧元替换美元进行石油交易。差不多同一时间,伊朗也流露出了放弃美元改用欧元的意思。2003年3月19日0时,小布什政府对萨达姆展开"斩首行动",多枚战斧巡航导弹落到巴格达,中央情报局特种部队渗透到伊拉克全境。2003年4月9日,巴格达陷落,萨达姆统治伊拉克24年的历史宣告结束,其本人也于12月13日被捕。不少学者分析了美军发动此次战争的目的,其中一个重要的因素便在于想把世界第二大石油储备国直接控制在自己手中,同时重创欧盟和欧元,向其他产油国传递出明确的信息:如果它们放弃美元改用欧元将会发生什么样的后果。

（资料来源:江红:《石油、美元与霸权:小布什发动阿富汗战争和伊拉克战争的历史透视》,中国社会科学出版社 2019 年版,第 151~390 页。）

2.案例指向

本案例涉及的知识点有关于当代资本主义的新特点、金融资本的形成等。

3.案例解析

布雷顿森林体系的形成和牙买加体系的形成分别意味着美元霸权1.0 版本和 2.0 版本的形成。特别是牙买加体系形成后,美元再也不必担心金汇兑本位制下的黄金约束,国际货币体系也正式进入脱锚的主权信用货币时代。美元可以通过对利率、汇率和债务等因素的作用影响国际经贸与金融活动,因此牙买加体系下世界市场上的各国货币并非只有使用上的主次之分,而是产生了实际的依附关系。由于他国的本币不能用于国际支付结算,其只能通过贸易、投资或黄金储备去获得美元,这意味着美元可以发行储备货币而外围国只能被迫积累。而为了更好地参与国际商贸活动并维持货币体系的稳定,很多国家都选择了盯住美元的汇率制度,但这会令它们丧失宏观经济金融政策的独立性。其他国家的经济增长、货币稳定性、金融市场发育程度等,很大程度上都受制于美国的货币政策。美国的扩张可以为其他国家带来依附性发展,其紧缩又会导致他国的衰退。这在很大程度上改变了美国的资本积累模式,也对发展中国家造成了极大影响。

美国在美元霸权中获得了极大的收益,主要包括:(1)货币政策的独立性;(2)财政赤字货币化能力;(3)低汇率风险;(4)较高的融资效率;(5)贸易和金融市场的繁荣;(6)庞大的铸币税;(7)影响国际资本流动和转嫁危机的能力;(8)金融机构的佣金费和手续费;(9)金融制裁武器。其中典型的一项是,美国逐渐与发展中国家间形成了一种被学界称作"金融恐怖平衡"的国际收支结构,进一步强化了对发展中国家的经济控制与资产掠夺。在以往的金本位制时代,世界货币发行国要通过经常项目顺差来积累黄金,并通过资本项目逆差来满足发展中国家购买本国商品的需要,这也是列宁所揭示的传统帝国主义中的典型现象。但在美元霸权的条件下,作为世界货币的美元需要通过经常项目逆差流向外围国,而外围国积累起的庞大外汇储备和由此导致的美国资本项目顺差又可以为美国庞大的贸易与财政赤字融资,造成美国成为资本输入国和穷国为富国融资的奇特现象。在这一过程中,外围国得益于美国的巨大市场,通过初级产品的高额出口拉动了经济的快速增长,而美国则获得了源源不断的商品和资源,并建立起了债务型经济,通过美元回流积累了支持企业生产、海外投资和民众消费的充足资金,双方不同的利益诉求与动摇现行货币体系的风险使得两者均具有维系这一平衡秩序的动机,"金融恐怖平衡"也由此落成。这给美国经济带来显著影响:经常项目逆差的需要使得美国实体经济不断衰退,产业空心化和经济虚拟化趋势持续加强,而美国政府为了强化本国资本市场的吸引力并降低海外持有者抛售美元资产的可能性,自 20 世纪末便不断鼓励金融创新和金融自由化,令其逐步建立起了以金融资本为核心的积累模式。马克思曾指出:"一切资本主义生产方式的国家,都周期地患一种狂想病,企图不用生产过程作中介而赚到钱。"①而"中心—外围"的货币结构在事实上赋予了美国这样的特权。美国虚拟经济 GDP 比重在 20 世纪 80 年代初便超过了制造业,2021 年已升至21.2%,足可以见美元霸权为美国带来的收益,这也是长期以来美国将美元霸权视为自身核心利益的重要原因。为了维持美元的坚挺,历史上的美国可谓无所不用其极,譬如发动科索沃战争、阿富汗战争、伊拉克战争,利用金融机构和评级机构做空欧元,利用媒介霸权和学术霸权促使他国开放贸易和金融市场等。

其他国家尽管其同样可以在金融恐怖平衡中获得好处,甚至是一定时期内的高速增长,但货币依附所带来的代价同样是巨大的。首先,为了维持自身在国际分工中的地位,其不得不承接本应由美国承担的汇率与经济调整责任,在货币金融政策上配合美国。这不仅导致了本国货币和财政政策受限,而且容易造成被财富收割的风险。譬如每当经济陷入萧条,美国总会通过释放巨额流动性货币的方式推动美元潮汐,推高外围国资产泡沫,而外围国被动的货币政策调整也会进一步加剧通胀现象。一旦美元退潮,大量资金撤出,外围国家便成了转嫁危机的场所,陷入金融混乱与经济衰退,这在 1997 亚洲金融危机和 2008 全球金融危机期间都有典型体现。其次,其他国家购买美国国债等金融资产,被迫肩负起维护美元稳定的义务,但在美国靠着债务型经济增长模式享受着高消费、低储蓄的剥削主义生活的同时,外围国却要为美国奉献海量的铸币税收益,承受资产价值缩水的损失。最后,从其他国家回流的美元会被以低息借债

---

① 《马克思恩格斯文集》第 6 卷,人民出版社 2009 年版,第 67～68 页。

的方式进行全球再投资或借贷,这一方面容易引发外围国的债务危机,另一方面则给予了美国低成本控制他国产业特别是高端产业的能力,这相当于其他国家用自己的资金帮助美国对自己进行了低端锁定。而在国际市场上,由于长期的本币低估,发展中国家工人辛勤劳作所生产的商品更是可以被高估的美元"贱买",造成了严重的国际价值转移。可以看到,货币依附下外围国的短期繁荣在很大程度上是虚幻的、低质量的,发展中国家似乎成了美国的给养,美国对这些国家的"培育"只是为了在其储备了高额财富或自身出现危机时进行掠夺和输血,这令发展中国家的经济表现为如海绵般膨胀和萎缩,或者落入所谓"中等收入陷阱"的发展桎梏。

(七)欧美社会流动性退化

1.案例呈现

两极分化是资本主义生产方式的顽疾。从第一次世界大战前的1913年到战争结束的1918年,美国的基尼系数从一度高达0.602降为0.501。从1919年,美国进入所谓的"柯立芝繁荣"时期,然而,伴随着资本主义稳步发展的是美国家庭收入两极分化的加剧。到1929年世界经济危机爆发的这一年,美国基尼系数已经达到0.580,在危机最严重的1931年,甚至达到了0.656。

经济危机使资产阶级经济学家和政客认识到,有必要对资本主义发展进行引导,对贫富分化加以限制。凯恩斯主义在这一背景下出台,罗斯福新政也已开启。从1946年开始,美国家庭收入差距明显缩小,到肯尼迪和约翰逊担任总统的20世纪60年代,美国家庭收入差距持续缩小,美国家庭基尼系数甚至在1967年首次跌破了0.4,降至0.399,到1968年甚至降到了0.388。

进入20世纪80年代之后,随着知识经济和全球化步伐的加快,整个世界经济进入了一个较快的发展时期。从1980年到2019年,世界国内生产总值从11万亿美元增加至超过87万亿美元。然而,主要西方国家穷人和富人之间的收入差距都拉大了。根据联合国开发计划署(UNDP)于2020年12月15日发布的《人类发展报告2020》中的数据(对最穷的40%人口的统计时间范围是2010—2018年,对最富的1%人口的统计时间范围是2010—2017年),在大多数西方发达国家中,最穷的40%的人口的可支配收入占总收入的比重都不超过20%,其中,这一比重最高的挪威为23.2%,最低的美国为15.4%。在大多数国家中最富1%的人口在总收入中所占的比重都超过了10%,其中,这一比重最小的丹麦和荷兰为6.2%,最大的美国为20.5%。换言之,在美国,最富1%的人口所拥有的收入比最穷40%的人口所拥有的收入都要多。

根据慈善机构乐施会最近发布的报告,新冠肺炎疫情期间,全球99%的人的收入在疫情期间减少,1.6亿人陷入贫困,而全球十大富豪拥有的财富在过去两年翻了一番,从7000亿美元增至1.5万亿美元,是全球最贫穷的31亿人所拥有财富总和的6倍。全球贫富差距的加大与欧美国家密切相关。例如,新冠疫情发生后,以美国为代表的主要发达经济体央行实行了超宽松货币政策。从2020年2月至2022年1月,美国的资产负债规模从4.2万亿美元快速扩张至8.76亿美元。这种量化宽松政策的代价却由美国普通民众来承担。美国通货膨胀维持高位,房屋、能源、食品等的价格大幅上涨,穷人只能勉强维持生计,深陷贫困深渊。

(资料来源:《全球贫富差距加大,美西方难辞其咎》,《人民日报》(海外版)2022年1月25日第10版。)

2.案例指向

本案例涉及的知识点主要是世界大变局下资本主义的矛盾与冲突,尤其是社会融合机制失效的问题。

3.案例解析

第二次世界大战后,资本主义出现了一些新变化,主要表现在五个方面:第一,生产资料所有制的变化。从资本主义发展初期私人资本主导,变为19世纪末20世纪初的私人股份资本主导,再变为第二次世界大战后的法人资本主导。第二,劳资关系和分配关系的变化。劳动者个人的技能不再对生产过程和结果具有决定性意义,劳动者对资本的隶属从资本主义发展初期的形式隶属变为实质上的隶属。资本家及其代理人开始采取职工参与决策、终身雇佣、职工持股等一些缓和劳资关系的激励制度,促使工人自觉地服从资本家的意志。第三,社会阶层和阶级结构的变化。这表现为资本家的地位和作用发生很大变化,拥有所有权的资本家不再直接参与经营和管理企业,高级职业经理人成为大公司经营活动的实际控制者,而且知识型和服务型劳动者的数量不断增加。第四,经济调节机制和经济危机形态变化。政府干预经济能力弱化,经济危机呈现出去工业化和产业空心化日趋严重、产业竞争力下降,经济高度金融化、虚拟经济与实体经济严重脱节、财政严重债务化、债务危机频繁爆发,两极分化和社会对立加剧等新特点。第五,政治制度的变化。公民权利有所扩大,法治建设普遍增强,改良主义政党在政治生活中的影响日益扩大。

发生这些变化的主要原因在于:首先,科学技术革命和生产力的发展;其次,工人阶级争取自身权利的斗争;再次,社会主义制度初步显示的优越性对资本主义产生了重要影响;最后,主张改良主义的政党对资本主义制度的改革。

当代,资本主义变化出现了新的特征,分别是科技创新加速资本运作生产方式变化,国际金融垄断资本主义影响日益显现,社会阶级层级结构呈现复杂性、多样化,发达资本主义国家凭借经济、科技、文化传播等超级优势在世界范围内推行霸权主义和强权政治。

在这样的情况下,资本主义的矛盾与冲突集中表现为以下方面:其一,经济发展失调,主要是虚拟经济与实体经济发展失调,福利风险增加,债务负担沉重;其二,政治体制失灵,主要是西式选举难以选贤,政党利益可能凌驾于国家利益之上,"民族陷阱"会阻碍国家治理,传统精英政治走向衰落;其三,社会融合机制失效,主要表现为社会极端思想抬头、社会流动性退化、社会矛盾激化。其中,社会流动性退化指的是近年来西方国家贫富差距不断扩大,中产阶级萎缩,社会各阶层之间的健康流动"凝固化"。

本案例集中体现了社会流动性退化这一资本主义的矛盾与冲突。随着世界经济进入较快发展的时期,主要西方国家穷人和富人之间的收入差距反而拉大了。正如马克思、恩格斯所描述的,"机器的日益迅速的和继续不断的改良,使工人的整个生活地位越来越没有保障"[①]。生产力的进步没有给底层人民带来物质利益,反而使其日益贫穷。

需要注意的是,知识经济和全球化并不是资本主义矛盾和冲突的原因。出现社会流动性退化等问题的根源在于资本主义制度本身,在于资本主义的基本矛盾。经济上,资本主义经济制度始终服务于资产阶级,为资产阶级剥削劳动者提供便利。政治上,资本主义政治制度始终作为资产阶级统治和剥削需要的工具,政治改良并没有触动资本主义基本经济制度。社会领域中,资本主义社会制度制约流动和固化阶级的属性没有改变。

例如,20 世纪 80 年代以来,美国政府推行大规模的减税政策,代表性的文件有里根政府的《经济复苏税收法案》(Economic Recovery Tax

---

① 《马克思恩格斯文集》第 2 卷,人民出版社 2009 年版,第 40 页。

Act of 1981),克林顿政府的《纳税人减免法案》(Taxpayer Relief Act of 1997),小布什政府的《经济增长与税收减免调解法案》(Economic Growth and Tax Relief Reconciliation Act of 2001)和《工作与增长税收减免调解法案》(Jobs and Growth Tax Relief Reconciliation Act of 2003)以及特朗普政府的《减税与就业法案》(Tax Cuts and Jobs Act of 2017)。根据 Otani 等人的研究,减税会使得企业利润增加,企业会把这些利润用于股票回购而非用于投资或者提高普通员工的工资或福利,这会进一步推高股票价格,从而提高 CEO 的薪酬(股票期权)[①],最终拉大贫富差距,导致社会流动性退化。

四、延伸阅读

1.吉斯特:《美国垄断史:帝国的缔造者和他们的敌人》,经济科学出版社 2004 年版。

2.福斯特:《生态危机与资本主义》,上海译文出版社 2006 年版。

3.大卫·哈维:《资本社会的 17 个矛盾》,中信出版社 2016 年版。

4.江红:《石油、美元与霸权:小布什发动阿富汗战争和伊拉克战争的历史透视》,中国社会科学出版社 2019 年版。

5.迈克尔·赫德森:《金融帝国:美国金融霸权的来源和基础》,中央编译出版社 2008 年版。

6.翟东升:《货币、权力与人:全球货币与金融体系的民本主义政治经济学》,中国社会科学出版社 2019 年版。

7.萨米尔·阿明:《世界规模的积累——欠发达理论批判》,社会科学文献出版社、重庆出版社 2016 年版。

8.尼克·斯尔尼塞克:《平台资本主义》,广东人民出版社 2018 年版。

9.Nick Couldry, Ulises A.Mejias. *The Costs of Connection: How Data is Colonizing Human Life and Appropriating it for Capitalism*, Stanford University Press,2019.

10.Christian Fuchs.*Digital Labour and Karl Marx*, Routledge, 2013.

[①] Akane Otani, Richard Rubin, Theo Francis. Boom in Share Buybacks Renews Question of Who Wins From Tax Cuts, *Wall Street Journal*,2018(3).

五、拓展研学

建议学生组成学习小组,结合以下选题,通过搜集文献、展开辩论等方式,进一步深入探讨,并形成研学报告。

1.为什么垄断资本主义会在 19 世纪末形成?

(1)研究内容:结合时代背景,分析垄断资本主义产生的根源。

(2)讨论方向:重点剖析技术革命对市场竞争与市场结构的影响。

2.国家垄断资本主义与私人垄断资本主义有哪些不同之处?

(1)研究内容:剖析国家垄断资本主义与私人垄断资本主义的联系与区别。

(2)讨论方向:国家垄断资本主义是如何在私人垄断资本主义的基础上发展而来的? 它在什么方面部分克服了私人垄断资本主义的缺陷?

3.经济全球化的趋势与资本主义生产方式的发展有着怎样的联系?

(1)研究内容:结合时代背景,分析经济全球化出现的动力来源。

(2)讨论方向:从资本主义生产方式的特点出发,讨论为什么资本主义方式的拓展会推动经济全球化的步伐?

4.为什么近年来国际上会出现逆全球化浪潮?

(1)研究内容:结合具体国家案例,分析经济全球化对国家的双向作用。

(2)讨论方向:集体讨论在经济全球化的历史浪潮中,不同国情的国家应当作出怎样不同的策略选择,以及如何应对当下的逆全球化浪潮?

5.与马克思所处的资本主义时代相比,当代资本主义有哪些最为典型的变化?

(1)研究内容:从经济、文化、政治、社会等各个角度出发,阅读当代马克思主义理论家的研究著作,探讨资本主义的新变化。

(2)讨论方向:资本主义产生的这些新变化的实质是什么,以及为什么会出现这些新变化。

6.美元霸权的基石是什么? 如何破解美元霸权?

(1)研究内容:结合金融学和国际政治经济学相关知识,了解在主权信用货币时代,世界货币是如何产生的,以及成为世界货币的美元会对世界经济造成怎样的影响。

(2)讨论方向:分析美元霸权的危害以及人民币国际化的具体方案。

7.在国家垄断资本主义阶段,马克思所揭示的资本主义基本矛盾是否还存在?

(1)研究内容:结合当代资本主义发生的一系列经济危机与社会矛盾,结合马克思的基本观点剖析其根源与发生机制。

(2)讨论方向:分析资本主义一系列社会危机与资本主义基本矛盾间的联系,以及"两个必然""两个决不会"的当代表现。

第六章　社会主义的发展及其规律

一、教学主要目标

本章是马克思主义基本原理之社会主义论,章节的基本结构是社会主义的产生与发展、社会主义的基本原则、社会主义革命与建设的基本规律。主要内容是社会主义五百年从空想到科学、从理论到实践的历史进程,科学社会主义的基本原则及其中国化,社会主义革命和建设道路的多样性,社会主义建设的长期性,以及社会主义在实践中开拓前进的发展规律。教学目的是让学生学习社会主义五百年的发展历程,认识到中国特色社会主义是科学社会主义基本原则的运用与发展,是扎根中国大地的科学社会主义,明确社会主义建设过程的曲折性和长期性,把握中国特色社会主义理论和实践对社会主义理论的贡献,以及新时代中国特色社会主义在世界社会主义发展史上的里程碑意义。坚定理想信念,遵循社会主义在实践中开拓前进的发展规律,以昂扬奋进的姿态推进社会主义事业走向光明未来。

二、教学重难点

(一)人类社会为什么会出现社会主义思想,社会主义五百年经历了哪些历史阶段?

(二)20 世纪 80 年代末 90 年代初,发生了苏共垮台、苏联解体、东欧剧变的悲剧,国际社会主义运动陷入低潮,其教训是什么? 给我们以什么启示?

(三)科学社会主义基本原则有哪些? 为什么说中国特色社会主义坚持和发展了科学社会主义基本原则?

(四)社会主义革命和发展道路为什么是多样的?

(五)为什么说社会主义建设是一个不断探索的长期过程?

（六）中国特色社会主义理论和实践对世界社会主义理论有什么贡献？

（七）中国特色社会主义的成功实践对世界社会主义发展的伟大意义是什么？

围绕以上重难点问题，我们有针对性地选取了相应教学案例和相关材料，希望结合案例和材料的分析与批判，使学生更好地认识与理解社会主义的发展史、社会主义的基本原则以及社会主义革命与建设的基本规律。

三、教学案例

（一）乌托邦的故事：半部人类史

1.案例呈现

"乌托邦"是拉丁文 Utopia 的音译，这个词是英国近代思想家托马斯·莫尔（St. Thomas More，1478—1535）依据古希腊语的独创，是 outopia（no place）与 eutopia（good place）两个词合成的拉丁语仿词，意指"不存在"的"福地，乐土"，是"不存在的好地方"，是一个想象出来的美好社会。乌托邦思想，即向往更美好的生活、追求一个更理想的社会，源远流长。在我国古代，有儒家的"大同世界"和道家的"至德之世"等。儒家经典如《礼记·礼运》是这么描绘"大同"世界的："大道之行也，天下为公，选贤与能，讲信修睦，故人不独亲其亲，不独子其子，使老有所终，壮有所用，幼有所长，鳏寡孤独废疾者皆有所养；男有分，女有归，货恶其弃于地也不必藏于己，力恶其不出于身也不必为己，是故谋闭而不兴，盗窃乱贼而不作，故外户而不闭，是谓大同。"在西方则有古希腊柏拉图的"理想国"等。

15 世纪以后，在欧洲，随着资本主义的萌芽和逐步发展，产生了批判资本主义、畅想美好社会为特征的空想社会主义，其代表是托马斯·莫尔的"乌托邦"、康帕内拉的"太阳城"等。

托马斯·莫尔出生于伦敦一个律师家庭，1502 年大学毕业后子承父业成为一位律师，此后又投身政治，以国会议员身份活跃于政坛，后成了英王亨利八世的重要顾问，1529—1532 年担任英国大法官。1535 年因反对亨利八世兼任教会首脑而被处死。

15—16 世纪的英国，资本主义生产关系开始萌芽，以圈地运动为代表的资本血腥积累、扩张，使广大劳动人民的生活陷入水深火热之中，穷苦百姓终年劳作,生活却牛马不如,而贵族、富人则不劳而获,穷奢极欲,挥金如土。莫尔 1516 年出版的《乌托邦》一书,全名叫做《关于最完美的国家制度和乌托邦新岛的既有益又有趣的金书》,以他和一位名叫拉斐尔·希斯拉德的虚构人物对话的方式,借这位旅人之口,以他周游列国所见,首先批判了当时的英国社会,提出了对圈地运动"羊吃人"的著名批评。其次描述了以"乌托邦"命名的一个想象出来的遥远岛国,在那里,小国寡民,财产共有,官吏公选,人人平等,人们共同劳动,按需分配,没有商品货币,人们视金银为粪土。莫尔就这样对理想社会进行了憧憬。

《乌托邦》独树一帜,影响深远。1601 年,意大利学者康帕内拉(1568—1639)在它的影响下,写下了《太阳城》,书中强调消灭私有制,全部财产归全民所有,法律严明,人人平等。此外,还强调人口优生,创造性地提出劳动光荣的思想。《太阳城》明显脱胎于《乌托邦》,因此它和《乌托邦》被人们喻为空想社会主义的姊妹篇。

不同时代的人们提出的形形色色的乌托邦,相互承继,构成乌托邦史,乌托邦史是人类苦难历史的反面。对乌托邦美好社会的向往后被称为乌托邦主义,它通过构建一个更美好的国家或社会来阐释其社会理想和价值目标,并将它作为一种推动社会进步的力量。

(资料来源:周晓亮:《大家精要:莫尔》,云南教育出版社 2012 年版,第 37~45 页。)

2.案例指向

本案例和相关材料用于教材第六章第一节"社会主义五百年的历史进程"的辅助教学,重点指向"社会主义从空想到科学"。要点包括:社会主义从空想到科学人类社会为什么会出现社会主义思想? 世界社会主义五百年经历了哪些历史阶段? 空想社会主义的历史进步性和局限性是什么? 为什么科学社会主义理论是"科学"?

3.案例解析

"乌托邦的故事:半部人类史",是美国学者刘易斯·芒福德一部著作的名字,意思是:对理想社会即乌托邦的向往、构建,是现实历史的另一面,乌托邦史是人类历史的另一半。在这部书中,芒福德说,长久以来,乌托邦都是虚构和不可能的代名词,为了反对现实世界我们构建了乌托邦,我们能忍受这个现实的世界,也正因为有了乌托邦。[1] 各种乌托邦思想

---

[1] 刘易斯·芒福德:《乌托邦的故事:半部人类史》,梁本彬等译,北京大学出版社 2019 年版,第 1 页。

是对现实丑恶世界的拒绝,代表了人类向往美好生活、追求更理想的社会的良好愿望,它也是历代仁人志士推动社会变革的动力之一。

乌托邦,古代有中国儒家的"大同世界"和道家的"至德之世"等,西方则有古希腊柏拉图的"理想国"等。到近代,资本主义生产关系开始萌芽,以托马斯·莫尔为代表的西方早期空想社会主义的乌托邦思想,是早期无产阶级意识的先声,反映了早期无产阶级的利益诉求,反映了早期无产阶级迫切要求改造现存社会、建立美好的新社会的愿望。这种思想奠定空想社会主义乃至社会主义理论的一般特征:

一是批判现实资本主义,特别批判资本主义私有制给劳动者带来的苦难,给社会带来的不公平、不公正,以及由此引发的贫困、犯罪等社会问题,包含着许多切中要害的见解。

二是对未来美好社会的设想。乌托邦设想的未来社会以生产资料公有制为基础,社会平等,人们共同劳动、按劳分配,工人和农民、智力和体力劳动之间差别的取消,闪烁着诸多天才的火花。

三是对走向美好社会的道路的揭示。空想社会主义者没有看到无产阶级的历史地位和力量,将改变社会不是诉诸无产阶级的自我觉醒、自我解放,而是诉诸上流精英的良知和同情,诉诸社会正义等道德要求,将社会主义运动实际当成是具有慈善性质的活动,所以他们"没有能够指出真正的出路"。①

到了 18、19 世纪,随着启蒙运动的深入,以法国的圣西门、傅立叶,英国的欧文等为代表的空想社会主义者不只批判资本主义,还从人类历史发展的角度论述了资本主义私有制灭亡的必然性,并从理性出发阐释了理想社会的制度、纲领和原则等,如圣西门的"实业制度"、傅立叶的"法郎吉"、欧文的"新和谐公社"等,甚至还进行了社会主义实验,但均以失败告终。

首先,资本主义发展不成熟,当时资本主义还处于初级阶段;其次,无产阶级不成熟,无产阶级还没有成为自为的阶级,没有作为独立的力量登上历史舞台;最后,没有科学理论作为认识工具,空想社会主义既不能阐明资本主义制度下雇佣奴隶制的本质,又不能发现资本主义发展的规律,更不能找到能够成为新社会的创造者的社会力量。因此,空想社会主义是不成熟的理论,"是同不成熟的资本主义生产状况、不成熟的阶级状况

_____

① 《列宁专题文集——论马克思主义》,人民出版社 2009 年版,第 71 页。

相适应的。解决社会问题的办法还隐藏在不发达的经济关系中,所以只有从头脑中产生出来"①,空想社会主义虽然"提供了启发工人觉悟的极为宝贵的材料"②,但只是"空想",并不是科学的思想体系。

19世纪中叶,随着工业化和资产阶级革命的深入,社会化大生产的发展和资本主义生产方式在欧洲普遍确立,由此在欧洲,资本主义社会中生产社会化与生产资料资本主义私人占有之间的矛盾激化,资本主义周期性经济危机频繁爆发,无产阶级与资产阶级的斗争更加激烈,爆发了著名的法国里昂工人起义、英国宪章运动、德国西里西亚纺织工人起义等,无产阶级队伍不断壮大,并在与资产阶级的斗争中从自发走向自觉,表现出改造社会、创造历史的巨大力量。时代的新的变化,为社会主义从空想发展到科学提供了社会需要和客观条件。

马克思、恩格斯面对新的历史条件,通过艰难的科学研究,创立和发展了唯物史观和剩余价值学说,"这两个伟大的发现"为社会主义奠定了坚实的科学基础,实现了社会主义从空想到科学的飞跃,其标志是1848年出版的《共产党宣言》。唯物史观深刻揭示了人类历史发展的一般规律,揭示了人民群众的历史主体作用,揭示了阶级斗争在阶级社会发展中的巨大作用,从而把人们对社会主义的追求建立在对社会发展客观规律科学认识的基础上,克服了空想社会主义理论的"空想"性质。剩余价值学说深刻揭示了资本家剥削工人的秘密,揭示了无产阶级与资产阶级利益的根本对立,从而科学论证了无产阶级肩负的推翻资本主义旧世界、建设社会主义新世界的历史使命,揭示了资本主义灭亡、社会主义胜利的历史必然性,找到了变革资本主义旧社会的力量和通向社会主义新社会的途径。

总之,马克思、恩格斯在揭示人类社会发展一般规律和资本主义发展特殊规律的基础上,科学论证了社会主义代替资本主义的历史必然性,阐明了无产阶级的历史使命,提出了无产阶级革命斗争的战略策略,科学预见了未来社会的基本特征,提出了从资本主义社会向共产主义社会过渡时期的理论,创立了科学社会主义学说,从根本上超越了空想社会主义,实现了社会主义从空想到科学的伟大飞跃。

---

① 《马克思恩格斯文集》第3卷,人民出版社2009年版,第528页。
② 《马克思恩格斯文集》第2卷,人民出版社2009年版,第63页。

(二)苏联共产党亡党亡国×周年祭

1.案例呈现

俄国共产党在拥有 30 多万名党员的时候,取得了十月社会主义革命的胜利并执掌了全国政权,苏联共产党在拥有 550 多万名党员的时候,领导人民打败了德国法西斯,为结束第二次世界大战作出了巨大贡献,而在拥有 1800 万多名党员的时候,却丧失了执政地位,亡党亡国。这引发人们无限的思考与研究。自 1991 年以来,每过若干年,学术界总会有一次"苏联共产党亡党亡国某周年祭",开始是周年,然后是十年、二十年、三十年……

材料 1:据说,1945 年,美国中央情报局局长艾伦·杜勒斯在美国国际关系委员会上发表的一篇演说中说:

人的脑子,人的意识,是会变的。只要把脑子弄乱,我们就能不知不觉改变人们的价值观念,并迫使他们相信一种经过偷换的价值观念。用什么办法来做?我们一定要在俄罗斯内部找到同意我们思想意识的人,找到我们的同盟军。……

我们将使用一切办法去支持和抬举一批所谓的艺术家,让他们往人类的意识中灌输性崇拜、暴力崇拜、暴虐狂崇拜、背叛行为崇拜,总之是对一切不道德行为的崇拜。在国家管理中,我们要制造混乱和无所适从……

我们将以这种方法一代接一代地动摇和破坏列宁主义的狂热。我们要从青少年抓起,要把主要的赌注押在青年身上,要让它变质、发霉、腐烂。我们要把他们变成无耻之徒、庸人和世界主义者。我们一定要做到。

(资料来源:尼古拉·伊万诺维奇·雷日科夫:《大国悲剧:苏联解体的前因后果》,徐昌翰等译,新华出版社 2010 年版,第 11 页。)

材料 2:硬性计划经济体制是 20 世纪 30 年代建立的,它顺利完成了工业化任务,并对战胜希特勒德国起到保证作用,使得在难以想象的短时期内恢复国民经济成为可能,而在"冷战"年代,则建立了同西方的军事均势。但生活不会在原地踏步不前,逐渐开始有所感觉:苏联的国民经济还无法完全满足居民日益增长的社会经济需求,也无法解决国家发展所提出的一系列至为重要的任务。

1987 年 11 月 2 日,苏联召开了隆重纪念十月革命 70 周年的大会。戈尔巴乔夫在会上作报告。他宣称:"苏共对共产主义运动的未来不会有所怀疑。它将取代资本主义……我们正在走向一个新世界——共产主义世界。我们一定把这条路走到底，永不回头！"这些引起暴风雨般欢呼的话语说过仅仅四年，苏联没有了……更不必提什么总书记号召的共产主义事业了。他那卑鄙无耻的嘴脸真叫人惊奇：几年之后，他居然又称，自他懂事以来，就一直梦想着要把共产主义埋葬……

苏联共产党曾经是国内改革的倡导者，可是过了 5 年，它却被赶下了政治舞台，而它的一千好几百万党员当中，竟没有一个人站出来捍卫它，这究竟是怎么搞的呢？

（资料来源：尼古拉·伊万诺维奇·雷日科夫：《大国悲剧：苏联解体的前因后果》，徐昌翰等译，新华出版社 2010 年版，第 14～28 页。）

材料 3：对苏共亡党的原因，我国理论界已谈得很多，如帝国主义的颠覆破坏和和平演变活动，苏共长期拒绝改革开放，坚持高度集中的计划体制导致的经济停滞和落后，还有后来推行错误的改革路线，背弃马克思主义原则，削弱党的领导等。但还有一个不能忽略的重要事实，人们谈得相对较少，即苏联共产党不仅被国内外的反共势力搞垮，还被她一直代表的工人阶级和苏联人民抛弃。而这后一点，是导致苏共亡党的决定性因素之一。

（资料来源：黄苇町：《苏共亡党十年祭》，《支部建设》2001 年第 9 期。）

2.案例指向

本案例和相关材料用于教材第六章第一节"社会主义五百年的历史进程"的辅助教学，重点指向"社会主义从理想到现实、从一国到多国的发展""社会主义在中国焕发出蓬勃生机"。要点包括：苏共亡党亡国有何教训与启示？对比中国共产党与苏联共产党、中国特色社会主义与苏联模式，讨论中国共产党为什么能？中国特色社会主义为什么好？

3.案例解析

1917 年 11 月 7 日，俄罗斯布尔什维克发动"十月革命"，建立了俄罗斯苏维埃联邦社会主义共和国（简称"苏俄"），1922 年 12 月 30 日，由俄罗斯、乌克兰、白俄罗斯和外高加索联邦共同组成的苏维埃社会主义共和国联盟（简称"苏联"）正式成立。列宁逝世后，斯大林当政，他放弃了列宁鼓励多种经济成分并存，以发展生产力、提高劳动生产率为主旨的"新经济"政策，提出了他的社会主义建设理论，大体上包括这样几点：一是苏联可以单独建成社会主义，二是经济行政、计划化，三是优先发展重工业，四是高积累、高投资，并强力将这种理论付诸现实。在农村，从 1929 年夏天起苏联全面推进农业集体化。这些社会主义建设政策,最终形成"苏联模式"。"苏联模式"使苏联迅速工业化,并积累起大量的物力,使苏联成为第二次世界大战的胜利者之一。1953 年 3 月,斯大林逝世后,赫鲁晓夫逐步登上权力的顶峰,他曾着手对苏联政治经济等进行改革。1964 年,赫鲁晓夫被以不流血政变方式赶下台,勃列日涅夫出任苏共中央第一书记,成为苏联最高领导人。苏联进入勃列日涅夫时期,勃列日涅夫的思想与政策逐渐僵化,他执政的后半部分被称为苏联的"停滞期"和"僵化期"。

1986 年,苏联进入戈尔巴乔夫时期。1988 年戈尔巴乔夫宣布苏联将放弃勃列日涅夫主义,减少对东欧国家内政的干涉,这个政策导致东欧社会主义国家于 1989 年发生了一系列剧烈的"政治地震"(东欧剧变)。戈尔巴乔夫提出改革"新思维",在政治上放弃苏联共产党对国家的领导,实行多党制,将指导思想从"科学社会主义"改为"人道的、民主的社会主义"。戈尔巴乔夫的改革最终导致了苏共党内和苏联社会的思想混乱。1991 年 8 月 19 日,苏联爆发了旨在保卫苏维埃社会主义联邦的"八一九事件",俄罗斯总统叶利钦由此掌握了局势。8 月 23 日,在镇压政变后,叶利钦签发命令,以共产党参与政变为由,禁止共产党在俄罗斯的活动。8 月 24 日,戈尔巴乔夫发表声明,宣布辞去苏共中央总书记职务,要求苏共中央自行解散。同日,苏联第二大加盟共和国乌克兰宣布独立,苏联开始走向解体。1991 年 12 月 25 日,戈尔巴乔夫宣布辞去苏联总统之职,将国家权力移交给俄罗斯总统叶利钦。12 月 25 日晚,苏联国旗从克里姆林宫上空缓缓降下,苏联作为一个主权国家在法律和现实中正式结束。苏联,这个有着 2240 多万平方公里的横跨欧亚两大洲庞大疆域的大国、强国,在没有外敌入侵和特大自然灾害的情况下,顷刻之间解体覆亡。

苏共垮台、苏联解体不是马克思主义的失败,而是苏联共产党的失败。以戈尔巴乔夫为首的领导集团推行所谓"人道、民主的"社会主义路线,放弃了科学社会主义道路,放弃了无产阶级专政,放弃了共产党的领导地位,放弃了马克思列宁主义指导,导致自我沦丧。"苏联模式"及守旧僵化,束缚了社会主义的活力,特别是在西方国家开始新科技革命的情况下,僵化的苏联模式严重制约了经济发展。苏共特别是高级领导人丧失理想信念,苏共干部队伍腐败,党内出现了一个特权阶层,严重脱离群众,从而失去人民的支持。苏联后期历史虚无主义盛行,以"重新评价历史"为名,从否定斯大林开始,继而攻击和诽谤列宁,歪曲苏联社会主义革命和建设的历史,最后否定苏共 70 年的执政历史,使苏共失去了存在的合法性。苏共党内的种种错误使得已经相当严重的经济、政治、社会、民族矛盾进一步激化,最终酿成了制度剧变、国家解体的历史悲剧。正如邓小平同志所指出的:"不坚持社会主义,不改革开放,不发展经济,不改善人民生活,只能是死路一条。"①

苏共亡党亡国给我们的教训与启示包括以下方面:

第一,必须坚持和加强中国共产党的领导,保持党的先进性和纯洁性。必须不断提高党的执政能力和领导水平,着力增强抵御风险和拒腐防变能力。党特别是党的高级干部必须密切联系群众,保持与人民的血肉联系。

第二,必须坚持和发展马克思主义。必须坚持马克思主义的指导地位,正如习近平总书记强调的:"马克思主义是我们立党立国的根本指导思想。背离或放弃马克思主义,我们党就会失去灵魂、迷失方向。"②同时,必须与时俱进,发展马克思主义,坚持把马克思主义基本原理同中国具体实际相结合、同中华优秀传统文化相结合,推进理论创新、实践创新,不断开辟 21 世纪马克思主义发展新境界。

第三,必须坚定共产主义远大理想和中国特色社会主义共同理想,坚持中国特色社会主义道路自信、理论自信、制度自信、文化自信。

第四,必须坚持以经济建设为中心,推进改革开放,进一步解放和发展社会生产力,提高人民的生活水平,让改革发展成果更多更公平地惠及全体人民,实现好、维护好、发展好最广大人民根本利益。

第五,必须坚持人民主体地位,进一步完善社会主义民主,保障和扩大人民当家作主的权力。

第六,必须坚持开拓创新,使社会主义充满生机与活力,不断把中国特色社会主义事业推向更高境界。

(三)私有制是万恶之源

1.案例呈现

材料 1:谁第一个把一块土地圈起来并想到说:这是我的,而且找到一些头脑十分简单的人居然相信了他的话,谁就是文明社会的真正奠基者。假如有人拔掉木桩或者填平沟壕,并向他的同类大声疾呼:"不要听

---

① 《邓小平文选》第 3 卷,人民出版社 1993 年版,第 370 页。
② 习近平:《在庆祝中国共产党成立 95 周年大会上的讲话》,《求是》2021 年第 8 期。

信这个骗子的话,如果你们忘记土地的果实是大家所有的,土地是不属于任何人的,那你们就要遭殃了!"这个人该会使人类免去多少罪行、战争和杀害,免去多少苦难和恐怖啊!

(资料来源:卢梭:《论人类不平等的起源和基础》,商务印书馆 1996 年版,第111 页。)

材料 2:上面我们已经看到,在相当早的生产发展阶段上,人的劳动力就能够提供大大超过维持生产者生存所需要的产品了,这个发展阶段,基本上就是产生分工和个人之间的交换的那个阶段。这时,用不了多久就又发现一个伟大的"真理":人也可以成为商品;如果把人变为奴隶,人力也是可以交换和消费的。人们刚刚开始交换,他们本身也就被交换起来了。主动态变成了被动态,不管人们愿意不愿意。

随着在文明时代获得最充分发展的奴隶制的出现,就发生了社会分成剥削阶级和被剥削阶级的第一次大分裂。这种分裂继续存在于整个文明期。奴隶制是古希腊罗马时代世界所固有的第一个剥削形式;继之而来的是中世纪的农奴制和近代的雇佣劳动制。这就是文明时代的三大时期所特有的三大奴役形式;公开的而近来是隐蔽的奴隶制始终伴随着文明时代。

…………

由于文明时代的基础是一个阶级对另一个阶级的剥削,所以它的全部发展都是在经常的矛盾中进行的。生产的每一进步,同时也就是被压迫阶级即大多数人的生活状况的一个退步。对一些人是好事,对另一些人必然是坏事,一个阶级的任何新的解放,必然是对另一个阶级的新的压迫。这一情况的最明显的例证就是机器的采用,其后果现在已是众所周知的了。如果说在野蛮人中间,像我们已经看到的那样,不大能够区别权利和义务,那么文明时代却使这两者之间的区别和对立连最愚蠢的人都能看得出来,因为它几乎把一切权利赋予一个阶级,另方面却几乎把一切义务推给另一个阶级。

(资料来源:《马克思恩格斯选集》第 4 卷,人民出版社 2012 年版,第 192~194 页。)

材料 3:共产主义的特征并不是要废除一般的所有制,而是要废除资产阶级的所有制。

但是,现代的资产阶级私有制是建立在阶级对立上面、建立在一些人对另一些人的剥削上面的产品生产和占有的最后而又最完备的表现。

从这个意义上说,共产党人可以把自己的理论概括为一句话:消灭私有制。

（资料来源：《马克思恩格斯选集》第 1 卷，人民出版社 2012 年版，第 414 页。）

材料 4：公有制为主体、多种所有制经济共同发展，按劳分配为主体、多种分配方式并存，社会主义市场经济体制等社会主义基本经济制度，既体现了社会主义制度优越性，又同我国社会主义初级阶段社会生产力发展水平相适应，是党和人民的伟大创造。

（资料来源：《中共中央关于坚持和完善中国特色社会主义制度 推进国家治理体系和治理能力现代化若干重大问题的决定》，《中国文化报》2019 年 11 月 6 日第 3 版。）

2.案例指向

本案例和相关材料用于教材第六章第一节"科学社会主义基本原则"的辅助教学，重点指向"科学社会主义基本原则的主要内容""科学社会主义基本原则与中国特色社会主义"，要点包括：私有制产生并长期存在的必然性是什么？私有制消亡的历史条件是什么？我国公有制为主体、多种所有制共同发展的基本经济制度的必然性和合理性。

3.案例解析

让-雅克·卢梭（1712—1778）是法国 18 世纪启蒙运动代表人物之一，也是浪漫主义文学的开创者，其 1755 年 4 月出版《论人类不平等的起源和基础》探讨了社会不平等的起源与克服的方法。他说，社会分工合作使私有制产生，从而产生人与人之间的不平等，社会产生奴役和贫困。自从一个人需要另一个人的帮助的时候起，自从人们觉察到个人据有两个人食粮的好处的时候起，平等就消失了、私有制就出现了、劳动就成为必要的了，广大的森林就变成了须用人的血汗来灌溉而维持欣欣向荣，人们不久就可以看到奴役和贫困伴随着农作物在田野中萌芽和滋长。

卢梭认为，生产和技术的进步，扩大人与人的不平等。他说，一方面出现了耕耘法和农业，另一方面出现了金属加工和推广金属用途的技术，这使得由于情况不同而发展起来的人与人之间的差异，在效果上就更加显著，也更为持久，并且在同样的比例上开始影响着人们的命运。

而私有制基础上的法律，加深了人与人之间的不平等。他说，社会和法律就是这样或者应当是这样起源的。它们给弱者以新的桎梏，给富者以新的力量；它们永远消灭了天赋的自由，使自由再也不能恢复；它们把保障私有财产和承认不平等的法律永远确定下来，把巧取豪夺变成不可取消的权利。从此以后，便为少数野心家的利益，驱使整个人类忍受劳苦、奴役和贫困。

总而言之,一方面是竞争和倾轧,另一方面是利益冲突,人人都时时隐藏着损人利己之心。这一切灾祸,都是私有财产的第一个后果,同时也是新产生的不平等的必然产物。

卢梭认为,私有制是生产力发展的产物,私有制是不平等、不公正之源,是文明的起源。卢梭以启蒙思想家的理论推演、浪漫主义的文学想象,揭示了文明的起源,其中不乏卓见,但基本属于思辨和猜测性质。

100多年以后,恩格斯根据美国民族学家L.H.摩尔根的《古代社会》等人类学材料,运用历史唯物主义的理论和方法,撰写了《家庭、私有制和国家的起源》,科学历史地揭示了在生产力发展基础上,私有制的产生与发展,人类社会阶级与国家的起源,论述了文明时代的三大时期(奴隶社会、封建社会、资本主义社会)所特有的三大奴役形式,认为公开的而近来是隐蔽的奴隶制始终伴随着文明时代,从而揭示了未来人类文明新形态的特征,那就是私有制的取消,从而引起阶级对立、阶级压迫的消亡。

恩格斯在另一著作《反杜林论》中,简要论述了私有制存在的条件与消亡的前景。他说,在资本主义生产出现之前,即在中世纪,普遍地存在着以劳动者私人占有生产资料为基础的小生产:小农的即自由农或依附农的农业和城市的手工业,其劳动资料——土地、农具、作坊、手工工具——都是个人的劳动资料,只供个人使用,它们是小的、简陋的、有限的,也属于生产者自己所有。资产阶级从15世纪起经过简单协作、工场手工业和机器大工业这三个阶段把这些有限的生产资料从个人的劳动资料变为社会化的,即只能由一批人共同使用的生产资料,生产本身也从一系列的个人行动变成了一系列的社会行动。这就要求劳动产品变成了社会的产品、生产资料变成公有制。这就是说,生产资料的私有制与小商品生产相连,而生产的社会化,即社会化大生产必然要求生产资料私有制转变成生产资料公有制。

可见无论是生产资料私有制还是公有制,都与生产状况相关,是生产力发展的客观要求,从而,评价私有制与公有制,不是道德标准,而是生产力标准,即看它是否与生产力发展水平相适应、能否促进生产力的发展。

在社会主义社会,在生产资料公有制基础上组织生产,以满足全体社会成员的需要为生产的根本目的,是科学社会主义基本原则。我们必须始终不渝地坚持科学社会主义基本原则,否则就不是社会主义,但对于社会主义基本原则的运用,则必须根据每个国家的国情和所处的历史发展阶段进行灵活处理,使之具体化和时代化。马克思、恩格斯在《共产党宣言》1872年德文版序言中说,对《共产党宣言》所阐述的一般原理的实际运用,"正如《宣言》中所说的,随时随地都要以当时的历史条件为转移"。① 生产资料公有制是社会主义经济制度的根基,社会主义国家在任何时候都不能放弃,但是各国共产党人应该根据本国生产力发展水平和要求,探索社会主义公有制的具体实现形式。中国共产党人在坚持科学社会主义基本原则的同时,结合中国国情与生产力发展水平,探索具有鲜明的民族特色和时代特色的基本经济制度,形成我国现阶段以公有制为主体、多种所有制经济共同发展的基本经济制度,这是生产资料公有制的在中国的实现形式,贯彻了中国共产党以人民为中心、解放和发展生产力的发展、为满足全体社会成员的需要而产生的思想,这是中国特色社会主义的基本经济制度,"既坚持了科学社会主义基本原则,又根据时代条件赋予其鲜明的中国特色"。②

(四)跨越"卡夫丁峡谷"

1.案例呈现

材料1:"卡夫丁峡谷"(Caudine Valley)的典故出自古罗马。公元前321年,萨姆尼特人在古罗马卡夫丁城附近的卡夫丁峡谷击败了罗马军队,迫使罗马战俘在峡谷中从用长矛交叉架起的形似城门的"牛轭"(fork)下通过,以此羞辱战败的军队。后来,"卡夫丁峡谷"成为耻辱之谷的代名词。

"通过卡夫丁峡谷"意指遭受灾难、耻辱性经历。马克思以"卡夫丁峡谷"来形容资本主义制度给劳动人民带来的耻辱和苦难。跨越"卡夫丁峡谷"指跳过资本主义生产关系阶段,从而避免资本主义雇佣劳动给工人带来的苦难,以及社会生产的社会化和生产资料私人占有之间的矛盾所导致的经济危机及其灾难性后果。

材料2:卡尔·马克思《给维·伊·查苏利奇的复信》

亲爱的女公民:

最近十年来定期发作的神经痛妨碍了我,使我不能较早地答复您2月16日的来信。承蒙您向我提出问题,但很遗憾,我却不能给您一个适合于发表的简短说明。几个月前,我曾经答应给圣彼得堡委员会就同一

---

① 《马克思恩格斯文集》第2卷,人民出版社2009年版,第5页。

② 习近平:《关于坚持和发展中国特色社会主义的几个问题》,《求是》2019年第7期。

题目写篇文章。可是,我希望寥寥几行就足以消除您因误解所谓我的理论而产生的一切疑问。

在分析资本主义生产的起源时,我说:

"因此,在资本主义制度的基础上,生产者和生产资料彻底分离了……全部过程的基础是对农民的剥夺。这种剥夺只是在英国才彻底完成了……但是,西欧的其他一切国家都正在经历着同样的运动。"

可见,这一运动的"历史必然性"明确地限制在西欧各国的范围内。造成这种限制的原因在第三十二章的下面这一段里已经指出:

"以自己的劳动为基础的私有制……被以剥削他人的劳动即以雇佣劳动为基础的资本主义私有制所排挤。"

因此,在这种西方的运动中,问题是把一种私有制形式变为另一种私有制形式。相反,在俄国农民中,则是要把他们的公有制变为私有制。

由此可见,在《资本论》中所作的分析,既没有提供肯定俄国农村公社有生命力的论据,也没有提供否定农村公社有生命力的论据,但是,我根据自己找到的原始材料对此进行的专门研究使我深信:这种农村公社是俄国社会新生的支点;可是要使它能发挥这种作用,首先必须排除从各方面向它袭来的破坏性影响,然后保证它具备自然发展的正常条件。

亲爱的女公民,您忠实的

卡尔·马克思

(资料来源:《马克思恩格斯文集》第 3 卷,人民出版社 2009 年版,第 589~590 页。)

2.案例指向

本案例和相关材料用于教材第六章第三节"在实践中探索社会主义的发展规律"的辅助教学,重点指向"社会主义发展道路的多样性"。要点包括:第一,落后国家社会主义革命的可能性;第二,社会主义国家必须根据本国基本国情和所处的时代背景选择相适合的社会主义发展道路。

3.案例解析

1867 年《资本论》第一卷出版后,正值俄国废除奴隶制,开始向资本主义发展之际。1881 年 2 月 16 日,俄国的革命民主主义者查苏利奇致信马克思,希望马克思能说明"对我国农村公社可能有的命运以及世界各国由于历史必然性都应经过资本主义生产各阶段的理论的看法"。这些民主主义者,希望俄国可以跳过资本主义阶段,从而避免资本主义雇佣劳动给工人带来的苦难,及社会生产的社会化和生产资料私人占有之间的矛盾所导致的经济危机及其灾难性后果。马克思极为慎重,在 1881 年 2

月至 3 月,为给查苏利奇复信,马克思四易其稿,最后把第四稿当作正式复信。把这四个稿件综合起来,就是一个内容极其丰富的关于俄国的农民公社、农业生产的集体形式的综合性概述。

在复信的草稿中,马克思指出,《资本论》对资本主义生产的起源分析,明确地限于欧洲各国。俄国由于历史条件不同,"历史必然性"不适用于俄国。在西欧,"是把一种私有制形式变为另一种私有制形式"。而在俄国,以土地公有制为特征的农村公社依然存在。一方面,"土地公有制使它有可能直接地、逐步地把小地块个体耕作转化为集体耕作,并且俄国农民已经在没有进行分配的草地上实行着集体耕作,俄国土地的天然地势适合于大规模地使用机器。农民习惯于劳动组合关系,有助于他们从小土地经济向合作经济过渡"。另一方面,"和控制着世界市场的西方生产同时存在,就使俄国可以不通过资本主义制度的卡夫丁峡谷,而把资本主义制度所创造的一切积极的成果用到公社中来"。① 这里马克思提出了跨越"卡夫丁峡谷"的思想,认为俄国农村公社依然残存的国情,使得俄国在理论上具有跨越"卡夫丁峡谷"的可能性。也就是一般地,社会发展落后的国家爆发社会主义革命,直接进入社会主义社会在理论上具有可能性。

但是马克思对查苏利奇的正式回复中说:"在《资本论》中所作的分析,既没有提供肯定俄国农村公社有生命力的论据,也没有提供否定农村公社有生命力的论据,但是,我根据自己找到的原始材料对此进行的专门研究使我深信:这种农村公社是俄国社会新生的支点。"② 在现实中,能否"不通过资本主义制度的卡夫丁峡谷",而享用资本主义制度所创造的一切积极成果,取决于资本主义先进生产力能否与农村公社结合,取决于农村公社的生命力是否存在,对此马克思不能判断,因此,马克思实际上既不肯定也不否定俄国能否跨越"卡夫丁峡谷"。

"卡夫丁峡谷"是指资本主义制度带来的不幸灾难,而非资本主义制度的一切方面,特别是不能等同于资本主义极大地发展了生产力等进步方面。而马克思和恩格斯所说的不通过或跨越资本主义的"卡夫丁峡谷"和挽救俄国公社,都是指在吸收资本主义文明成果的基础上保留并发展俄国农村公社的共产主义因素,使之过渡到共产主义的高级形式。马克

---

① 《马克思恩格斯文集》第 3 卷,人民出版社 2009 年版,第 575 页。

② 《马克思恩格斯文集》第 3 卷,人民出版社 2009 年版,第 590 页。

思和恩格斯提出的"卡夫丁峡谷"的跨越论揭示了俄国社会主义发展道路的理论可能性,而非现实可能性。在马克思和恩格斯看来,俄国跨越"卡夫丁峡谷"的前提有二:一是延续数百年的俄国农村公社能够保持现有状况,而且继续具有强大的生命力,二是西欧无产阶级革命能够尽快爆发。

马克思的回答,显示出马克思在这个问题上的严谨的思想和谨慎的态度。从中可以看出,马克思认为,各个国家的社会主义革命和建设道路要根据自己的国情和世界无产阶级革命的形势。

在现实中,各个国家的生产力发展状况和社会发展阶段不同,以及每个国家历史文化传统的差异性,各个国家社会主义革命与建设所处的时代不同、国际形势不同,决定了不同国家社会主义革命和建设具有不同的特点。列宁在谈到向社会主义转变时指出:"一切民族都将走向社会主义,这是不可避免的,但是一切民族的走法却不会完全一样,在民主的这种或那种形式上,在无产阶级专政的这种或那种形态上,在社会生活各方面的社会主义改造的速度上,每个民族都会有自己的特点。"①无论是社会主义革命还是社会主义建设,每个民族都应该走自己的道路,具有自己的民族特点。

由此,社会主义的发展道路不是单一性的,而是多样性的。探索符合本国国情和时代发展的社会主义发展道路,就成为无产阶级执政党领导人民为之奋斗的神圣使命和光荣任务。其中,首先,探索社会主义发展道路,必须坚持对待马克思主义的科学态度。马克思主义经典作家并没有给我们提供各国社会主义发展道路的现成方案,关键是马克思、恩格斯对未来新社会的设想所采取的科学态度和研究新社会制度的思想方法,必须运用马克思主义科学的世界观和方法论解决现实的问题,而不是要背诵与重复其具体结论和词句,更不是把马克思主义当成一成不变的教条。其次,探索社会主义发展道路,必须从本国的历史条件和所处的时代环境出发,立足本国国情,走自己的路。"什么是社会主义、怎样建设社会主义",是社会主义国家的执政党和当代马克思主义者面临的一个根本问题。对这一根本问题,只有坚持从本国实际出发、走自己的路,才能作出正确的回答。再次,探索社会主义发展道路,必须充分吸收人类一切优秀文明成果。社会主义事业是一项前无古人的空前伟大的创造性事业。社会主义要赢得与资本主义相比较的优势,就必须大胆吸收和借鉴人类社

---

① 《列宁选集》第 2 卷,人民出版社 2012 年版,第 777 页。

会创造的一切优秀文明成果,吸收和借鉴当今世界各国包括发达资本主义国家一切反映现代化生产规律的先进经营方式和管理方法。当今世界是开放的世界,社会的开放性是社会进步和人类文明发展的重要标志,任何一个国家要发展,孤立起来、闭关自守是不行的,封闭只能导致落后,但反过来,借鉴不能脱离本国国情照抄照搬,不同国家试图用同样的"一条道路""一种模式"发展社会主义是走不通的。

(五)"在 20 年内基本建成共产主义社会"

1.案例呈现

材料 1:我们这里所说的是这样的共产主义社会,它不是在它自身基础上已经发展了的,恰好相反,是刚刚从资本主义社会中产生出来的,因此它在各方面,在经济、道德和精神方面都还带着它脱胎出来的那个旧社会的痕迹。

…………

在共产主义社会高级阶段,在迫使个人奴隶般地服从分工的情形已经消失,从而脑力劳动和体力劳动的对立也随之消失之后;在劳动已经不仅仅是谋生的手段,而且本身成了生活的第一需要之后;在随着个人的全面发展,他们的生产力也增长起来,而集体财富的一切源泉都充分涌流之后,——只有在那个时候,才能完全超出资产阶级权利的狭隘眼界,社会才能在自己的旗帜上写上:各尽所能,按需分配!

(资料来源:《马克思恩格斯文集》第 3 卷,人民出版社 2009 年版,第 434~436 页。)

材料 2:在 1939 年联共(布)十八大会议上,斯大林提出向共产主义过渡的设想和任务。第二次世界大战结束后,1952 年他重申党的主要任务是从社会主义过渡到共产主义。

1961 年苏共二十二大上,赫鲁晓夫正式提出了"在 20 年内基本建成共产主义社会"的规划。他将这 20 年分为两个阶段:1961—1970 年的第一个十年里,实现苏联的人均工农业产量超过美国;1971—1980 年的第二个十年里,把美国远远抛在后面。

1977 年通过的苏联宪法载明:"苏联已经建成发达的社会主义社会","发达的社会主义社会是通往共产主义道路上的一个合乎规律的阶段"。

材料 3:设想世界历史会一帆风顺、按部就班地向前发展,不会有时出现大幅度的跃退,那是不辩证的,不科学的,在理论上是不正确的。

(资料来源:《列宁选集》第 2 卷,人民出版社 2012 年版,第 694 页。)

我们搞社会主义才几十年,还处在初级阶段。巩固和发展社会主义制度,还需要一个很长的历史阶段,需要我们几代人、十几代人,甚至几十代人坚持不懈地努力奋斗,决不能掉以轻心。

(资料来源:《邓小平文选》第 3 卷,人民出版社 1993 年版,第 379~380 页。)

2.案例指向

本案例和相关材料用于教材第六章第三节"在实践中探索社会主义的发展规律"的辅助教学,重点指向"社会主义建设的长期性"。要点包括:社会主义建设是一个不断探索的长期的发展的过程,在经济文化相对落后的国家建设社会主义更具有历史长期性。

3.案例解析

有一谚语,"罗马不是一天建成的",社会主义这项伟大的事业,不是短时间就能完成的。在马克思、恩格斯经典著作《哥达纲领批判》中,马克思区分了共产主义社会的第一阶段或低级阶段和共产主义社会的高级阶段,认为在共产主义低级阶段"还带着它脱胎出来的那个旧社会的痕迹"。而在共产主义社会高级阶段,才能完全超出资产阶级权利的狭隘眼界。列宁在《国家与革命》中,明确地把共产主义社会的第一阶段称为社会主义,而把共产主义社会的高级阶段称为共产主义。

在社会主义社会即共产主义低级阶段,它"是刚刚从资本主义社会中产生出来的,因此它在各方面,在经济、道德和精神方面都还带着它脱胎出来的那个旧社会的痕迹"。在经济上,社会生产力发展水平还不高,社会主义还不能彻底消灭私有制、取消商品经济。只有在解放和发展生产力基础上,社会主义公有制才能逐渐建立和完善起来,这是一个长期的复杂的历史过程。从上层建筑来看,旧的道德和精神的影响依然存在,而且根深蒂固。一方面,商品经济、私有制等旧的经济基础还依然存在,新的经济基础还没有完全建立起来,因此,作为经济基础反映和体现的上层建筑自然会带有旧社会的痕迹。另一方面,由于作为上层建筑的道德和精神具有相对独立性,即使在新的经济基础上,旧的道德和精神依然会长期存在。我们必须加强文化建设,进行长期的道德革命和精神革命,才能建立起与社会主义社会相适应的新道德和新精神。总之,无论是经济、政治还是思想道德上,社会主义是一项崭新的事业,其建设必然是一个不断探索的长期过程。

对于经济文化相对落后的国家,其社会主义建设,则更具有历史长期性。第一,生产力发展状况的制约。经济文化相对落后的国家,在一个相当长的历史阶段,在经济上仍将落后于发达资本主义国家,这就决定了这些国家的社会主义建设必须把大力发展生产力作为根本任务,努力完成发达资本主义国家在资本主义条件下已经实现的现代化即工业化、城市化的艰巨任务,这就必须不断改革开放,解放和发展生产力,激发和增强社会活力,大力满足人民的生活需要,促进人的全面发展,激发全体人民的积极性、主动性、创造性,形成相对于资本主义制度更有效的竞争优势。这无疑需要很长时间的努力,进行艰苦的探索和奋斗,任何不认清形势、夸大优势,盲目冒进,如苏联的做法,必将葬送社会主义。

第二,经济基础和上层建筑发展状况的制约。新的社会主义社会在经济、道德和精神方面都还带着它脱胎出来的那个旧社会的痕迹,这在经济文化相对落后的社会主义国家情况会更严重,在制度、思想观念中消除这些痕迹,需要更长期的努力。经济文化相对落后的国家的社会主义民主政治、意识形态建设也会受到相对落后经济、政治、文化条件的制约,需要作出持续艰巨的努力,这将是一个长期的过程。

第三,国际环境的严峻挑战。一国或几国在社会主义革命取得胜利以后,社会主义国家尚处于强大的资本主义世界的包围之中,受到资本主义列强的遏制和扼杀,面临异常严峻的国际环境,而经济文化相对落后的社会主义国家则会面对相对来说更大的外部威胁。如果说在社会主义国家成立之初,国际资本主义对社会主义的进攻主要是武力方式,那么在社会主义建设取得了重大成就,社会主义制度有了长足进步之后,其进攻方式则往往转变为以"和平演变"为主。其主要手段包括:一是通过强硬的军事、政治、经济压力遏制其发展。二是通过有限制的经济、科技的合作,迫使社会主义国家服从其经济、市场和法律制度,跟从其经济政治发展战略,从而达到促使社会主义国家最终改变社会制度的目的。三是通过强大的文化机器和文化产品进行文化渗透,在社会主义国家内部制造经济、政治、思想等方面的种种混乱,阻挠和破坏社会主义国家的发展,甚至支持和操纵这些国家内部的反对力量,颠覆其社会制度。打铁必须自身硬,社会主义国家只有尽快发展经济,提高综合国力,敢于、善于斗争,才能有效应对严峻复杂的国际形势以及接踵而至的巨大风险和挑战。

第四,马克思主义执政党对社会主义发展道路的探索和对社会主义建设规律的认识,需要一个长期的过程。经济文化相对落后的国家建设社会主义不是一蹴而就的,而是长期的过程。社会主义建设规律的显现是一个长期的过程,执政党的认识能力的提升也是一个长期的过程,因此,执政的共产党对社会主义发展道路的探索和对社会主义建设规律的认识必然是一个长期的过程,其中有艰辛也会有曲折,任重而道远。

(六)"两个没有辜负"

1.案例呈现

2021年6月,在庆祝中国共产党成立100周年之际,新华社发表两篇重磅理论文章——一篇是《社会主义没有辜负中国》,一篇是《中国没有辜负社会主义》,提出"两个没有辜负",引起广泛关注。

材料1:百年历程,许多人和事仍然历历在目,许多呐喊和高歌犹在耳旁。走过风霜雪雨,创造人间奇迹,我们有义务用胜利告慰先烈:社会主义没有辜负中国!我们有责任让历史告诉未来:社会主义不会辜负中国!

....

1921年7月,以马克思主义为指导思想、以共产主义为奋斗目标的政党——中国共产党诞生,胸怀着信念、嘱托和梦想,在上海石库门的旭日里、在嘉兴南湖的碧波中毅然起航。从此以后,社会主义的火种就在东方点燃,曾经困顿无望的中国就有了方向!

....

这个信仰和主义,指引着革命走向胜利的道路。以毛泽东为主要代表的中国共产党人,用马克思主义立场观点方法分析中国国情、解决中国问题,鲜明提出中国革命的任务是推翻帝国主义、封建主义、官僚资本主义"三座大山"的压迫,中国革命的道路是农村包围城市、武装夺取政权,中国革命的力量是工人阶级、农民阶级、小资产阶级和一定条件下的民族资产阶级,无产阶级是领导力量、人民是真正的英雄,中国革命要分民主主义革命和社会主义革命两个阶段进行……这些科学认识,处处闪耀着马克思主义真理的光辉,引领着中国革命澎湃向前。

....

改革开放40多年来,我国经济总量一路超过意大利、法国、英国、德国、日本,稳居世界第二;我国人民生活水平持续提升,已经进入中高收入国家行列;神州大地面貌日新月异,公路成网、铁路密布、西气东输、南水北调、高坝矗立、大桥巍峨,天堑变通途;中国还战胜了历史罕见的洪涝、雨雪冰冻、地震等重大自然灾害和非典等重大疫病,经受住了亚洲金融危机和国际金融危机严峻考验,风雨过后更见气度从容、身姿挺拔。

在把握历史前进的逻辑中前进,在顺应时代发展的潮流中发展。中华大地汹涌澎湃的伟大实践表明:只有社会主义才能发展中国,只有改革开放才能让中国大踏步赶上时代、让人民过上幸福生活。中国特色社会主义道路越走越宽广!

(资料来源:宣言:《社会主义没有辜负中国》,《人民日报》2021年6月7日第1版。)

材料2:数百年奔流激荡。曾经苦难深重,如今意气昂扬。在科学真理和崇高理想的指引下,中国大地发生历史巨变,我们无比坚定,社会主义没有辜负中国! 在中国共产党领导人民的顽强奋斗中,信仰的光芒熠熠闪烁,伟大的事业青春盎然,我们无比自豪,中国没有辜负社会主义!

…………

百年风雨兼程,中国共产党始终高举真理的旗帜、进行理论的创造,坚持解放思想和实事求是相统一、培元固本和守正创新相统一,不断推进马克思主义基本原理同中国实际相结合,产生了毛泽东思想、邓小平理论、"三个代表"重要思想、科学发展观等重大理论创新成果,不断丰富和发展中国化的马克思主义,用与时俱进的科学理论回答了"中国向何处去、社会主义向何处去"的历史课题、时代之问。这些深深扎根于中国大地的思想成果,深刻影响着国家民族的前途命运,极大改变着中国人民的精神面貌,社会主义参天大树在世界东方根深叶茂。

…………

新时代中国共产党人赋予马克思主义以鲜明的中国特色、民族特色、时代特色,使人们对共产党执政规律、社会主义建设规律、人类社会发展规律的认识达到了一个新的历史高度,使科学社会主义释放出具有强大说服力、感召力的真理光芒!

…………

五百年来,人类追求社会主义的路途上,有鲜花芬芳,也有荆棘密布。一百年来,中国人追求社会主义的历程中,闪耀着光荣和梦想,也充满着奋斗和牺牲,伟大的中国共产党和英雄的中国人民从未退却、从未动摇。历史雄辩地证明:中国没有辜负社会主义!

面向未来,中国必将为人类文明进步、为世界社会主义发展作出更大贡献,让这个正义而充满前途的事业迸发出更加夺目的光芒!

(资料来源:宣言:《中国没有辜负社会主义》,《人民日报》2021年6月8日第1版。)

2.案例指向

本案例和相关材料用于教材第六章第三节"在实践中探索社会主义的发展规律"的辅助教学,重点指向"以自信担当、开拓奋进的姿态走向社会主义光明未来"。要点包括:为什么只有社会主义才能发展中国?如何认识中国特色社会主义理论和实践的世界意义?如何认识新时代十年的伟大变革在社会主义发展史上的里程碑意义?

3.案例解析

习近平总书记指出:"一个国家实行什么样的主义,关键要看这个主义能否解决这个国家面临的历史性课题。历史和现实都告诉我们,只有社会主义才能救中国,只有中国特色社会主义才能发展中国,这是历史的结论、人民的选择。"①

1840年鸦片战争以后,中国逐步沦为半殖民地半封建社会,陷入国弱民穷的深重灾难。许多志士仁人为救国救民、振兴中华进行了各种各样的探求和尝试,但都由于不可避免的历史局限性而归于失败。洋务派搞师夷长技以制夷、资产阶级改良派想用"补缀"的办法挽救清王朝大厦于将倾,最终都以失败告终。辛亥革命推翻了两千多年的封建帝制,但未能改变国家和人民的积弱贫困的命运。

辛亥革命以后,中国的有识之士开始了更为广泛的探索。一时间,无政府主义、国家主义、民粹主义、新村主义、工团主义,还包括当时中国人了解并不多的社会主义等各种主义、思潮蜂拥而起。以李大钊、陈独秀及毛泽东同志等为代表的先进分子,在对各种主义反复进行比较后,认识到社会主义才是最先进的主义,只有社会主义才能救中国,从而最终选择了走俄国十月革命的道路。他们的选择,代表了人民的选择。

社会主义没有辜负中国。在近代中国最危急的时刻,中国共产党人找到了马克思列宁主义这一科学的社会主义理论,用马克思主义真理的力量激活了中华民族历经几千年创造的伟大文明,使中华文明再次迸发出强大精神力量。一百年来,中国共产党坚持把马克思主义基本原理,同中国革命和建设的具体实际结合起来,完成新民主主义革命,推进社会主义革命和建设,实现了中华民族从东亚病夫到站起来的伟大飞跃。同中国改革开放的具体实际结合起来,进行建设中国特色社会主义新的伟大实践,实现了中华民族从站起来到富起来的伟大飞跃。同新时代中国具体实际结合起来,统揽伟大斗争、伟大工程、伟大事业、伟大梦想,中华民族实现了从富起来到强起来的伟大飞跃,迎来了中华民族伟大复兴的光辉前景。事实一再证明,只有社会主义才能救中国,只有中国特色社会主

---

① 习近平:《关于坚持和发展中国特色社会主义的几个问题》,《求是》2019年第7期。

义才能发展中国。

中国没有辜负社会主义。事实证明,社会主义的命运,早已同中国共产党的命运、中国人民的命运、中华民族的命运紧紧连在一起。中国共产党带领中国人民在中国这块土地上,进行社会主义的伟大实践——救国、建国、富国、强国,朝着实现中华民族伟大复兴而砥砺奋进,使科学社会主义焕发出强大生机活力。一方面,中国对社会主义理论的发展作出了原创性贡献。在新民主主义革命中,以毛泽东同志为主要代表的中国共产党人,把马克思列宁主义基本原理同中国具体实际相结合,开辟了农村包围城市、武装夺取政权的正确道路。在新时代,中国共产党人提出了坚持以人民为中心,贯彻新发展理念,建设中国特色社会主义法治体系,培育和践行社会主义核心价值观,打造共建共治共享的社会治理格局,推动全体人民共同富裕,实现人与自然和谐共生的现代化,构建人类命运共同体等,丰富发展了社会主义理论。另一方面,中国是社会主义运动走向振兴的中流砥柱。中国共产党是世界上最大的马克思主义政党,中国共产党搭建各国政党交流的平台,共同推进人类进步事业。中国是世界上最大的社会主义国家,中国坚决"站在历史正确的一边",中国走社会主义道路,就是世界五分之一的人口坚持社会主义。中国坚持和发展中国特色社会主义,推动物质文明、政治文明、精神文明、社会文明、生态文明协调发展,创造了中国式现代化新道路,创造了人类文明新形态,在世界社会主义发展史上的里程碑意义。中国特色社会主义的历史性成就,特别是中国特色社会主义进入新时代,实现了人类现代化史上经济快速发展和社会长期稳定两大奇迹,充分展示了社会主义的巨大优越性,使世界人民看到了社会主义的强大活力,充分证明了科学社会主义的真理性,必将引领世界社会主义走向振兴和辉煌。

四、延伸阅读

1.马克思、恩格斯:《共产党宣言》,《马克思恩格斯文集》第 2 卷,人民出版社 2009 年版。

2.恩格斯:《共产主义原理》,《马克思恩格斯文集》第 1 卷,人民出版社 2009 年版。

3.马克思:《给〈祖国纪事〉杂志编辑部的信》,《马克思恩格斯文集》第 3 卷,人民出版社 2009 年版。

4.马克思:《给维·伊·查苏利奇的复信》,《马克思恩格斯文集》第 3 卷,人民出版社 2009 年版。

5.恩格斯:《论俄国的社会问题》跋,《马克思恩格斯文集》第 4 卷,人民出版社 2009 年版。

6.恩格斯:《社会主义从空想到科学的发展》,《马克思恩格斯文集》第 3 卷,人民出版社 2009 年版。

7.恩格斯:《家庭、私有制和国家的起源》,《马克思恩格斯文集》第 4 卷,人民出版社 2009 年版。

8.列宁:《国家与革命》,《列宁选集》第 3 卷,人民出版社 2012 年版。

9.《邓小平文选》第 3 卷,人民出版社 1993 年版。

10.刘易斯·芒福德:《乌托邦的故事:半部人类史》,梁本彬等译,北京大学出版社 2019 年版。

11.黄苇町:《苏共亡党十年祭》,江西高校出版社 2013 年版。

12.《中共中央关于党的百年奋斗重大成就和历史经验的决议》,人民出版社 2021 年版。

五、拓展研学

1.科学社会主义理论是"科学"的原因

(1)研究内容:世界社会主义五百年所经历的历史阶段

(2)讨论方向:空想社会主义的历史进步性和局限性是什么？为什么科学社会主义理论是"科学"？

2.中国共产党为什么能,中国特色社会主义为什么好

(1)研究内容:比较中国共产党与苏联共产党的建设,中国特色社会主义与苏联模式。

(2)讨论方向:讨论中国共产党为什么能,中国特色社会主义为什么好？

3.如何看待资本,如何看待所谓"对资本的批判"

(1)研究内容:私有制产生并长期存在的历史必然性,私有制消亡的历史条件。

(2)讨论方向:我国以公有制为主体、多种所有制共同发展的基本经济制度的必然性和合理性。如何看待所谓"对资本的批判"、对民营企业的排斥？

4.西方近代现代化的缺陷,中国式现代化与西方近代现代化的区别

(1)研究内容:中国社会主义现代化建设的历史进程。

(2)讨论方向:西方近代现代化有何缺陷？中国式现代化与西方近代现代化有何不同？

5.社会主义发展道路的多样性

(1)研究内容:每个国家必须根据本国基本国情和所处的时代选择与之相适合的社会主义发展道路。

(2)讨论方向:落后国家社会主义革命胜利的可能性,半殖民地半封建的中国社会主义革命和建设的胜利的原因。

6.社会主义在实践中开拓前进

(1)研究内容:社会主义建设的长期性,社会主义在实践中开拓前进。

(2)讨论方向:奴隶社会、封建社会分别经历了多少年的历史？资本主义已经经历了多少年？社会主义仍旧是童年,有无限广阔的未来,青年应以自信担当、开拓奋进的姿态走向社会主义光明未来。

7.中国特色社会主义的世界意义

(1)研究内容:社会主义与中国、中国与社会主义。

(2)讨论方向:为什么只有社会主义才能发展中国？如何认识中国特色社会主义理论和实践的世界意义？如何认识新时代十年的伟大变革在社会主义发展史上的里程碑意义？

第七章　共产主义远大理想及其实现

一、教学主要目标

本章的主要内容是把握预见未来社会的科学方法,理解共产主义社会的特征,明确共产主义实现的必然性和长期性,以及厘清中国特色社会主义的共同理想和共产主义的远大理想之间的关系。

本章的教学目标是阐明共产主义实现的历史必然性,以及澄清中国特色社会主义的共同理想和共产主义远大理想之间的关系。

二、教学重难点

依据以上主要内容和教学目标,本章内容主要引导学生把握以下重难点:

(一)就预见未来社会的方法论原则而言,我们需要探究预见未来共产主义社会的方法论原则是什么？为什么我们既要把握人类社会发展的一般规律,又要把握资本主义发展的特殊规律？我们如何能够通过批判资本主义旧世界来发现共产主义的新世界？

(二)就共产主义的基本特征而言,我们需要理解未来共产主义社会的基本特征是什么？我们为什么无法去描述未来共产主义社会的具体细节？我们如何能够通过这种大致的描绘去推进共产主义建设？

(三)就实现共产主义的必然性和长期性而言,我们需要把握共产主义为什么是必然实现的？这种必然性的基础在哪里？为什么这一必然性的实现还需要一个长期的过程？在这一长期过程中需要我们做什么样的努力？

(四)就共产主义远大理想和中国特色社会主义共同理想的关系而言,我们需要探索习近平新时代中国特色社会主义思想的共同理想是什么？中国特色社会主义共同理想与共产主义的远大理想有什么样的亲缘关系？我们应当如何树立中国特色社会主义共同理想与共产主义的远大理想？

基于对共产主义的科学认识，尤其是对于当下和未来之关系的辩证把握，我们能够自觉地树立起正确的价值取向，明晰当代青年的责任担当，坚定实现共同富裕和共产主义的信心。

三、教学案例

（一）卡贝和他的"伊加利亚"

1.案例呈现

埃蒂耶纳·卡贝（Etienne Cabet，1788—1856）是 19 世纪法国著名的空想共产主义者。在波旁王朝复辟时期，他曾是秘密革命团体烧炭党的成员，参加过 1830 年的七月革命；后因为反对七月王朝，被迫流亡英国9 年。在流亡时期，他研究了托马斯·莫尔、圣西门、傅立叶、欧文等人的空想社会主义作品，并长期与当地无产阶级运动者为伍，以至于 9 年后回到法国时，已经成了"一个最有声望然而也是最肤浅的共产主义的代表人物"。回到巴黎后，卡贝用 3 年时间写成《伊加利亚旅行记》，阐述自己的"伊加利亚共产主义"思想，并随即在无产阶级阵营声名鹊起，成为当时无产阶级争相崇拜的人物。

在《伊加利亚旅行记》中，卡贝描绘了一个虚构的"伊加利亚共产主义"图景：伊加利亚民族经过革命斗争，建立了民主制共和国。经过 30 年的过渡时期和 20 年的共产主义建设，伊加利亚实现了共产主义社会制度。伊加利亚人民自称："我们生活在共产制度下，财产共有，共同劳动，具有平等的权利与义务，享受着同样的幸福，承受着同样的负担。我们既没有私有财产，也不存在货币；既不买也不卖。除非是根本做不到，在一切方面我们都力求一律平等。我们所有的人都一样地为了共和国或者说为了共产社会而劳动。一切土地产品和工业产品都归共和国所有；分配产品给我们的是它，供给我们吃、穿、住和使我们受教育的也是它，正是共和国把我们所需要的一切平均地分配给我们。"在卡贝看来，共产制度乃是最终极最完善的一种社会政治制度：它消除了旧社会的一切弊病，把个人利益融合于公共利益之中，消灭了自私而代之以博爱，消灭了贪婪，代之以慷慨，消灭了个人主义、分散主义，代之以集体主义或社会主义，代之以为公益而献身的精神和团结统一的观念。总之,对于卡贝而言,共产主义是"人类的大势所趋,也是人类的终极目标,又是人类的必然命运"。

1848 年,卡贝的一群信徒离开法国,想在美国按照卡贝在他的乌托邦小说中构想的模型创办"伊加利亚"。翌年,卡贝本人同他的另一批信徒也来到美国,于是伊加利亚便正式建立起来。卡贝曾计划建立一个拥有 100 万人口的移民区,但实际上从未超过 1500 人。这个伊加利亚并不是按照卡贝心目中的彻底公社制建立起来的,而是不得不采取一种折中的安排,在容许个人拥有财产的同时,在很大程度上实行共同生活和集体制。而由于居住地分散,很多移民患病而死;经济困难以及卡贝与移民在方针政策上发生的分歧,致使他于 1856 年离去。他原计划带领他的忠实者到另一个地方去创立"新伊加利亚共产主义",也因失败而使他陷于极度的痛苦之中,在前往新伊加利亚的途中病逝。卡贝去世后,伊加利亚经过多次失败和分裂,继续存在到 19 世纪末方告消失。

(资料来源:访君:《卡贝尔及其伊加利亚共产主义社会》,《历史教学》1985 年第 1 期。)

2.案例指向

本案例可用于教材第七章第一节"预见未来社会的方法论原则"部分的辅助教学,重点指向"在揭示人类社会发展一般规律的基础上指明社会发展的方向""立足于揭示未来社会一般特征,而不对各种细节作具体描绘"等知识点。

3.案例解析

本案例阐述了 19 世纪 40 年代一个空想的共产主义者卡贝描绘并试图建立一个理想的共产主义社会的故事,为学生展现了没有建立共产主义的现实的社会历史条件,也不具备科学的方法论支撑的空想共产主义的最终结局。通过《伊加利亚旅行记》这一虚构小说的乌托邦式的描绘,仿佛共产主义是触手可及的天堂般的存在,只要加以理想化的建构,就能够很快得到实现。然而,卡贝及其追随者在随后的真正实践中却不可避免地遭到了失败:尽管他们在美国建立了所谓的"伊加利亚"理想国,但是不论从规模、性质,还是就持续的时间来说,都远远没有实现真正的共产主义社会。正如马克思同样在 19 世纪 40 年代所指出的那样:"共产主义对我们来说不是应当确立的状况,不是现实应当与之相适应的理想。我们所称为共产主义的是那种消灭现存状况的现实的运动。"

第一,一个不可忽视的重要时间背景是 19 世纪 40 年代。卡贝首先在这个时期完成了这部乌托邦的小说,并在几年之后与其追随者一道去往美国,企图建立一个"伊加利亚共产主义"社会。从时代的背景来看,无论是欧洲还是美国,其资本主义的发展尽管呈现出尖锐的矛盾和冲突,但都远远没有达到其发展的顶峰,其生产力的巨大能量也没有得到彻底的释放,这意味着物质财富并没有在社会范围内获得巨大的积累,此时实现共产主义的基本物质条件是不成熟的。这从他们在美国所建立的"伊加利亚共产主义"社区并没有能够实现其理想的"各尽所能,按需分配"的原则就能窥见一二。因此,尽管卡贝怀着对于未来社会的美好憧憬希望建立一个没有贫富差距、人人平等的社会,但就本质而言其时机并不成熟,最终也不得不遭遇失败。

第二,卡贝在其乌托邦小说和实际的"伊加利亚共产主义"社会建设中所描绘的社会主张是空想性质的。他认为废除了货币、私有制度,实行财产共有和绝对的平均主义就能够将个人利益与集体利益协调一致,就是实现了共产主义。然而这仅仅是面对资本主义社会压迫和剥削的残酷现实而对未来社会进行的理想化描绘。货币、私有制的废除需要现实的社会基础,这一社会基础在资本主义发展到展现其全部矛盾和物质财富极大丰富之前是无法确立的。而绝对的平均主义正是马克思和恩格斯所反对的,这种要求绝对平等的主张仅仅是资本主义私有制的直觉上的反面,根本不具备现实的意义。卡贝及其门徒在实际的共产主义社会建设中就遭遇到了这一现实的难题。最终他们并没有能够成功建立起没有私有制和绝对平均主义的社会,而是一开始就保留了一部分的私人所有权。这就从一开始预设了其"共产主义"的不彻底性和空想性,以致最终难以为继。

第三,卡贝对于资本主义的批判是非科学性的。与欧文、傅立叶、圣西门一样,卡贝怀有对深陷贫苦的无产者的无限同情,以及对资本主义的残酷压迫和剥削的义愤,希望建立一个没有资产阶级压迫的、人人平等的理想社会。但是很显然,他对于资本主义的判断仅仅是一些现象的描绘,表明资本主义是压迫性的、剥削性的社会,而没有深入资本主义的生产的本质当中,没有理解为什么资本主义的生产和制度是压迫性的、剥削性的,资本主义的生产和制度是如何压迫人和剥削人的。正是因为他没有对资本主义的科学认识,也就无法对资本主义进行科学的批判,更无法基于这种批判对未来社会进行科学的阐述,而仅仅是将反资本主义的理想投射出来。

通过这一案例的分析,我们可以更为明确地理解预测未来社会的方法论原则。首先,要科学地预测未来社会,就一定要把握人类社会发展的一般规律和资本主义发展的特殊规律,马克思终其一生都在探索人类社会发展的一般规律,尤其是探究资本主义发展的特殊规律,力图表明资本主义本身的历史性,即其发生、发展直至必然灭亡的命运。马克思、恩格斯所创立的唯物史观表明,人类社会发展是一个历史过程,而这一历史过程的一般规律就在于生产力和生产关系之矛盾的辩证运动。就资本主义社会而言,在马克思和恩格斯的唯物史观看来,工业化机器大生产的不断发展与生产资料私人所有之间的矛盾日益尖锐,后者作为生产关系逐渐不再能够与作为生产力的前者相适应,因此必然会爆发革命,从而导向下一个社会阶段。这是资本主义发展不可避免的根本性命运。然而,无论是小说还是实际的理想社会的建设,卡贝都没有对人类社会的一般规律和资本主义的特殊规律予以深刻地分析,而仅仅是如其他空想社会主义者一样怀着对于资本主义的道德上的义愤。因此,他的学说和实际的社会建构都没有科学的方法论基础。

其次,在马克思和恩格斯看来,对于共产主义这一新世界的科学设想需要在批判旧世界的基础之上来进行。而这一"旧世界"就是资本主义社会。马克思、恩格斯在《共产党宣言》中提出:"随着大工业的发展,资产阶级赖以生产和占有产品的基础本身也就从它的脚下被挖掉了。它首先生产的是它自身的掘墓人。"资本主义的工业化社会大生产与私人占有的生产关系之矛盾带来的一方面是财富在越来越少的人那里的急剧积累,另一方面则是贫困的不断扩大化,由此产生广大的无产阶级。这些由资本主义本身生产出来的不占有私有财产,也没有任何生产资料的群体构成了其最终的掘墓人。因此,在马克思、恩格斯那里,对于未来的共产主义新世界的探索必定要在批判资本主义的旧世界中予以进行,而资本主义本身也内在地包含着批判地扬弃它的力量,也就是未来的共产主义因素。然而,在卡贝的"伊加利亚共产主义"的构想和实践中,对于资本主义运作本身的认识是不够深刻的,也是不科学的,既没有把握住预测未来社会的科学方法论,也没有对于资本主义社会阶级斗争的重要作用的认识,因此也就无法从批判旧世界的角度去发现新世界,从而对新世界作出合理的阐述和进行科学的实践。另外,马克思不止一次提出,对于未来的共产主义社会应该是什么样,他无法也无意做细节上的描绘,而仅仅指出一些基本的特征。因为这一未来的社会形态仍旧是一个需要长期去奋斗和探索的东西,而这需要几代人不懈的努力。

(二)船到中流正奋楫——浙江高质量发展建设共同富裕示范区进展观察

1.案例呈现

时至 2023 年 9 月,浙江共同富裕建设距离"第一步"目标,时间已经过半。在杭州第 19 届亚运会的热烈氛围中走进浙江,共同富裕建设凸显阶段性进展、标志性成果,老百姓的获得感、幸福感挂在脸上。

场景一:高质量发展不断注入新动力

AR 导航、AI 数字人、3D 互动引擎等数字"智慧"技术在杭州亚运会落地应用,背后彰显的是浙江以数字经济为核心支撑起的现代化产业体系。位于杭州市临平区老板电器的"未来工厂",偌大的车间里只有机器与机器之间有条不紊地"交流信息"、生产装配。企业外联部经理于超说,该工厂采用 5G 大数据感知、采集、边缘计算技术,能实时响应客户需求,动态调整设计、采购、生产和物流方案。推动数字经济乘势而上,激发民营经济新活力……两年多以来,浙江高质量发展不断注入新动力,共同富裕的物质基础进一步夯实。

位于湖州市的天能控股集团有限公司,年处理 100 万吨以上废旧铅蓄电池和锂离子电池的能力已形成,每年可减少一氧化碳排放超 400 万吨、二氧化碳排放 1.7 亿吨,助力绿色低碳发展。今年上半年,天能控股集团产值、税收均实现两位数增长。9 月 12 日,全国工商联发布"2023 年中国民营企业 500 强"榜单,浙江有 108 家企业上榜,连续 25 年居全国第一。

进一步支持民营经济激发新活力、构筑新优势。不久前,浙江出台《浙江省促进民营经济高质量发展若干措施》,推出 5 个方面共 32 条政策措施,为民间资本更好了解和参与重大项目提供平台和支撑。

场景二:缩小"三大差距"取得扎实进展

两年多以来,浙江着力缩小地区差距、城乡差距、收入差距等"三大差距",交出阶段性成绩单:截至 2022 年,浙江城乡居民收入倍差已缩小至1.90;地区居民收入最高最低倍差缩小到 1.58,是全国区域发展最均衡的省份之一。在丽水市松阳县新兴镇下源口村,绿茗峰茶文旅"共富工坊"吸引了源源不断的游客前来参观。茶叶加工区、产品展示区、制茶体验区等不同功能分区,不仅给游客提供多元体验,拓宽了村民增收路径。该工坊累计辐射带动 200 多人实现家门口就业,带动 3 个村集体经济年增收 20 多万元。通过"千万工程""共富工坊"等系列举措,浙江农村地区、山区 26 县等加快发展。

场景三:老百姓获得感幸福感凸显

老旧的村舍变身共享书屋,人脸识别进入、一键预约借还;"健康中心"里,数字驾驶舱的大数据和智能穿戴设备实时联动,形成每名村民全生命周期的电子健康档案……在浙江省衢州市龙游县溪口镇的"乡村未来社区",一幅未来版"田园牧歌图"正徐徐展开。

以未来乡村、未来社区为标志的共同富裕现代化基本单元,是浙江推动共同富裕从宏观谋划向微观落地的重要载体。

"我们通过对物理空间的营造,让邻里生活、商业配套,育儿、养老、医疗、教育等公共资源'主动地'汇集到人的身边。"溪口镇相关负责人说。利用城市"金角银边"打造"微空间",提升便民服务和公共文化供给。目前在浙江多地,"10 分钟健身圈""15 分钟品质文化生活圈"等覆盖面不断扩大,群众生活品质持续提升。

居民主要健康指标接近高收入经济体水平;农家书屋、农村文化礼堂实现全覆盖……共同富裕建设扎实推进,一件件民生实事让老百姓获得感、幸福感凸显。

"扎实推进共同富裕示范区建设,让现代化建设成果更多、更公平地惠及全体人民,这为发展增添了民生温度。"浙江省发展规划研究院副院长周世锋说。

(资料来源:唐弢、魏一骏《船到中流正奋楫——浙江高质量发展建设共同富裕示范区进展观察》,http://www.xinhuanet.com/sports/2023-09/22/c_1212272634.htm,访问日期:2024 年 4 月 22 日。)

2.案例指向

本案例可用于以下内容:教材第七章第一节"预见未来社会的方法论原则"部分的辅助教学,重点指向"在社会主义社会发展中不断深化对未来共产主义社会的认识"知识点;教材第七章第二节"共产主义社会的基本特征"部分的辅助教学,重点指向"生产力的高度发展""人与自然和谐发展"等知识点;教材第七章第三节"共产主义远大理想与中国特色社会主义共同理想"部分的辅助教学,重点指向"坚持和发展中国特色社会主义是中华民族通向共产主义的必由之路""正确认识和把握共产主义远大理想与中国特色社会主义共同理想的关系"等知识点。

3.案例解析

本案例阐述了浙江省进行高质量发展共同富裕示范区建设在"促进高质量发展""缩小'三大差距'""增进老百姓幸福感"等方面的相关进展，一方面为学生呈现了我国通过以共同富裕示范区建设为试点，不断探索"小康社会"到"共同富裕"的发展道路，展现出"在社会主义社会发展中不断深化对未来共产主义社会的认识"的重要实践路径；另一方面则向学生展示了我国共同富裕社会的建设所体现出来的一些共产主义因素，表明"坚持和发展中国特色社会主义是中华民族通向共产主义的必由之路"，因此，我们要"正确认识和把握共产主义远大理想与中国特色社会主义共同理想的关系"。

从浙江省共同富裕示范区建设的整体来看，这一探索工作是推进中国特色的社会主义推进共同富裕的重要先行示范，它构成了建设中国特色的社会主义事业的重要一环，其中对于"促进企业升级转型、实现高质量发展"，"加快发展区域经济，促进经济在地区和城乡之间协调发展"，"加强智能、便民社区建设，提升地区人民生活的幸福感"等方面的重点建设，向我们展示了中国特色的社会主义建设中的共产主义因素，让我们得以一窥未来共产主义社会的剪影，也让我们在推进中国特色的社会主义不断发展的同时能够深化对于未来共产主义社会的认识。

首先，实现共产主义社会的必要条件是社会生产力的高度发展，以及社会产品的极大丰富。从这个角度来看，作为社会主义初级阶段的我们现在仍需长时期的努力。但从浙江省共同富裕示范区的打造来看，其建设促进了当地企业向数字化、智能化方向的升级转型，在促进生产力提高的同时实现了高质量发展，积累了丰富的物质财富，这在区域范围内初步实现了生产力的较高程度的发展，为社会的转型提供了必要的物质基础。例如，浙江共同富裕示范区重点发展了以数字经济为核心支撑的现代化产业体系，一方面，以 AR 导航、AI 数字人、3D 互动引擎等为核心的数字技术方面的研发和应用在很大程度上发展了该区域的社会生产力，从技术提升和转型的角度来看，初步实现了生产力的高质量发展，这契合了习近平总书记提出的大力发展"新质生产力"的要求，而作为实现生产力的高质量发展的重要成果，该地区的 GDP 也实现了长足的增长。另一方面，采用 5G 大数据感知、采集、边缘计算技术的"未来工厂"的发展在很大程度上解放了生产力和劳动力，技术的应用和流程的智能化使得生产效率大大提高；流程的机械化使得机器可以替代较为低端的劳动，在较大程度上解放了劳动力。

其次,在共产主义社会,由于社会生产力的巨大发展,工业与农业、城市与乡村、脑力劳动与体力劳动的差别即"三大差别"必将归于消失。可以看到,尽管距离共产主义社会的实现仍有很长的路要走,但作为共同富裕建设的示范区,浙江省在消除地区差距、城乡差距、收入差距等"三大差距"方面作出了较为突出的贡献。例如,浙江共同富裕示范区建设的一大重要成就就是通过工业产业、文旅产业、农业等多样化的产业发展创造了多样化的营收模式,在带动经济稍微落后的地区的发展的同时提供了多样化的就业方式,使得城乡之间、地区之间的收入差距逐渐缩小。截至2022年,浙江城乡居民收入倍差已缩小至1.90;地区居民收入最高最低倍差缩小到1.58,是全国区域发展最均衡的省份之一,共同富裕的示范区建设初见成效。

最后,在共产主义社会,与社会生产力的高度发展相联系的,是社会关系的高度和谐,每个人将实现自由而全面的发展。同时,社会与自然之间也将达成和谐。尽管与实现"人类从必然王国向自由王国的飞跃"这一共产主义社会的重要特征相比仍有非常大的差距,但浙江共同富裕示范区在促进地区人民富裕生活、便利生活、健康生活、幸福生活、高质量生活方面作出了良好示范。一方面,在基于经济的高质量发展和地区的均衡发展的基础之上,浙江共同富裕示范区通过打造将邻里生活、商业配套、育儿、养老、医疗、教育等公共资源"主动地"汇集到人们身边的"乡村未来社区",为当地人民提供了"10分钟健身圈""15分钟品质文化生活圈",较大程度地丰富了当地人民的精神文化生活,促进了当地人民的精神富足,并提高了当地人民的幸福指数。另一方面,浙江共同富裕示范区的打造在促进企业和市场活力的同时也在着力推进绿色示范区的建设,着力实现人与自然的和谐发展。例如湖州市的天能控股集团有限公司,年处理100万吨以上废旧铅蓄电池和锂离子电池的能力已形成,每年可减少一氧化碳排放超400万吨、二氧化碳排放1.7亿吨。这是在大力实现经济发展的同时将绿色发展结合起来,在追求"金山银山"的同时维护着"绿水青山"。

通过这个案例的分析,我们可以看到新时代中国特色社会主义在推进共同富裕建设过程中体现出来的共产主义因素。尽管我们离实现未来共产主义社会还有一段相当长的历史距离,但正如马克思所言,在前一阶段社会形态中已经内生地孕育着后一阶段的社会形态的一些必要因素。这意味着我们也可以在社会主义的初级阶段中辨析出一些人类文明新形态的重要元素。依照当代中国共产党人的看法,"共产主义社会,将是物质财富极大丰富,人民精神境界极大提高,每个人自由而全面发展的社会"。从浙江建设共同富裕示范区的举措和成果来看,其在物质财富的积累和发展方面,以及人民精神境界的提升方面尽管还无法达到共产主义的状态,但是已经取得了较为突出的成果;以人工智能为核心的数字技术的发展和"未来工厂"的发展不仅很大程度上提高了该区域的社会生产力,促进了经济的快速高质量发展,积累了必要的物质财富,而且在较大程度上解放了劳动力。以此为基础,浙江省共同富裕示范区还力图通过多样化的产业发展模式助推较为落后区域的发展,增加人民收入与就业,缩小城乡和地区之间的收入差距,促进区域的共同富裕,这也为最终实现共产主义消除阶级差异和分工提供了一定的条件。在促进经济高质量发展与促进区域协同发展的同时,浙江省共同富裕示范区注意结合绿色生态发展的要求,既实现经济高速增长也实现了经济的绿色增长,这不仅体现了习近平总书记提出的"绿水青山就是金山银山"的习近平生态文明思想,而且为未来共产主义社会实现社会与自然的和谐发展作出了重要努力。浙江省共同富裕示范区所打造的促进地区人民富裕生活、便利生活、健康生活、幸福生活、高质量生活的"乡村未来社区"在较大程度上提高了人们生活的便利程度和丰富程度,在一定层面上提高了人们的精神文化生活的水平和幸福感,而这也是未来共产主义社会所要实现的重要目标。

(三)马克思、恩格斯对共产主义的阐述和设想

1.案例呈现

共产主义是对私有财产即人的自我异化的积极的扬弃,因而是通过人并且为了人而对人的本质的真正占有;因此,它是人向自身、也就是向社会的即合乎人性的人的复归,这种复归是完全的复归,是自觉实现并在以往发展的全部财富的范围内实现的复归。这种共产主义,作为完成了的自然主义,等于人道主义,而作为完成了的人道主义,等于自然主义,它是人和自然界之间、人和人之间的矛盾的真正解决,是存在和本质、对象化和自我确证、自由和必然、个体和类之间的斗争的真正解决。它是历史之谜的解答,而且知道自己就是这种解答。

(资料来源:《马克思恩格斯文集》第1卷,人民出版社2009年版,第185～186页。)

在共产主义社会里,任何人都没有特殊的活动范围,而是都可以在任何部门内发展,社会调节着整个生产,因而使我有可能随自己的兴趣今天

干这事,明天干那事,上午打猎,下午捕鱼,傍晚从事畜牧,晚饭后从事批判,这样就不会使我老是一个猎人、渔夫、牧人或批判者。

共产主义和所有过去的运动不同的地方在于:它推翻一切旧的生产关系和交往关系的基础,并且第一次自觉地把一切自发形成的前提看作是前人的创造,消除这些前提的自发性,使这些前提受联合起来的个人的支配。因此,建立共产主义实质上具有经济的性质,这就是为这种联合创造各种物质条件,把现存的条件变成联合的条件。

(资料来源:《马克思恩格斯文集》第1卷,人民出版社2009年版,第537、574页。)

共产主义并不剥夺任何人占有社会产品的权力,它只剥夺利用这种占有去奴役他人劳动的权力。

共产主义的特征并不是要废除一般的所有制,而是要废除资产阶级的所有制。

代替那存在着阶级和阶级对立的资产阶级旧社会的,将是这样一个联合体,在那里,每个人的自由发展是一切人的自由发展的条件。

(资料来源:《马克思恩格斯文集》第2卷,人民出版社2009年版,第47、45、53页。)

在共产主义社会高级阶段,在迫使个人奴隶般地服从分工的情形已经消失,从而脑力劳动和体力劳动的对立也随之消失之后;在劳动已经不仅仅是谋生的手段,而且本身成了生活的第一需要之后;在随着个人的全面发展,他们的生产力也增长起来,而集体财富的一切源泉都充分涌流之后,——只有在那个时候,才能完全超出资产阶级权利的狭隘眼界,社会才能在自己的旗帜上写上:各尽所能,按需分配!

(资料来源:《马克思恩格斯文集》第3卷,人民出版社2009年版,第435~436页。)

这种新的社会制度首先必须剥夺相互竞争的个人对工业和一切生产部门的经营权,而代之以所有这些生产部门由整个社会来经营,就是说,为了共同的利益、按照共同的计划、在社会全体成员的参加下来经营。这样,这种新的社会制度将消灭竞争,而代之以联合……私有制也必须废除,而代之以共同使用全部生产工具和按照共同的协议来分配全部产品,即所谓财产公有。废除私有制甚至是工业发展必然引起的改造整个社会制度的最简明扼要的概括。所以共产主义者完全正确地强调废除私有制是自己的主要要求。

(资料来源:《马克思恩格斯文集》第1卷,人民出版社2009年版,第683页。)

在共产主义社会里,人和人的利益并不是彼此对立的,而是一致的,因而竞争就消失了。当然也就谈不到个别阶级的破产,更谈不到像现在那样的富人和穷人的阶级了。在生产和分配必要的生活资料的时候,就不会再发生私人占有的情形,每一个人都不必再单枪匹马地冒着风险企求发财致富,同样也就自然而然地不会再有商业危机了。在共产主义社会里无论生产和消费都很容易估计……既然那时生产已经不掌握在个别私人企业主的手里,而是掌握在公社及其管理机构的手里,那也就不难按照需求来调节生产了。

在共产主义社会里……我们消灭个人和其他一切人之间的敌对现象,我们用社会和平来反对社会战争,我们彻底铲除犯罪的根源……

（资料来源:《马克思恩格斯全集》第 2 卷,人民出版社 1957 年版,第 605、608 页。）

2.案例指向

本案例可用于教材第七章第二节"共产主义社会的基本特征"部分的辅助教学,重点指向"物质财富极大丰富,消费资料按需分配","社会关系高度和谐,人们精神境界极大提高","实现每个人自由而全面的发展,人类从必然王国向自由王国飞跃"等知识点。

3.案例解析

本案例阐述了马克思、恩格斯本人关于共产主义理论的阐述和对未来共产主义社会的设想,描绘了科学共产主义的创始人对于后资本主义的未来社会的图景,为学生从第一手资料的角度展现了科学共产主义的面貌。尽管马克思、恩格斯对于共产主义的阐述并不是系统的和完整的,但从这些片段中我们仍旧可以较为清晰地把握到未来共产主义社会的重要内核和原则性特征,以及它在何种意义上构成了自由人的联合体。

第一,马克思、恩格斯对于共产主义的阐述和描绘是奠基于对资本主义社会的批判之上的,尤其是资本主义的不断发展所造成的人的异化状态。马克思在《1844 年经济学哲学手稿》中就分析指出了工人与他们的劳动之间发生的异化:"劳动对工人来说是外在的东西……因此,他在自己的劳动中不是肯定自己,而是否定自己,不是感到幸福,而是感到不幸,不是自由地发挥自己的体力和智力,而是使自己的肉体受折磨、精神遭摧残。因此,工人只有在劳动之外才感到自在,而在劳动中则感到不自在……因此,他的劳动不是自愿的劳动,而是被迫的强制劳动……劳动的异己性完全表现在:只要肉体的强制或其他的强制一停止,人们会像逃避瘟疫那样逃避劳动。"通过对于资本主义社会下工人生存状态的深刻分析,马克思敏锐地洞察到了工人与其劳动相异化的社会现实,这种异化不仅将人限制在片面的分工领域,成为某一行业某一生产部门的固定环节,而且将人贬低到仅仅是物的生存的层面,使工人饱受肉体和精神两方面的摧残,即便在此期间工人的能力有所发展,也仅仅是片面的、非自由的发展。更为重要的是,马克思意识到这种异化的造成是资本主义的本质特征,因此,要消除异化,实现人的自由而全面的发展必定要消灭资本主义,实现共产主义。

第二,共产主义的发展需要必要的物质基础,即生产力的极大发展和物质财富的极大丰富,而这需要前一个社会时期的重要积累。因此,我们需要积极占有资本主义发展的成果作为未来共产主义社会的重要物质基础。但这并不意味着需要保留资本主义的生产方式、生产关系和交往关系,而是要"推翻一切旧的生产关系和交往关系的基础,并且第一次自觉地把一切自发形成的前提看作是前人的创造,消除这些前提的自发性,使它们受联合起来的个人的支配。因此,建立共产主义实质上具有经济的性质,这就是为这种联合创造各种物质条件,把现存的条件变成联合的条件"。

第三,要消灭造成人的异化的资本主义,实现能够促进人自由而全面发展的共产主义,在马克思和恩格斯看来,就需要消灭分工和私有制。恩格斯在《家庭、私有制和国家的起源》中考察私有制的起源时曾提出私有制构成了分工的基础,正是生产资料归部分人所有而不是归社会所有,才导致了分工和基于分工的奴役。因此,要消除异化,使人从统治和被统治的关系中解放出来,就需要消灭私有制。未来的共产主义社会也将是一个消灭了私有制的社会,而一旦私有制被消灭了,就意味着人和人之间的分工不再是压迫性的、造成人的异化的分工,人和人之间的竞争也将不复存在,阶级对立也将消失。

第四,当压迫性的、造成人异化的分工消灭之后,人们也将不再局限在某一个片面的生产部门,也将不会被固定在某一个生产环节当中,成为一种"物"的存在,仅仅获得片面的发展,而是将能够由于社会调节整个生产而获得彻底的解放:个人将能够获得大量的自由的时间去从事自己感兴趣的工作,并获得自由的成长和发展;分工也不会像在资本主义社会那样是奴役和压迫性质的分工,而是可以按照自己的兴趣去选择不同的行当,"随自己的兴趣今天干这事,明天干那事,上午打猎,下午捕鱼,傍晚从事畜牧,晚饭后从事批判,这样就不会使我老是一个猎人、渔夫、牧人或批判者";这意味着个人的劳动也不再是异化劳动,不再是像瘟疫一样让人逃避的活动,而是成为人们的第一需要。

从以上的分析我们可以看到,尽管马克思、恩格斯对于未来共产主义社会的构想仍旧是片段性的、不清晰的,却给我们指出了实现共产主义的必要条件和核心原则:物质财富的极大丰富,消灭私有制、重建个人所有制,消灭分工、由社会调节生产,消灭阶级,实现人的自由而全面的发展。基于这些必要条件和核心原则,我们就能够去判断和分析一些所谓的共产主义社会的设计和理想蓝图是否符合马克思和恩格斯对于共产主义的科学构想,从而避免陷入空想主义的迷思。同时,我们也应当清晰地认识到,马克思和恩格斯之所以没有能够对共产主义描绘精确且完备的蓝图,不仅仅是由于 19 世纪中后期是资本主义蓬勃发展的时代,未来共产主义社会的轮廓还不够清晰,更是由于共产主义社会的实现方式、实现道路和实现形态可能并非只有一种。正因为不同的民族具有不同的社会历史现实,基于本民族的共产主义发展道路也可能是多样化的,而未来的共产主义究竟形态如何,仍旧需要不断推进本民族的发展来等待解答。

(四)阿伦·巴斯塔尼的"全自动奢侈共产主义"

1.案例呈现

英国作家阿伦·巴斯塔尼(Aaron Bastani)在其新书《全自动奢侈共产主义:宣言》中指出,技术的进步使得符合卡尔·马克思观念和共产主义思想的"政治地图"清晰可见,同时也可能导致人们财富分配和生活质量的转变。巴斯塔尼认为,自动化是马克思早已预言过的社会革命。他解释说,这种通过小行星采矿等新太空产业生产宝贵资源的"极端供应",将会产生大量的财富。地球上机器人技术和自动化的进步将意味着人类在很大程度上从手工劳动中解放出来。从这次太空探索中获得的新财富和人类时间的自由将使所有人都能生活在奢侈和富足中。在这一转变过程中,资本主义将会崩溃,因为自动化和资源的"极端供应"将使所有商品和服务变得更加便宜。巴斯塔尼在接受 One Zero 的采访时解释说,马克思将自动化视为他所构想的共产主义愿景的核心。实际上,机械化解放了工人,而不是人们常说的威胁。事实证明,马克思早期的设想是正确的,那些即将领导革命的国家将是那些处于资本主义现代化前沿的国家。直到现在我们才知道这意味着科技和政治一样重要。他补充说,目标是马克思的名言:"各尽所能,按需分配。"

假设一:大多数工作将很快实现自动化

巴斯塔尼描述了制造业、零售业、运输业和医疗保健行业的逐步自动化。对于企业而言,自动化的诱因是更高的生产率,更低的成本,以及自动驾驶汽车的安全性。避免复杂的人员管理对一些人来说也很有吸引力。中国电子公司富士康的首席执行官曾抱怨说,管理100万名员工"让他头疼",三年后他在中国昆山的一家工厂用机器人取代了6万名工人。巴斯塔尼写道:"(自动化)是转型的前沿,它不仅意味着无数工作岗位的消失,还意味着整个行业的消失。"

假设二:新的航天工业将具有经济可行性

巴斯塔尼认为,资本主义结构下的定价是基于有限的供应,因此,太空采矿行业的开放将极大地增加我们稀有材料的供应,从而压低价格。"地球的限制不再重要——因为我们将开采外太空。"而这种极端的资源供应摧毁了资本主义的价值体系,同时解放了工人。

假设三:我们不想工作

巴斯塔尼认为:"在全自动奢侈共产主义(FALC)下,我们将看到比以往更加丰富的世界;品尝我们未曾听说过的各种美食,如果我们愿意,也能过着如同当今百万富翁一般的生活。当一个以劳动为基础的社会像封建农民和中世纪骑士一样成为历史的遗迹时,奢侈将无处不在。"

(资料来源:读芯术:《完全自动化的奢侈型社会主义? 乌托邦罢了!》,https://zhuanlan.zhihu.com/p/78081718,访问日期:2024年4月22日。)

2.案例指向

本案例可用于教材第七章第二节"共产主义社会的基本特征"部分的辅助教学,重点指向"物质财富极大丰富,消费资料按需分配","实现每个人自由而全面的发展,人类从必然王国向自由王国飞跃"等知识点。

3.案例解析

本案例展示了当代西方学者对于马克思共产主义进行解读以及对于未来共产主义社会进行设想的一种倾向,即认为马克思所主张的未来的共产主义社会是一种基于全自动化的奢侈共产主义形式。这一案例向学生们展示了基于非科学的方法论对马克思共产主义进行构想的当代乌托邦形式。尽管其描述尽力去符合马克思对于未来共产主义社会的特征的相关阐述,但由于其没有能够把握人类社会发展的一般规律和资本主义发展的特殊规律,也没有能够在批判旧世界的基础之上去发现新世界,仍旧没有能够超出资本主义狭隘视野,最终也只能沦为一种乌托邦式的想象。

首先,巴斯塔尼认为未来的共产主义社会的生产将是高度发达的,这体现在人类将可以进行太空采矿。由此,从理论上可以预想整个宇宙的资源都可以为人类所利用,于是资本主义的有限资源的限制将被破除,而资源的极大丰富带来的无疑是财富的充分涌流,这无疑符合马克思在阐述未来共产主义社会时所提出的"物质财富的极大丰富,生产力的高度发展"构成共产主义的基本物质前提的观点。换句话说,巴斯塔尼认为技术本身的进步和革新以及由此带来的物质财富的极大丰富将会自动地破除资本主义的生产方式及其社会建制,并推进实现共产主义。巴斯塔尼的设想无疑体现的是一种技术至上主义的观点,即认为只要技术的发展足够精进,就能够将全人类带到共产主义的理想社会当中。然而,问题在于,马克思的共产主义理论并不是一种线性的单因素决定观,他也从不认为仅仅是技术的进步就能够实现共产主义,或者说,资本主义的核心问题并不是只要技术足够发达就能够解决其困境的问题。从这个角度来看,巴斯塔尼实际上并没有对于人类社会的一般规律和资本主义社会的特殊规律进行比较深入的把握,同时也没有能够基于对资本主义的生产方式及其核心原则进行批判来阐述其全自动奢侈共产主义的构想。按照马克思对人类社会发展的一般规律的阐述,人类社会的历史发展是生产力和生产关系之间进行矛盾互动的结果,社会变革的核心基础是生产力和与之相适应的生产关系的革新。欧洲从封建主义到资本主义的变革就是封建的、农奴性质的生产方式和社会形式到资本主义的、社会化大生产的生产方式和社会形式的变革。而资本主义到共产主义的发展同样是需要生产力和与之相适应的生产关系的根本性变革。然而,巴斯塔尼的全自动奢侈共产主义的构想并没有触及这一核心的方面,而仅仅从一种生产技术革新的角度来设想未来共产主义的图景,认为只要技术足够发达,就能够带来无限的生产资料,而只要能够带来无限的生产资料,物质财富就会充分涌流,人类将进入共产主义,这显然不是基于科学方法论的对于共产主义的科学预测。

其次,巴斯塔尼认为未来共产主义社会将通过生产自动化的方式使人类从劳动中解放出来,自动化是马克思早已预言过的社会革命。因为马克思在阐述关于未来共产主义的构想时提出,在共产主义社会,物质财富将会极大丰富,而人们的劳动也将会获得极大的解放——他们从异化劳动中解放出来,并且拥有充足的闲暇去获得自身的全面发展。在巴斯塔尼看来,这必然要通过生产的自动化得以实现。例如,制造业、零售业、运输业和医疗保健行业等的自动化,由人工智能代替人类,将会极大地解放人们的双手。同时,巴斯塔尼认为,正是由于技术的变革是推进人类社会实现共产主义理想的核心,而资本主义社会的技术革新又在世界发展的前沿,将领导革命的国家将是那些处于资本主义现代化前沿的国家。无疑,马克思认为未来共产主义社会的一大重要特征在于人们从异化劳动中解放出来,享有充分的闲暇,并实现自由而全面的发展。由此观之,似乎巴斯塔尼的全自动奢侈共产主义也"实现"了未来共产主义社会的这一基本特征。然而,巴斯塔尼却没有涉及任何私有制的问题,他的极端的技术至上主义的观点阻碍了他对于资本主义的客观认识。事实上,马克思早就明确地提出,资本主义的核心缺陷在于它的社会化大生产的要求和生产资料私人所有之间的矛盾,因此资本主义的特殊规律在于二者之间的共谋,其崩溃的核心则在于这种共谋所导致的周期性的经济危机。生产的全自动化当然有可能使人们从异化劳动中解放出来,但在资本主义的条件下,更有可能挤占大多数人的生存空间,使人们失去工作,而充分涌流的财富和充分的闲暇只属于极少数人。巴斯塔尼的问题在于,他描绘了一种共产主义的远景,却认为我们仅仅需要发展技术就可以使其获得实现。

巴斯塔尼的全自动奢侈共产主义的设想无疑是具有吸引力的,他从技术革新的角度提供了一条走向共产主义的道路。从当下的科技发展尤其是人工智能技术的发展来看,似乎我们也在朝着这条道路前进。然而,与19世纪的空想社会主义者和空想共产主义者一样,巴斯塔尼的这一共产主义设想仅仅是基于马克思未来共产主义基本特征阐述的表面的理解,他既没有能够深入人类社会发展的一般规律的历史性维度,也没有能够深入资本主义发展特殊规律的社会现实的维度,因此,对于未来共产主义的设想只能是空洞的、非科学的。

(五)福山:《历史的终结及最后之人》

1.案例呈现

自由民主制度也许是"人类意识形态发展的终点"和"人类最后一种统治形式",并因此构成"历史的终结"。

…………

当今世界,共产主义逐步被自由民主制度所替代,其原因就在于共产主义制度不能给人以完全的认可。

…………

在左翼中,人们仍然相信马列主义的合法性,而且这种相信程度通常与地理和文化距离成比例。于是,虽然苏联式的共产主义并不一定是美国人或英国人的现实选择,但它对具有独裁及集权传统的苏联人来说,却成为一个值得依赖的选择。

⋯⋯⋯⋯⋯⋯

事实迫使我们不得不相信:共产主义多年来确实赢得了一定程度的群众支持。

⋯⋯⋯⋯⋯⋯

确实,这里有 19 世纪 60 年代编写的古比雪夫(苏联城市)九年级学生教科书的几篇课文:"1981 年,共产主义:共产主义是物质的极大丰富和文化的繁荣⋯⋯所有的城市交通都实现了电气化,有害的企业都被搬迁到城外⋯⋯我们现在在月亮上,我们正在万花丛中和果树林中漫步⋯⋯"

⋯⋯⋯⋯⋯⋯

如果回到 1980 年,认真研究共产主义问题的学者会说,这些重大事件没有一个会在未来十年中实际发生。这一判断也许是基于这样一个观点,即上述任何一个事件都会削弱共产主义政权的一个关键要素,都会在精神上打击整个共产主义世界。确实,当苏联解体并且共产党由于 1991 年 8 月政变未遂而被禁止在俄罗斯继续活动,这时,共产主义的最后一幕已经演完了。那么,学者们过去的预测为何不准确?自苏联改革开始以来,出现在我们面前的那个如此强大的国家却如此不堪一击说明了什么?

⋯⋯⋯⋯⋯⋯

在 1989 年 7 月至 12 月间,随着东欧六个共产党政权的突然倒台,共产主义的概念发生了很大的转变。共产主义过去曾自封为是一种比自由民主制度更高级、更先进的文明形态,从此后却与相对的政治和经济落后联系在一起。尽管共产主义政权在世界上还仍然支撑着,但它已经不再产生一种充满活力并且具有号召力的思想。那些称自己为共产主义者的人们现在发现他们自己正处在一种尴尬的境地,正在捍卫着一种过时的社会秩序,就如同君主制主义者千方百计延续到 20 世纪一样。他们过去对自由民主制度形成的意识形态威胁现在已经结束了。

⋯⋯⋯⋯⋯⋯

从黑格尔构思出这一体系之时起,人们并没有重视他关于历史以现代自由国家为终结的观点。紧接着,黑格尔受到另一位 19 世纪世界普遍史编写者卡尔·马克思的抨击。其实,我们并未意识到黑格尔教给我们多么广博的知识,因为他的遗产大多是通过马克思传给我们的。马克思把黑格尔思想体系的很大一部分用于他自己的目的。马克思从黑格尔那里借用了一个所谓人类行为历史性的观点,即人类社会随着时代发展从原始社会发展到更复杂、更高级的社会结构的观点。马克思也同意历史进程从根本上是辩证的,也就是过去的政治和社会组织形式包含着内部矛盾并随着时间的推移不断显现出来,最后导致社会形态的崩溃并被另一个更高级的社会形态所取代;马克思还赞成黑格尔对历史有终结可能性的看法,他曾预见出一种没有矛盾的最终社会形态——共产主义社会,共产主义的实现将结束历史进程。

(资料来源:福山:《历史的终结及最后之人》,黄胜强等译,中国社会科学出版社 2003 年版,代序第 1、9、10 页,第 11、13、27、32、40、72、73 页。)

2.案例解析

在《历史的终结及最后之人》一书中,福山自始至终未分清共产主义和社会主义的基本概念,以致将传统社会主义(指实行中央计划经济体制)与作为人类一种远大理想、实现之日将十分遥远漫长的共产主义混为一谈,甚至还将社会主义、极权主义、法西斯主义相提并论。[1]

这里我们可以参照国内外学界对共产主义概念的研究来分析福山"历史终结"理论的仓促和失策。国内学者大致从两个视角展开研究和探讨。其一,从共产主义概念史的考察出发。孙松劲通过追溯共产主义一词的词源指出,共产主义源自古拉丁文 communis,意为"公有""公共",最早的"共产主义"是指"一定范围内人群的共同生活和生活物资的公共所有"。[2] 因此,该概念的核心是公共性,19 世纪巴黎公社革命也是在这个意义上使用该词。孙松劲指出,柏拉图是第一个提出共产主义思想的作家,柏拉图在《理想国》中抨击私有观念的同时,提出了财产共同所有的思想,因此,作为思想和制度形态的共产主义已经流传 2500 多年。[3] 高放认为,虽然共产主义思想早已有之,但现代意义上的共产主义一词是在 19 世纪上半叶形成的,发源于当时法国的秘密工人革命团体。它有两个基本含义:一是渴望废除私有财产,实现财产公有;二是力求建立像"公社"这样的基层自治组织。[4] 秦刚基于对"社会主义""共产主义"概念出

---

[1]　福山:《历史的终结及最后之人》,黄胜强等译,中国社会科学出版社 2003 年版。

[2]　孙劲松:《共产主义思想由来及其流传》,《中共中央党校学报》2017 年第 4 期。

[3]　孙劲松:《共产主义思想由来及其流传》,《中共中央党校学报》2017 年第 4 期。

[4]　高放:《马克思主义与社会主义》,黑龙江教育出版社 1994 年版,第 129 页。

现时间及其含义的考察提出,现代意义上的"共产主义"一词的出现较"社会主义"一词要略迟一些。① 黄斐也考察了两个术语在现代的起源,指出作为批判和否定资本主义的一种社会思潮和运动,现代社会主义和共产主义起源于 16 世纪初,以 1516 年托马斯·莫尔《乌托邦》一书的问世为标志。而作为反映两种思潮的"社会主义"和"共产主义"的术语是 19 世纪初才正式出现。② 其二,从马克思本人的共产主义思想的首次出现出发。赵家祥认为,马克思在主编《莱茵报》时第一次提到了共产主义,《共产主义和奥格斯堡〈总汇报〉》就是马克思共产主义概念最早出现的地方,他在此文中明确表达了自己对共产主义的看法。③ 而江流则从马克思的共产主义思想的正式论证出发,认为马克思的共产主义思想最早出现在《1844 年经济学哲学手稿》中,因为在这本书中,马克思明确提出并初次论证了共产主义,提出共产主义就是"私有财产即人的自我异化的积极扬弃"④。

　　从当代国外学者对共产主义的新解读层面看,福山"历史终结"理论亦显得保守和片面。近年来,随着世界局势的变化、社会经济的发展,不同国家的学者开启了反思和重释共产主义的新潮流。奥伊泽尔曼是苏联"反思的马克思主义学派"的代表人物之一。他在《马克思主义与乌托邦主义》一书中批判了马克思的共产主义学说,认为尽管马克思试图建立一个科学的社会理论体系,但他对社会历史发展趋势的预测在某种程度上仍然受到乌托邦思想的影响,虽然不能将马克思的共产主义与乌托邦等同,但它确实暗示着一种理想状态而非完全基于实证分析的预见。⑤ 为寻找解决当前资本主义世界内部矛盾激化的方法,西方左翼思想家积极为共产主义观念辩护,试图在重新诠释共产主义思想中获取答案,代表西方左翼思潮的巴迪欧和齐泽克提出了一种"新共产主义"理念,其核心在于主张"共有"的权力和"减法"的政治方法。法国的阿兰·巴迪欧从超验论的哲学立场出发,指出目前提出的共产主义社会的概念仅存在于观念

---

① 秦刚:《社会主义、共产主义概念的源流梳理》,《科学社会主义》2015 年第 5 期。

② 黄斐:《"社会主义"与"共产主义"概念的起源和内涵考辨——兼论科学社会主义的创立路径》,《当代世界与社会主义》2022 年第 2 期。

③ 赵家祥:《准确把握马恩著作中未来社会名称的含义》,《北京大学学报(哲学社会科学版)》2001 年第 1 期。

④ 江流:《马克思论共产主义社会的初述——对〈1844 年经济学哲学手稿〉笔记本Ⅲ〈私有财产和共产主义〉的解读》,《马克思主义研究》2014 年第 8 期。

⑤ 林艳梅:《奥伊泽尔曼与马克思主义的当代反思》,《现代哲学》2009 年第 2 期。

层面上,是对共产主义的一种假设。并将共产主义看作是一种与资本主义截然不同的集体生活方式,认为这种假设不仅是必要的,而且具有永恒性。[①] 斯拉沃热·齐泽克强调共产主义的重要性并非在于其作为一个理想的存在,而在于它作为摆脱当前社会矛盾的一种客观需求。他将共产主义视为一种抵抗资本主义下私有化趋势的合理形势。[②] 与齐泽克立场相似,意大利学者安东尼奥·奈格里不认同将共产主义视作一种普遍假设,他将经典的政治经济学批判与德勒兹和福柯的生命政治学相结合,致力于在资本主义体系内部探索实现共产主义的现实条件,并提出:“共产主义应该被理解为强制劳动主体的彻底变革,是新的历史时代的建构,是共有的建构,是共同自由的生产和再生产的能力。”[③]美国学者迈克·哈特对共产主义概念中的“公共体”进行了新的阐释,主张其关键不在于物质财产的生产与分配,而在于非物质生产过程中对人的本质的重新占有。[④] 而日本的学者柄谷行人也在后现代主义等思潮盛行的影响下,对“共产主义”这一理念展开根本性思考,并借助康德的思想而提出了“重建共产主义形而上学”口号。[⑤] 总而言之,国外学者立足于新环境、新问题,对马克思的共产主义学说进行了积极的考察和反思。一方面揭示了共产主义理论在当今世界中面临的挑战。另一方面,他们对共产主义的新解读也显示了马克思共产主义理论的生命力,拓展了马克思的共产主义思想研究的理论视野。

　　福山“历史终结论”的立论根基主要来自黑格尔的历史终结论题以及科耶夫对黑格尔的解读。但黑格尔的“历史终结”是一个纯粹的哲学问题,即“绝对知识”的完成所必须承诺的一个本体论前提。科耶夫将其进一步实在化为“普遍的同质的国家”。福山则将其引申为一个政治意识形态观点:西方自由民主制度的胜利标志着人类历史发展的终点并预示着马克思主义理论与实践的终结。这是对黑格尔的误读。马克思科学地分

---

① 张一兵等:《当代国外马克思主义研究》,北京师范大学出版社 2017 年版,第 254～275 页。

② Slavoj Zizek,*Firstas Tragedy,Then as Farce*,Verso,2009,p.96.

③ Antonio Negri,Raf Valvola Scelsi,*Goodbye Mr Socialism:Inconversation with Raf Valvola Scelsi*,Seven Stories Press,2008,p.26.

④ 汪行福:《共产主义的回归:伦敦“共产主义观念”大会的透视与反思》,《中国社会科学报》2010 年第 5 期。

⑤ 柄谷行人:《重建共产主义形而上学》,《读书》2009 年第 11 期。

析了西方资本主义的历史限度,同时又以一种革命的历史目的论方式坚持着对作为历史最高目标的人类解放的希望和信仰。历史唯物主义学说因此具有历史科学性和历史目的论的双重理论特质。①

共产主义理想一定会实现,这是以人类社会发展规律以及资本主义社会的基本矛盾发展为依据的。马克思主义不仅从社会形态更替规律上对共产主义理想实现的必然性作了一般性的历史观论证,而且通过对资本主义社会的科学批判与"病理解剖"作了具体实证的阐明。习近平总书记在《关于坚持和发展中国特色社会主义的几个问题》中指出:"一些人认为共产主义是可望而不可及的,甚至认为是望都望不到、看都看不见的,是虚无缥缈的。这就涉及是唯物史观还是唯心史观的世界观问题。我们一些同志之所以理想渺茫、信仰动摇,根本的就是历史唯物主义观点不牢固。"②

(六)列宁:共产主义运动中的左派幼稚病

1.案例呈现

应该设法使共产党人不再犯"左派"共产党人所犯的同样的、不过是从另一方面犯的错误,确切一点说,要较早地纠正,较快地、使机体较少受损害地消除这一同样的、不过是从另一方面犯的错误。不仅右倾学理主义是一种错误,左倾学理主义也是一种错误。当然,目前共产主义运动中左倾学理主义错误同右倾学理主义(即社会沙文主义和考茨基主义)错误比较起来,其危害性和严重性不及后者的千分之一,然而这只不过是由于左倾共产主义是一种刚刚产生的还很年轻的思潮。只是因为这个缘故,这种病症在一定条件下容易治好,但是必须用最大的努力去医治。

旧形式破裂了,因为旧形式里面的新内容,即反无产阶级的反动的内容有了过度的发展。现在我们工作的内容(争取苏维埃政权、争取无产阶级专政)从国际共产主义运动的发展看来,是这样扎实,这样有力,这样宏大,它能够而且应该在任何形式中,不论新的或旧的形式中表现出来,能够而且应该改造、战胜和驾驭一切形式,不仅是新的,而且是旧的形式,——这并不是为了同旧形式调和,而是为了能够把一切新旧形式都变成使共产主义运动取得完全的、最终的、确定无疑和不可逆转的胜利的手段。

---

① 张盾:《"历史的终结"与历史唯物主义的命运》,《中国社会科学》2009 年第 1 期。
② 习近平:《关于坚持和发展中国特色社会主义的几个问题》,《求是》2019 年第 7 期。

共产党人要竭尽全力来指导工人运动以及整个社会发展沿着最直最快的道路走向苏维埃政权在全世界的胜利,走向无产阶级专政。这是无可争辩的真理。然而,只要再多走一小步,看来像是朝同一方向多走了一小步,真理就会变成错误。只要像德国和英国的左派共产主义者那样,说我们只承认一条道路,一条笔直的道路,说我们不容许机动、通融和妥协,这就犯了错误,这种错误会使共产主义运动受到最严重的危害,而且共产主义运动部分地已经受到或正在受到这种危害。右倾学理主义固执地只承认旧形式,而不顾新内容,结果彻底破产了。左倾学理主义则固执地绝对否定某些旧形式,看不见新内容正在通过各种各样的形式为自己开辟道路,不知道我们共产党人的责任,就是要掌握一切形式,学会以最快的速度用一种形式去补充另一种形式,用一种形式去代替另一种形式,使我们的策略适应并非由我们的阶级或我们的努力所引起的任何一种形式的更替。

惨绝人寰、卑鄙龌龊的帝国主义世界战争和它所造成的绝境,极其有力地推动和加速了世界革命,这场革命向广度和深度的发展如此迅猛,更替的形式如此丰富,在实践上对一切学理主义的驳斥如此富有教益,使人有充分的理由指望能够迅速而彻底地把国际共产主义运动中的"左派"共产主义者的幼稚病医治好。

(资料来源:《列宁选集》第4卷,人民出版社2012年版,第210~211页。)

应当及时醒悟过来。应当采取的解救办法是对任何冒进和说大话等等一概不相信。应当想一想怎样检查我们每小时都在宣布,每分钟都在实行,尔后又每秒钟都在证明其不扎实、不可靠和未被理解的那些前进步骤。这里最有害的就是急躁。

⋯⋯⋯⋯⋯⋯

在这里也不要忘记,我们往往太喜欢用热心和急于求成等等来弥补(或者以为可以弥补)没有知识这种缺陷。

⋯⋯⋯⋯⋯⋯

我们应该遵守一条准则:宁可数量少些,但要质量高些。我们应该遵守一条准则:与其匆忙从事而毫无希望得到优秀人才,倒不如再过两年甚至三年好些。

⋯⋯⋯⋯⋯⋯

我在上面说,我们必须学习,到高级劳动组织研究所等机构去学习,但这绝不是说,我把这种"学习"理解为有点像学校式的学习,或者我的想法仅仅限于学校式的学习。我希望，没有一个真正的革命者会怀疑我，说我不承认这里所说的"学习"包含着某种半玩笑式的手法，某种巧计，某种花招或诸如此类的东西。我知道，在西欧庄重严肃的国家里，这种意见一定会使人大为震惊，任何一个体面的官员连讨论这个意见都不会容许。但是我希望，我们还没有官僚化到这种程度，在我们这里讨论这种意见只会使人感到愉快。

真的，为什么不把愉快和有益结合起来呢？为什么不能运用某种玩笑式的或半玩笑式的手法去暴露那些可笑的、有害的、半可笑半有害等等的现象呢？

⋯⋯⋯⋯⋯

我们的希望就在这里，而且仅仅在这里。只有这样，我们才能够——打个比喻说——从一匹马上跨到另一匹马上，就是说，从农民的、庄稼汉的、穷苦的马上，从指靠破产的农民国家实行节约的马上，跨到无产阶级所寻求的而且不能不寻求的马上，跨到大机器工业、电气化、沃尔霍夫水电站工程等等的马上。

（资料来源：《列宁全集》第43卷，人民出版社2017年版，第383~396页。）

2.案例解析

《共产主义运动中的"左派"幼稚病》是列宁关于无产阶级政党战略和策略问题的重要著作，是针对在无产阶级运动中出现的影响革命的"左派"问题进行的批判。《共产主义运动中的"左派"幼稚病》写于1920年共产国际第二次代表大会召开前夕，当时各国普遍建立了共产党，国际共产主义运动有了新的斗争形势，但是各国共产党由于缺乏对于马克思主义基本原理需要同本国实际相结合的认识，迷茫与困惑于斗争策略的选择和斗争方式的运用，显现出革命理论修养的不足，造成在无产阶级革命至关重要的一些问题上出现了"左"的错误倾向。为了纠正"左"倾错误，尤其是错误背后存在的党的纪律不严、群众工作不力、革命妥协投降的问题，列宁写了《共产主义运动中的"左派"幼稚病》这本书。他回顾总结了俄国革命的国际意义，尤其是论述了布尔什维克成功的条件和阶段性特征，并集中对左派的一些错误观点和看法进行了批判，指出了无产阶级政党应当如何来看待斗争中的错误并对未来共产国际的斗争指明了方向，阐述了无产阶级政党的纪律、政治建党、领袖和群众的关系等问题。

社会主义国家的第一次改革开放，始于苏俄1921年的新经济政策时期。在新经济政策中，列宁大胆地提出利用国家资本主义作为向社会主

义过渡的桥梁。具体地说,就是通过租让制等形式,利用外资,吸收西方
先进的技术和生产管理经验,为恢复和繁荣俄国的经济服务。列宁利用
资本主义先进科技和生产管理经验的思想,大致有两方面的内容。利用
国家资本主义向社会主义间接过渡,是经济落后国家社会主义建设的必
由之路。列宁利用资本主义先进科技和生产管理经验的思想,遭到了"左
派共产主义者"的反对,1918 年 4 月 20 日布哈林、奥新斯基、普列奥布拉
任斯基等人签名的《"左派共产主义者"关于目前形势的提纲》在《共产主
义者》杂志上发表。《"左派共产主义者"关于目前形势的提纲》反对列宁
提出的俄国无产阶级的首要任务是利用喘息时机进行社会主义经济建
设,认为组织对俄国的管理是错误的,指责列宁想在不进一步破坏资本主
义生产关系的情况下发展生产力,实质是放弃阶级斗争?反对列宁的国
家资本主义思想。"左派共产主义者"在国际上主张推进世界革命,在国
内主张彻底消灭资本主义,资产阶级的一丝一线,私人财物都应当剥夺干
净。主张立即消灭商品货币关系,把资产阶级创造的一切东西,诸如银
行、货币、信贷、税收制度等,统统摧毁等。《"左派共产主义者"关于目前
形势的提纲》发表后的第三天,列宁就对"左派共产主义者"提出了批评,
指出"尽管自称为最'左'派共产主义者,甚至超左派共产主义者,其实都
是蹩脚的革命者,说重一点,根本不是革命者"。[①]列宁进而指出,决不能
只受这种革命本能的支配,如果不抛弃那种地方爱国主义和行会爱国主
义,不抛弃偏见,那就表明布尔什维克党在经济上没有一点求实精神,从
而也根本谈不上采取重大的实际上的措施来改善俄国的经济状况。

共产主义一定要实现,共产主义一定能够实现,但共产主义的实现是
一个十分漫长而且充满艰难曲折的历史过程。对于整个社会主义时期究
竟会有多长,究竟要经历哪些发展阶段,何时才能达到共产主义社会,还
需要随着历史的发展进一步认识和探索。历史经验证明,对社会主义的
长期性应有充分的估计,决不能超越阶段急于迈向共产主义,否则会欲速
不达,带来严重的后果。历史经验也证明,在社会主义的发展过程中,还
存在遭受严重挫折甚至发生资本主义复辟的可能性,对此必须始终保持
头脑清醒。

---

① 《列宁全集》第 34 卷,人民出版社 1985 年版,第 219 页。

四、延伸阅读

1.马克思:《1844 年经济学哲学手稿》,《马克思恩格斯文集》第 1 卷,人民出版社 2009 年版。

2.马克思、恩格斯:《德意志意识形态》,《马克思恩格斯文集》第 5 卷,人民出版社 2009 年版。

3.马克思、恩格斯:《共产党宣言》,《马克思恩格斯文集》第 3 卷,人民出版社 2009 年版。

4.马克思:《哥达纲领批判》,《马克思恩格斯选集》第 3 卷,人民出版社 1995 年版。

5.恩格斯:《共产主义原理》,《马克思恩格斯文集》第 1 卷,人民出版社 2009 年版。

6.马克思:《给维·伊·查苏利奇的复信》,《马克思恩格斯全集》第 25 卷,人民出版社 2001 年版。

7.习近平:《在纪念马克思诞辰 200 周年大会上的讲话》,人民出版社 2018 年版。

五、拓展研学

建议学生组成学习小组,可以参考以下几个思考方向,搜集整理相关文献、案例,或者进行实地探访,结合本章的学习要点,形成相关的研学报告进行汇报。

1.19 世纪空想社会主义和空想共产主义

(1)研究内容:了解 19 世纪的空想社会主义和空想共产主义的代表人物、主要观点;了解当时欧洲发展的现实状况和社会背景。

(2)讨论方向:19 世纪的空想社会主义和空想共产主义者的空想社会主义、空想共产主义为何是空想性质的? 他们的理论与马克思、恩格斯的科学共产主义相比存在哪些问题? 什么样的社会历史背景支撑了他们的观点?

2.共同富裕社会建设

(1)研究内容:了解共同富裕示范区的建设情况。

(2)讨论方向:分析共同富裕示范区的建设中体现了哪些共产主义因

素,举实例说明现阶段的社会发展中有哪些共产主义因素。

3.马克思、恩格斯关于共产主义的理论和未来共产主义社会的设想

（1）研究内容：了解马克思、恩格斯在不同时期对于共产主义的阐述。

（2）讨论方向：分析马克思、恩格斯在不同时期阐述的共产主义理论以及对共产主义的设想的区别,理解马克思、恩格斯的共产主义理论的不断完善和发展的过程。

4.当代人对未来共产主义社会的描绘

（1）研究内容：了解当代学者/企业家对于未来共产主义社会的当代设想。

（2）讨论方向：分析当代大致有哪些对于共产主义社会的构想？这些构想跟19世纪的空想社会主义者和空想共产主义者的构想有何异同？结合当下的社会发展,畅想一下自己心目中的未来共产主义是什么样的？

后　记

　　"马克思主义基本原理"是全国高等学校本科生必修的思想政治理论课之一。近20年来,本课程建设秉持以学生为中心、持续改进的教育教学理念,从课程的特色、要求和学生的实际需要出发,致力于教学改革和课程建设的探索与研究。厦门大学马克思主义学院马克思主义基本原理教研部构建了"课堂教学(专题教学)＋网络教学＋实践教学"三位一体的教学体系和教学模式,课程于2017年荣获厦门大学2017年度"十佳在线课程",并于2020年获得福建省线上线下混合式一流课程和福建省一流实践课程。根据多年教学经验编纂本书,希望对广大师生充分理解教材、把握重点难点起到积极作用。

　　本书是厦门大学马克思主义学院马克思主义基本原理教研部全体教师集体智慧的结晶。根据学院的部署,教研部在2023年11月初完成分工,各章执笔人如下:导论傅丽芬,第一章傅志伟,第二章黄美笛,第三章黄秋萍、刘也,第四章李欣、陈铮,第五章刘皓琰、杨青梅,第六章杨胜良,第七章李仙飞、刘家欢,最后由刘皓琰统稿。

　　本书从写作的酝酿、撰写的过程和案例的选择等都受到中共福建省委宣传部、中共福建省委教育工作委员会、福建省教育厅有关领导的关心和指导,在此表示诚挚的感谢。本书写作过程中,厦门大学校领导、党委宣传部、教务处等有关领导给予悉心指导和帮助支持,学校党委书记张荣院士亲自为丛书作序,这些关怀都是这本书能够出版的重要保障和强大动力。本书写作期间,马克思主义学院张有奎教授、石红梅教授、原宗丽教授、林密教授等也多次提出了指导建议,中国人民大学刘建军教授等校外专家也提出了宝贵建议,在这里对他们的辛苦付出表示诚挚感谢。当然,本书的出版也离不开厦门大学出版社的大力支持,在此一并致谢。

　　习近平总书记强调:"思政课是落实立德树人根本任务的关键课程。"思想政治理论课应新境遇而进、应新使命而行、应新挑战而动。未来,我们仍将坚持守正创新、立德树人的理念,加快改革创新步伐,推动思政课建设出新出彩,续写新时代为党育人、为国育才新篇章。

刘皓琰

2025年3月1日